直面的声音

一种中国本土的心理学

王学富——著

全国百佳图书出版单位

时代出版传媒股份有限公司

安徽人民出版社

图书在版编目（CIP）数据

直面的声音：一种中国本土的心理学 / 王学富著 . -- 合肥：安徽人民出版社 , 2024.3

ISBN 978-7-212-10861-8

Ⅰ . ①直⋯ Ⅱ . ①王⋯ Ⅲ . ①心理学－研究 Ⅳ . ① B84

中国版本图书馆 CIP 数据核字 (2020) 第 050665 号

直面的声音：一种中国本土的心理学

ZHIMIAN DE SHENGYIN：YIZHONG ZHONGGUO BENTU DE XINLIXUE

王学富　著

出 版 人：杨迎会　　选题策划：张 旻　郑世彦　　责任编辑：郑世彦　程　璇
责任印制：董　亮　　装帧设计：陈　爽

出版发行：安徽人民出版社 http://www.ahpeople.com
地　　址：合肥市政务文化新区翡翠路 1118 号出版传媒广场八楼
邮　　编：230071
电　　话：0551-63533258　0551-63533259（传真）
印　　刷：安徽联众印刷有限公司

开本：710 mm × 1010 mm　1/16　　印张：17　　　　字数：220 千
版次：2024 年 3 月第 1 版　　　　2024 年 3 月第 1 次印刷

ISBN 978-7-212-10861-8　　　　　　　　　　　定价：68.00 元

序一 相遇"直面"

2007 年 9 月，首届中美宗教心理学会议在浙江师范大学举行。期间，我与王学富博士相识。杜艾文（Al Dueck）邀请了我、王学富和杨吉膺（Mark Yang）参加会议。会议期间，我们三人发现，我们都对存在心理学有着非常浓厚的兴趣。基于这个共同的兴趣，我们在此后的 16 年间建立了深厚的个人友谊并开展了许多专业上的合作。我们本来生活在地球的两端，却在这次会议上幸运地相遇了。这次相遇对我的专业和思想产生了重要的影响。

王学富博士的存在主义心理学之旅是这个故事的一个重要部分。最初，他修读文学，获得文学博士学位；后来又攻读心理学。在学习和研究文学期间，他被鲁迅所吸引；鲁迅的文学思想影响了他后来发展的心理学理论。与欧美的存在主义心理学家一样，文学和哲学对王学富博士成为一名心理咨询师产生了重要的影响。这种极其相似的发展之路绝非偶然。对文学和哲学的了解有助于一个人在心理层面去理解作为人意味着什么，以及人的受苦和成长意味着什么。著名的存在主义心理学家罗洛·梅（Rollo May）喜欢这样说："如果你想知道如何理解人之所以为人的前沿发展，不要去心理学系；相反，去文学系。"（这是我在与孟德洛维兹个人交流时得知的。）

尽管王学富博士是从不同背景的文学和哲学中汲取灵感，但这些使得他的思想与西方存在主义心理学交互融通。随着王学富博士在中国心理咨询业界的影响力越来越大，以及他孜孜不倦地致力于发展和传播直面思想，直面疗法在中国的影响力也日益增强，包括引起复旦大学孙时进博士的关注，他是第一个向王学富博士提出直面疗法与存在主义心理学有相似之处的人。当存在主义心理学与直面疗法有了越来越多的对话与交流时，直面疗法被认可为中国本土的存在主义心理疗法。

将"直面"引入西方心理学界的第一本著作是 2009 年出版的《东西方存在主义心理学》（*Existential Psychology East-West*）。其中，王学富博士撰写了《寻找意义的"精神界之战士"：从存在视角看鲁迅的生命事件和文学隐喻》（*"Spiritual Warrior" in Search of Meaning: An Existential View of Lu Xun through his Life Incidences and Analogies*）。紧随其后，2011 年，王学富博士在《人本主义心理学杂志》上发表了一篇重要文章《直面与存在心理学》（*Zhi Mian and Existential Psychology*）。这些文章的发表有十分重大的意义。一是它们把"直面"一词引进了西方心理学词汇，二是它们为直面疗法与西方存在主义心理治疗思想的深入对话提供了基础，三是它们是西方学者将"直面"融入学术研究的一块基石。

为了深化"直面"主题的跨文化对话与交流，第二届存在主义心理学国际会议（2012，上海）在复旦大学举办，以"直面"作为本届会议的主题。来自世界各地的许多学者为此做了准备，提前阅读了王学富博士关于直面的论文，并在会议上呈现了关于直面疗法与存在主义心理治疗的丰富多样的对话。此后不久，如王学富博士所希冀的那样，直面疗法渐渐被西方心理学学术界所了解，诸多学者发表了与直面疗法相关的文章和著作章节（Dallas, Georganda, Harisiadis, & Zymins-Georganda, 2013；Hoffman, Lopez, & Moats, 2013；Rohde-Brown & Frain, 2013）。

2013 年，另一个重要事件的发生体现了直面疗法逐渐上升的国际影响力：王学富和他创办的南京直面心理咨询研究所，获得了美国心理学会人本主义心理学分会颁发的著名的夏洛蒂和卡尔·布勒奖（Charlotte and Karl Buhler Award）。该奖项颁发的对象是"对人本主义心理学做出杰出和持久贡献"的机构和个人。几年之后，直面疗法得到了另一个重要认可，米克·库珀（Mick Cooper，2017）的《存在主义疗法》（*Existential Therapies*）一书将直面疗法纳入其中。该书主要介绍了不同的存在主义治疗取向。虽然库珀没有将直面疗法列为存在主义治疗的几个主要取向之一，但他在这本书中提及直面疗法，这本身就表明直面疗法被认可为一个独立的存在主义治疗取向。

直面疗法是在中国方兴未艾的本土心理疗法，现在正得到国际心理学界的赞识。鲁迅和王学富的名字也被越来越多的心理学领域的国际学者所认可。尽管直面疗法引起了越来越多人的兴趣，但先前并没有深入介绍直面疗法的英文学术文章。2019 年出版的《东西方存在主义心理学》（第 2 卷）将直面相关文章放在该书的最前面，以期让更多人了解直面疗法。该书前三章重点介绍了直面疗法。第一章由王学富 （2019a）撰写，分析了铁屋子的象征及其与存在主义的相关性；第二章由杜艾文和奇巍撰写，深入介绍了鲁迅和王学富的思想历史及其发展；杨吉膺撰写了第三章，从个人的视角来介绍直面疗法。

对直面疗法来说，更重要的一件事也发生在 2019 年，即《世界存在治疗手册》（*The Wiley World Handbook of Existential Therapy*）的出版。显然，这本手册是自 20 世纪初中叶存在主义心理学兴起以来这个领域最重要的贡献。在该书中，虽然直面疗法并没有被认为是存在治疗的主要取向之一，但它再次被认为是其中一个独立分支。王学富博士（2019b）受邀撰写《世界存在治疗手册》"存在治疗：亚洲发展"专章，并参与撰写"存在-人本治疗"章节（Hoffman, Jackson, Mendelowitz, Wang, Yang, Bradford, & Schneider, 2019）。存在-人本治疗是存在治疗的四大主要取向之一，也是与直面疗法最具相似性的一个治疗取向。

在撰写本文时，我相信直面疗法已经被认定为存在治疗的主要取向之一。在此之前，直面疗法未被列为其主要取向的一个原因是，它还缺少一个对自身全面深入的阐述。随着王学富对直面疗法进行更加系统的阐释，我相信现在是这个时候了——直面疗法将作为存在治疗思想的主要取向之一呈现出来。我希望随着王学富的更多著作被翻译成其他语言，国际心理学界能够更好地了解王学富和直面疗法对存在治疗的贡献。

直面及其与存在心理学的关系

存在主义心理学的起源可以追溯到19世纪后期尼采和克尔凯郭尔的思想著作，虽然"存在主义"一词尚未出现在他们的著作中。随着时间的推移，不同哲学家们的著作汇聚而成存在主义哲学流派。20世纪初期，路德维希·宾斯旺格（Ludwig Binswanger）是发展具有存在主义取向心理学的第一人。宾斯旺格旨在发展一种对精神病理学的现象学理解，并没有意向将其发展成为一种新的心理治疗方法。梅达特·鲍斯（Medard Boss）最先开始发展一种存在主义心理治疗的方法，现在它被称为此在分析（Daesinsanalysis）。

随后出现了其他存在主义心理治疗取向。存在-现象学疗法起源于英国。英国的存在-现象学疗法吸收了英国心理学家莱恩（R. D. Laing）和许多哲学家的思想，但最初主要是在德意珍（Emmy van Deurzen）的影响下发展起来的。

与此同时发展起来的存在治疗的另一个取向——意义疗法和存

在分析，则源自维克多·弗兰克尔（Viktor Frankl）的著作。在《世界存在治疗手册》中，这些取向被归类为存在分析这一流派，源自意义疗法（Logotherapy）。然而，正如朗格勒（Längle, 2019）所指出的，意义疗法和存在分析之间存在重要差异。在库珀对存在治疗学派的不同取向进行分类时，意义疗法被置于以意义为中心的疗法之下，其中包括王载宝（Paul Wong）的意义治疗（meaning therapy），也源于弗兰克尔的著作。不过，与其他存在主义心理疗法相比，王载宝的方法更多受到认知行为疗法和焦点解决疗法的影响。因此，这个流派往往被视为涵盖不同治疗取向的一个流派，可分为三个不同的取向，即意义疗法、存在分析、意义中心疗法。

最后一个存在治疗流派是在美国发展起来的存在–人本主义心理学。罗洛·梅（Rollo May）和詹姆斯·布根塔尔（James Bugental）是存在治疗中存在–人本治疗流派的创始人（Hoffman, Serlin, & Rubin, 2019）。正如克莱尔–霍夫曼和霍夫曼（Cleare-Hoffman and Hoffman, 2017）指出，罗洛·梅对存在–人本治疗理论的发展影响更大，而布根塔尔对治疗实践的发展影响更大。如前所述，存在–人本疗法是与直面疗法最相近的一个存在治疗流派。然而，如果仅仅是把直面疗法归属于其他存在治疗流派门下的一个子流派，它的独特性便没有得到足够的尊重和重视。直面疗法在发展上有其独特的历史和路线，因而也有其独特的贡献。更进一步说，直面疗法产生于影响其自身发展的特定文化背景。因此，最好是将直面疗法视为存在治疗的一个独立流派，与西方的存在治疗流派具有相似和共通之处。

在 2015 年第一届世界存在治疗大会上，我担心这场大会变成一场关于哪种存在治疗取向是最好或最纯粹的存在治疗的争论。王学富和我都主张不同的流派之间最好是相互对话而不是相互竞争。毕竟，存在治疗的每一个流派都已经脱离了主流心理治疗。对我们来说，通过竞争和不必要的分裂进一步边缘化这些存在治疗取向，这是不明智的。幸运的是，大会的重点是建立不同流派之间的关系和桥梁。通过这种方式，我们能够相互学习，并通过尊重和重视我们的差异来促进共同成长。毕竟，我们的共同之处最终多于我们的分歧。

在我们彼此交流的初期，直面治疗和存在-人本治疗便是以这样的方式进行的。把存在治疗和直面疗法放在文化背景下考虑是很重要的。所有其他存在治疗流派都是在西方的文化背景下发展起来的，我们可以从现有的著作中看到西方的一些文化偏见。所有的心理治疗流派中都隐含着甚至连从业者也没有意识到的价值观。因此，不加批判地引进在另一种文化里发展出来的心理治疗，总是很危险的。杨吉膺（Mark Yang）和我 (2019) 认为，不管在任何时候，当我们引入来自不同文化的治疗方法时，都应该经过这样一个过程：（1）文化批判，即辨识该治疗方法中不符合新文化背景的方面；（2）文化适应，即调整该治疗方法的各个方面，使其更好地适应新的文化背景，并去除其无法适应的方面；（3）整合本土实践，这项工作应该由生活在新文化背景中的人来完成。

杨吉膺、王学富和我在中国开展存在主义心理学的培训，这些方面一直是我们考虑的重要因素。不过，中国已经发展出来的本土存在主义心理学有助于这一过程，这使得我们能够迅速开展不同存在治疗取向之间的对话，同时促进持续的文化批评。

最后，存在主义治疗在东方和西方独立出现，说明了存在主义治疗的可信性和适应性。我认为将直面疗法确定为中国本土的存在主义治疗，是过去 40 年来存在主义心理学最重要的进步之一。

我与直面的旅途

20 多年前，我第一次意识到存在主义心理学是我的应归之家。

对我来说，存在主义治疗不仅仅是一种治疗取向，它是一种存在方式，它代表了我深切认同的价值观。我一直认为，要成为你力所能致的最好的治疗师，更关键的是找到符合你的治疗取向，而不是掌握一套治疗技术和策略。这样去做，治疗就不只与来访者有关——也与治疗师有关。相关研究支持这一观点；它表明，我们对治疗本身的信念比我们使用的治疗技术更能预测积极的治疗结果（Wampold & Imel，2015）。

我最初被存在主义心理学吸引的一个重要原因，是它强调诚实而直接地面对人类处境，而不是试图对其加以操纵。许多主流的心理治疗取向通常试图通过学习技能、管理情绪和应对痛苦来克服人类困境。我并不是轻视这些治疗方法。就我个人而言，我相信治疗方法的多样性有助于我们更好地满足心理健康服务消费者的多样化需求。但是，各个治疗方法之间存在重要的差异，而这些差异很重要。尽管诚实地面对人类处境有时让人感到不舒服，但它带来的礼物是本真性和可能性，它也为真诚创造了空间。

当我开始了解直面疗法的时候，它重新唤起了我对存在主义心理学的热情，让我怀念起自己开始接触存在主义心理学时阅读弗兰克尔、梅和亚隆的著作时那样的热情。我听过学富曾经数度把"直面"翻译为"面对面，或直接面对"（face to face, or to face directly）。然而，当我静而思之，关于"直面"的丰富内涵便展现在我的眼前。我问学富我这样的理解是否正确——"直面"指的是直接面对自己，直接面对他人，直接面对世界。这是一个更为复杂的概念，是按其字面理解而翻译出来的文字所无法传递的。在"直面"这一个概念里囊括了存在主义心理学的许多基本思想。

在存在–人本主义心理学中，本真性（authenticity）是指诚实地面对自己和世界。这对应于"直面"这一概念中的直接面对自己和世界。存在主义心理学的另一个核心概念是真诚（genuineness），是指以开放和诚实的态度面对他人。在"直面"这个概念中包含了很多真知灼见，使人们了解如何更充分地生活于世。当然，在认知上理解直面是一回事，学会按其原则生活则是另一回事。

过去的 16 年来，我与王学富成为同仁兼好友，我看到他不断努力以直面的方式生活。有一个过去发生的故事可以作为例子。学富和杨吉膺来美国访问，他们同我和家人住在一起。其间刚好碰上美国的超级碗周末（Super Bowl weeked），这是一年中最大的体育赛事。经过一天的讲演之后，我们一起观看了超级碗比赛。我的大儿子拉科达（Lakoda）当时大约 2 岁，他开始对学富变得感兴趣。在我们看超级碗球赛期间，他一直在学富身上爬来爬去，和他一起玩耍。当时，拉科达晚上经常跑来我和妻子的房间，爬到床上和我们一起睡觉。那天夜里，他没有爬到我们床上，反而到楼下去，爬到了学富的床上，和他一起睡了一晚，学富当时也十分惊讶！这是拉科达以前从未做过的事情。在拉科达这个年纪，他十分喜欢跟人讲话，便和学富不停地说话，而学富则是带着工作了一天的疲倦和耐心来听他讲。与学富聊完天后，拉科达才回房睡觉。

第二天一大早，学富给我们讲了前一天晚上拉科达絮絮不休的冒险之旅，我们都大笑不已。随后，我们还讨论了孩子的养育方式。学富对我和儿了之间的关系特别感兴趣，因为我和儿子之间十分亲密。我们还谈到文化差异，学富说在看到我与儿子的关系之后，他可能会以不同的方式与他的儿子互动。回到中国后，他还写了一篇文章，讲述了他与拉科达之间的纽带——这种纽带一直持续到多年之后。当拉科达 10 岁的时候，他和我一起去中国旅行，跟学富一起度过了一些美好的时光。在那以后的几年里，我们在美国的家中也接待了学富的儿子。

这个故事和按直面的原则生活有什么关系呢？这个问题的答案反映了一个生活的真相：深刻往往隐藏在微妙之中。当学富第一次见到我儿子时，很明显他没有像美国成年人那样和孩子一起玩的丰富经验。当拉科达邀请他一起玩的时候，他起初显得不大自在，但他也尽量尊重拉科达跟他建立关系的尝试。通过面对自己的不适，面对他与拉科达之间极大的年龄差距和文化差异，他们彼此间建立了深厚而真诚的关系。在那次旅行之后的几个星期里，拉科达一直在谈论学富。

作为治疗师，我们常常会处于不适的空间。如果我们不能忍受我们和来访者之间存在的不适，就很难建立真诚而具有治愈性的关系。如果要求来访者按照我们的条件与我们建立关系，他们当中的许多人将不会再回头来找我们做咨询和治疗。但是，当我们走到他们所在的地方，与他们真诚地相遇时，疗愈很可能就发生了。对于学富而言，直面疗法不仅仅是他的工作，而是他的存在方式。

结论：直面与未来的希望

"希望是本无所谓有，无所谓无的。这正如地上的路；其实地上本没有路，走的人多了，也便成了路。"（鲁迅《故乡》）

2019 年年底，新型冠状病毒感染开始成为整个国际社会自二战以来最具挑战性的事件。可以毫不夸张地说，2019 年发生的新型冠状病毒感染给人类带来了一次集体性的存在危机。在这个时候，许多人感到沮丧和孤立，我们更需要对未来抱有一些共同的希望。至关重要的是，我们需要的绝不是一种天真的希望——一种扭曲现实、脱离现实、不切实际的乐观主义希望。相反，我们需要的是一种敢于面对真实的世界的希望。这正是直面疗法传达给我们的讯息。它代表了当今世界所需要的希望。

正如尼采谈到需要面对"鲜血淋漓的真相"一样，鲁迅（1925/1961）也曾谈到需要直面艰难的真相：

世界日日改变，我们的作家取下假面，真诚地，深入地，大胆地看取人生并且写出他的血和肉来的时候早到了；早就应该有一片崭新的文场，早就应该有几个凶猛的闯将！（鲁迅《论睁了眼看》）

真正的希望，必须植根于对诚实地面对人类处境和诚实地面对自己的勇气。如果我们不能从真相出发，任何出现的希望都可能只是一场骗局而已。

直面疗法和存在治疗常常被误解为暗淡或悲观的心理治疗流派。当人们无法透过这些理论的表面看到其本质时，他们才会如此认为。直面疗法和存在治疗一点也不悲观或暗淡。事实上，我认为它们属于最乐观的心理治疗流派，因为它们愿意在面对人类处境时保持真实的态度。它们不仅能够看到世界和生命悲剧性的部分，还能够有抱持态度，有达观的看法，并能够超越它们。

经常有来访者告诉我："我不知道你是怎么做到的。在我想来，每天听人们讲述自己的问题和痛苦一定是非常令人沮丧的。"然而，我通常不觉得这是一种负担。在过去的25年里，我与很多人一起穿越他们的苦难，帮助他们寻找更好的生活。现在，我可以回头看本节开头引文中鲁迅所说的"路"。我的来访者们常常看不到他们的路，因为他们以前没有走过。对我来说，来访者的问题不会给我带来负担，这里有两个秘诀。第一，我不会跟他们拉开距离。试图拉开距离来照顾他人总是会让人筋疲力尽。但当我和他们在一起时，且是真正在一起时，我会充满活力。第二，我不把跟来访者一同经历痛苦视为负担，因为我能够在那些充满痛苦的时刻与他们在一起，同时又

对未来抱有信心。因为我曾经许多次走过这条路，所以我能同时看
到现在和未来——在来访者还没有看到道路时，我为他们怀抱着希
望。这不是一种天真虚渺的希望，而是一种植根于真实和经验的希望。

王学富是一个不因循守旧的怀抱希望者。我称他不因循守旧，
因为他没有走传统的道路，而是走出了自己的道路。他不仅接受了
西方的心理学，还创造了新的、深刻的、真正的中国本土的心理学。
而且，他与世界分享了这份礼物。我称他不因循守旧，也因为他没
有提供在当今世界上比比皆是、过于简化的希望。相反，他提供了
一种通过直面自己和他人的痛苦来获得的真实的希望。他不是为了
受苦而直面痛苦——他直面痛苦是因为他相信在痛苦的反面有希望。
王学富和直面疗法真切地代表了当今世界所需要的希望。

最后，我鼓励你不只去阅读这本书，而更是通过这本书去寻求
并活出其中的智慧。存在主义心理学与直面疗法并不只是一种思想，
它们代表一种存在方式。卡尔·罗杰斯（1980）相信，成为一名优
秀的治疗师不仅仅是学习心理治疗的实践，而是让自身成为具有疗
愈性的存在方式。不管你阅读这本书的目的是为了成为一名更好的
治疗师，还是为了你自己的个人成长，我都会鼓励你让这本书帮助
你经历转化，不仅仅是学习书中的智慧，更是要活出它们。如果你
这样做了，在你的生命旅程中，你将给自己和你遇到的那些受苦的
心灵带来希望与转化。

路易斯·霍夫曼
（本文译者为麦锦丽）

参 考 文 献

Cleare-Hoffman, H. P., & Hoffman, L., (2017, August). *Key influences on the development of existential-humanistic therapy practice.* Poster presented at the 125th Annual Convention of the American Psychological Association, Washington, DC.

Cooper, M. (2017). *Existential therapies* (2nd ed.). Sage.

Dallas, E., Georganda, E. T., Harisiadis, A., & Zymnis-Georgalos, K. (2013). Zhi mian and "oistros" of life. *Journal of Humanistic Psychology*, 53, 252-260. https://doi.org/10.1177/0022167812468791.

Dueck, A., & Wei, G. Q. (2019). The indigenous psychology of Lu Xun and Xuefu Wang. In L. Hoffman, M. Yang, M. Mansilla, J. Dias, M. Moats, & T. Claypool (Eds.), *Existential psychology east-west* (Vol. 2; pp. 17-46). University Professors Press.

Hoffman, L., Jackson, T., Mendelowitz, E., Wang, X., Yang, M., Bradford, K., & Schneider, K. J. (Eds.). (2019). Challenges and new developments in existential-humanistic and existential-integrative therapy. In. E. van Deurzen, E. Craig, A. Längle, K. J. Schneider, D. Tantum, & du Plock, S. (Eds.), *The Wiley world handbook of existential therapy* (pp. 290-303). Wiley.

Hoffman, L., Lopez, A., & Moats, M. (2013). Humanistic

psychology and self-acceptance. In M. Bernard (Ed.), *The strength of self-acceptance: Theory, research, and practice* (pp. 3-17). Springer.

Hoffman, L., Serlin, I. D., & Rubin, S. (2019). The history of existential-humanistic and existential-integrative therapy. In. E. van Deurzen, E. Craig, A. Längle, K. J. Schneider, D. Tantum, & du Plock, S. (Eds.), *The Wiley world handbook of existential therapy* (pp. 235-246). Wiley.

Hoffman, L., Yang, M., Mansilla, M., Dias, J., Moats, M., & Claypool, T. (Eds.). (2019). *Existential psychology east-west* (Vol. 2). University Professors Press.

Längle, A. (2019). The history of Logotherapy and existential analysis. In. E. van Deurzen, E. Craig, A. Längle, K. J. Schneider, D. Tantum, & du Plock, S. (Eds.), *The Wiley world handbook of existential therapy* (pp. 309-323). Wiley.

Lu Xun (1959). My old home. In Y. Xianya & G. Yang (Eds.), *Lu Xun: Selected works* (pp. 90-101). Foreign Language Press.

Lu Xun (1961). On looking facts in the face. In Y. Xianya & G. Yang (Eds.), *Lu Xun: Selected works* (pp. 198-204). Foreign Language Press.

Rohde-Brown, J., & Frain, B. (2013). Facing invisible dragons: An east-west discussion on finding meaning with a sibling with developmental disability. *Journal of Humanistic Psychology*, 54, 182-202. https://doi.org/10.1177/0022167813491632.

Rogers, C. R. (1980). *A way of being*. Houghton Mifflin.

Society for Humanistic Psychology (n.d.). Charlotte and Karl Buehler Award. Retrieved from https://www.apadivisions.org/

division-32/awards/buhler.

Van Deurzen, E., Craig, E., Längle, A., Schneider, K. J., Tantam, D., & du Plock, S. (Eds.). (2019). *The Wiley world handbook of existential therapy*. Wiley.

Wampold, B. E., & Imel, Z. E. (2015). *The great psychotherapy debate* (2nd ed.). Routledge.

Wang, X. (2009). Spiritual warrior in search of meaning: An existential view of Lu Xun through his life incidences and analogies. In L. Hoffman, M. Yang, F. J. Kaklauskas, & A. Chan (Eds.), *Existential psychology east-west* (pp. 149-164). University of the Rockies Press.

Wang, X. (2011). Zhi Mian and existential psychology. *The Humanistic Psychologist, 39*, 240–246. https://doi.org/10.1080/0887326 7.2011.592465.

Wang, X. (2019a). The symbol of the iron house: From survivalism to existentialism. In L. Hoffman, M. Yang, M. Mansilla, J. Dias, M. Moats, & T. Claypool (Eds.), *Existential psychology east-west* (Vol. 2; pp. 3-16). University Professors Press.

Wang, X. (2019b). An east-west dialogue: An outline of existential therapy development in Chin and related Asian countries. In. E. van Deurzen, E. Craig, A. Längle, K. J. Schneider, D. Tantum, & du Plock, S. (Eds.), *The Wiley world handbook of existential therapy* (pp. 579-591). Wilcy.

Yang, M. (2019). The beauty of zhi mian. In L. Hoffman, M. Yang, M. Mansilla, J. Dias, M. Moats, & T. Claypool (Eds.), *Existential psychology east-west* (Vol. 2; pp. 47-56). University Professors Press.

Yang, M., & Hoffman, L. (2019). An existential-humanistic

framework for international psychology. In L. Hoffman, M. Yang, M. Mansilla, J. Dias, M. Moats, & T. Claypool (Eds.), *Existential psychology east-west* (Vol. 2; pp. 57-70). University Professors Press.

序二　敢以直面换新心

感谢学富兄惠邀我作序！我得以初读书稿，学习良多。

自 2007 年认识学富兄，我看到他在临床心理咨询、社会心理服务和教牧辅导方面屡有创新。承蒙他厚爱，每有大作问世，即隔空惠赐。我常有幸先睹为快，得知他的观察、思考、感悟和反思，很钦佩他的敏锐、执着、犀利与严密。看到学富兄带领直面团队三代同仁，联手海内外同好，从现象到本质，不断梳理概念、理论，提高干预技术针对性及有效性；钦佩他们 20 年如一日，矢志助人，造福万家！深为他们通过梳理概念、思考理论、开发技术，走出了自成一体的"直面之路"而高兴！

学富兄提出"生存主义"概念，并剖析相关现象，有效诠释荣格（C. Jung）所谓"文明的代价就是人性丧失"，说明为何如此多年轻人"空心"！我们不禁庆幸，生存主义后，直面的发展价值得以充分体现。

鲁迅先生是 20 世纪上半叶苦难中国的精神脊梁。学富兄钟情"直面"，最能代表鲁迅的精神。

逆水行舟，不进则退。

个体性逃避产生个体性问题！逃避导致自我发育不全、长期逃避结果就是自我解离（精神分裂），甚至成年不成人！

群体性逃避产生群体性问题。如果一个群体采取逃避的态度，整日不思进取，那么必然会停滞不前！

临床心理学工作者须直面众生苦！当代，美国心理学协会（APS）评选出 20 世纪百位最佳心理学家，其中有 39 位犹太裔！他们直面众生苦，各自从犹太人 5000 年的文化中寻见"直面"，既整合了个人、社会、自然、宇宙四重自我，又为苦于"不如意事七八九，可与人言一二三"的芸芸众生指明了方向！

轴心时代，哲人和宗教领袖们曾经上下求索，寻求苦难人生不沉沦的超越之道，因此找到放得下（直面生老病死）、拿得起（直面人生愿景的八条目）、想得开（直面自然的超然）、认得出（直面罪性的"愿万人得救、勿一人沉沦"）等超越之道！

孔夫子直面人类毕生发展困境，提出"君子三戒（少之时，血气未定，戒之在色；及其壮也，血气方刚，戒之在斗；及其老也，血气既衰，戒之在得。《论语·季氏》）"；并以"志于道、据于德、依于仁、游于艺"的人生愿景引领后学！东亚的杜甫愿为百姓"得广厦千万间"，西亚的耶稣会为众人死！

古今中外，国家不幸诗家兴！

杜甫直面国难当头，慨叹"国破山河在，城春草木深"，终得"漫卷诗书喜欲狂"；李白直面人生蹉跎、妇人蔑视，大呼"吾辈岂是蓬蒿人"，轻舟终"过万重山"。

李煜直面国破家亡、妻离子散，慨叹"问君能有几多愁"，终因"恰似一江春水向东流"（世界本相）而释然，在无可挽回中抓住了永恒。

苏东坡直面百姓苦，拒绝与统治者（改革派、保守派）同流合污，坚持"幽人独往来，缥缈孤鸿影……拣尽寒枝不肯栖"，宁愿"寂寞沙洲冷"。

直面是全人成长、全域健康的必由之路。唯有直面，人类才能成为优秀传统文化的实践者、研究者、传承者，才能活出真实丰满的自我，活出人生意义！唯有直面，才能在优秀传统文化的集体潜意识中形成思想势能，才能成为"祝福的管道"，才能可持续发展！唯有直面，才能成为"个体"，才能成为疗愈者！这对于21世纪中国学人（尤其是心理学工作者）十分重要！

我们直面个人中心的自我，才能知耻、克己、发奋、不回避、不躺平，才能知福、惜福、造福、享福，才能"找（他人）好处启开天堂路，悔（自己）亏行关闭地狱门"，才能静以修身，实现全人成长，达至全域健康。

我们直面关系中心的自我，才能不内卷；摒弃厚黑的无耻、极欲，才能知晓兼善的宝贵与持守之难，乃至预备牺牲小我。

我们直面自然中心的自我，才能感恩、从初级控制转向次级控制，才能避开资本忽悠下的穷奢，知晓俭以养德。

父母直面孩子的困境，才能把孩子当孩子，才能不被分数至上的功利化教育左右，言传身教全域健康。

人类命运共同体建设不可或缺直面。

张载直面黑暗，喊出"为天地立心，为生民立命，为往圣继绝学，为万世开太平"的书生意气！

2000年前，使徒保罗直面心身灵困境，哀叹"我肉体中没有良善。因为，立志为善由得我，只是行出来由不得我"。

500年前，土阳明先生直面成圣路迷雾，探出"致良知"内圣外王法，"无善无恶心之体，有善有恶意之动。知善知恶是良知，为善去恶是格物"。

范仲淹直面官场厚黑，宁愿兼善而被罢黜，"先天下之忧而忧"而无悔！

岳飞直面将帅天命，视"八千里路云和月"若等闲，选择先天命而"朝天阙"！

文天祥直面兵败被俘，拒绝苟且偷生，以"正气歌"明心志，"留取丹青照汗青"！

弗洛伊德（S. Freud）直面人生困境、逆境、绝境，将犹太教卡巴拉支派的修行实践世俗化，开应用心理学先河，创立精神分析学说，造福千家万户！

荣格直面人类平等、开放需求，哀叹"文明的代价是人性丧失"，呼吁学习《西藏生死书》《太乙金华宗旨》等佛家、道家智慧，超越"生老病死"等"不能解决的人生难题"！

赛里格曼（M. Seligman）直面健康相关行业"少数绑架多数、异常绑架正常、生存绑架发展、疾病绑架健康"的资本秘诀，提出积极心理学良方！

因此，家庭教育、学校教育、健康相关行业呼吁完整人生，须直面人生本相，兼顾理性与超越，为生不由己、身不由己的众生寻出方便之门。

盼望我中华同胞尤其是中国心理学家直面众生苦，基于良善而非产业化、工具性绑架，成年成人、自度度人！

盼望学富兄及直面团队基于20年理论思考和社会心理服务实践，针对各类人群核心议题，系统梳理相关典型逃避现象，如未成年人（天赋发现、兴趣培养、能力建设、学习压力、社会适应）、中青年人（就业、情感、职场、亲子、竞争）、老年人（退休适应、亲情慰藉、宗教信仰、老病死），分析不同发展时期的关键问题，开发相对标准化的直面应对策略，开展重点人群关爱与主动健康教育。更进一步，能否从阴阳（互逆互依消长转化）五行（相生相克）视角，在哲学、本体角度思考直面与逃避的必然与偶然关系，以指导当下的社会心理服务体系建设？

完成此序，我也经历了典型的逃避和直面过程。去年承命作序，我拟通读各书，全面评价学富兄团队相关成果；奈何事务繁杂，又不善管理，常常顾此失彼，因此这成了"mission impossible"（不可能完成的任务）；原以为只能赖账，不想学富兄再给机会，于校稿时善意提醒。因此，我调整计划，初读书稿，并基于过去 15 年与学富兄的相交、相知，写下这些感想。

自我成长之余，颇多思考；我不揣浅陋，借机与学富兄和读者同仁分享！不足处，尚祈学富兄与读者同道海涵、批评、指正。

韩布新

2022 年 8 月 19 日

自序　我们需要一种直面的心理学

我这个人的一生，仿佛命中注定要跟一个词难解难分，这个词就是"直面"。

讲到直面，就要讲到一个人，那就是鲁迅。

鲁迅本是一个单纯的人，却生活在一个太复杂的文化里、一个大变动的时代里，人们把他弄得十分复杂；说起他来，那争议就很大了。

在他使用的语汇里有一个词，就是"直面"。这个词他自己说得并不多，但在我看来，这个词哪怕他只说过一次，也是最重要的词。他这个人，他的思想，都可以用这个词来理解、阐释和概括——鲁迅其人，是直面的人；其思想，是直面的思想。

最早接触"直面"，是在大学修读文学的时候，这个词像一颗饱满的种子，播种在我的生命里，虽然我那时并不真正明白它的深意与力量。一些年后，我出国修读心理学，然后回国从事心理咨询。其间，我一直都在想，有一个什么样的词可以代表我对心理学的理解，并且可以成为我在中国从事心理咨询工作的方向呢？这时，"直面"出现了！它从我内心冒出来，向我呈现出文化的与心理学的意义，如此丰盛、鲜明而决然。从此，我把"直面"应用于心理学实践，并基于我的经验进一步理解和阐发它的意义，渐渐创造出一种基于直面思想的中国本土的心理学理论方法：直面疗法。到现在，我生活与工作的核心就是把直面的精神体现出来，不断开启直面所蕴藏的疗愈的力量。

我很喜欢"视角"（perspective）这个词，现在"直面"就成了我人生最重要的视角，我通过它看自己，看我的来访者，看中国人，看人类，看生死，看万象，看世界，看宇宙。直面与逃避是人性的两面，如同万事万物之阳面与阴面。当我们了解了直面，我们就可以理解逃避。逃避是基于生存而求安全，直面是为了成长而去冒险。直面与逃避相互补充，彼此影响，呈现出光影交错、动静互映的人生意态。但是，生活在一个充满不确定性的世界里，又不断遭受环境中各种威胁因素的刺激，很多人的内心累积了太深的不安全感，由此产生过度逃避的行为，直至逃入病中，放弃了成长。直面心理学的基本假定是：逃避是症状之根，直面为成长之本。直面心理疗法之产生，意在提醒和支持人们走一条直面的路，面对生活的现实，探索人生的真相，获得生命的觉察，克服内心的恐惧，实现自身的潜能，活出真实的自我。

直面疗法并不是一个全新的发明，但它集中体现了人类发展的一个基本取向：直面。迄今为止，人类创造的各种心理疗法，都多多少少包含了直面的性质与因素。直面心理学对症状的基本理解是：心理症状会采取各种不同的形式，但有一点是共同的，即它们的根源总是过度的不安全感与逃避。心理治疗会采用各种不同的方法，但在本质上都是提醒人们停止逃避，帮助人们选择一条直面的路。

成长是对人生的直面，症状是对人生的逃避。在症状里，我们看到被回避的生命与生活的诸多方面。于是，直面疗法有这样的发问：那些被我们回避的东西到哪里去了？它们消逝了吗？我们把它们悄悄堆放在某个看不见的地方，它们就真的不存在了吗？或者，它们会安于一直被掩藏吗？

　　我就此跟来访者进行探讨，总会得到一个基本的发现：那些被我们回避的人生真相和生命需求不会消逝，反而会越积越多，慢慢形成一种盲目而强大的力量，并在暗中不断制造麻烦，给我们造成意想不到的损害——医学看到它对身体的损害，称之为疾病；宗教看到它对灵魂的损害，称之为罪；心理学看到它对心理的损害，称之为障碍。还有各种各样的说法，如鬼附身、倒霉、命不好……生命是一个整体，直面呼唤一种全人的疗愈。我相信：疗愈之道在直面。直面疗愈的核心就是帮助一个人面对他的人生，哪怕这人生是惨淡的，是鲜血淋漓的，也不回避。这，就是直面的态度。

　　直面心理学代表着一种新的声音，其中有对心理症状的性质与根源的新的理解，有对心理治疗的新观念与新方法的探索与确认。在直面心理学里，我们用"光影交错"一词来说明健康人性与健康社会的特征。不管是个人，还是社会，都有合理的阴影。一味追求光亮而容不得阴影，会导致个人症状和社会灾难。尊重人性是一切的基础，违背人性是万恶之源。即使是宗教也存在这样的情况：过于追求悦人眼目的光亮和掩藏自身合理的阴影而导致伪善。因此，伟大的宗教家如耶稣、佛陀都反对伪善，提倡本真。社会更是如此。如果一个社会强求人们消除人性的合理阴影，以为这样可以达到"大公无私"，结果就会导致人性受到压抑而变得扭曲。人性本有合理的阴影，却不见容于世，就会被迫潜抑到内心，在暗中变成一种巨大而盲目的逆能量，最终会找到一个"合理化"乃至"神圣化"的渠道，由内向外释放一种恶魔般的破坏力。人类很少能够意识到，那是我们自己在暗中培养出来的"恶魔"，它以光明天使的样貌走了出来，走到我们跟前，突然伸出它的魔掌，一下子把我们击倒在地。当我们从地上爬起来，又会被它的阴影吞没，裹挟而去，我们跟恶魔一同作恶，却不自知。我们需要忏悔。这忏悔里有反思与觉察，有直面自己、直面现实的精神品质。

直面心理学代表着一种声音，它强调反思与觉察。鲁迅作为一个反思者、觉察者、呼喊者，成了我们的榜样。他看到旧中国群众的因循守旧、不肯反思、害怕改变，便借着狂人的口发问："从来如此，便对么？"①直面取向的心理疗愈者也这样反思、觉察、呼喊。这反思与觉察，针对的是我们自身和我们民族压抑下来的巨大潜意识阴影，它们成了伪善，成了防御，成了精神固守的铁屋子。鲁迅看到自身与民族的巨大而厚重的阴影，称之为"毒"。但他不是要把这些阴影和病毒掩藏起来，而是把它们揭示出来，以便"引起疗救的注意"。他带头进行心理剖析："我的确时时解剖别人，然而更多的是无情地解剖自己。"②

直面心理学有一个宣称：真实才有力量。不能真诚对待自己的人，不会有真正的自我反思与觉察。鲁迅批评旧中国文化中充满了"哄"与"骗"，缺失"诚"与"爱"，便是一种不真诚。阿Q性格里缺失的就是这真诚，因而失掉了直面自我与直面现实的能力。在直面心理学的考察里，症状反映了一种真实被抽离、自我被消解的混乱与无力的状态，这叫怯懦。我赞赏教育家陶行知说的一句话："千教万教，教人求真；千学万学，学做真人。"③鲁迅呼唤"真的猛士"，就是针对阿Q性格所下的一剂"猛药"。阿Q性格本是"怯懦"，却装出一副貌似强大的样子，这伪装里有一种狡黠与残忍——"勇者愤怒，抽刃向更强者；怯者愤怒，抽刃向更弱者"④。伤害比自己更弱小的人，是怯懦者的凶残。鲁迅呼唤"这样的战士"，他

① 鲁迅.鲁迅全集（1）[M].北京：人民文学出版社，1998：428.
② 鲁迅.鲁迅全集（1）[M].北京：人民文学出版社，1998：284.
③ 陶行知.陶行知教育名论精要[M].福州：福建教育出版社，2016：88.
④ 鲁迅.鲁迅全集（3）[M].北京：人民文学出版社，1998：49.

们向人间的一切伪善者举起投枪。

直面心理学提倡成为个体，与鲁迅的"立人"思想一脉相承。在鲁迅的思想里，"立人"才是立国之本，因此他说"立国必先立人"①。一个建立了自身品质的民族，才无愧于立身于世界伟大民族之林。当年鲁迅倡导"立人"，如今我提出"成为个体"，其中反映的是一种成长导向，成为一个独立的人。一个成长的个体才是真正有生机的，一个成长的民族亦然。直面的工作是造就个体。这也是鲁迅思想的核心。当年鲁迅明确提出"掊物质而张灵明，任个人而排众数"②，便是这个意思。鲁迅批评国民性格中阿Q式的怯懦，也揭示出我们的民众只是成了"众数"，即逃入群体之中，抹杀自我，不能成为"个人"，即个体。鲁迅在中国历史上寻找到这样的仁人志士："我们自古以来，就有埋头苦干的人，有拼命硬干的人，有为民请命的人，有舍身求法的人……这就是中国的脊梁。"③

直面心理学有一个非常重要的疗愈观念：疗伤。在长期的心理咨询实践中，我看到许多人遭受伤害——来自家庭的伤害、教育的伤害。这些受伤的人，因为内心有很深的恐惧，就成了逃避者，成了依赖者，成了病人。他们的成长进程受阻了、停滞了。因为在伤害里有恐惧，有回避，有遮蔽，有捆绑。这一切会形成症状，即心灵意义上的囚牢，也就是鲁迅所说的"铁屋子"。如果没有疗愈，他们就不能长成独立的个体。在直面心理学看来，"病人"就是"受伤的人"，心理治疗就是给"受伤的人"疗伤。直面取向的疗愈，是唤醒，是除弊，是帮助人解开绳索，让人恢复自由。

未愈的伤害还会长出幼稚的完美主义、残忍的极端主义、简单

① 鲁迅．鲁迅全集（1）[M]．北京：人民文学出版社，1998：57.
② 鲁迅．鲁迅全集（1）[M]．北京：人民文学出版社，1998：46.
③ 鲁迅．鲁迅全集（6）[M]．北京：人民文学出版社，1998：118.

的还原主义。它们的表现常常是：盯着一点，以为一点就是一切。其操作性的思维方式是：把所有的问题归于某一个原因，以为只要找到某个唯一的办法就可以解决一切。

直面心理学是在中国文化背景中发展出来的一种存在性反思，让我们反思我们的苦难，追问我们为什么受苦？我们所受的苦有什么意义？只有为意义而受苦，那苦才是值得的。如果受苦却不反思，就不会有觉察，就是白白受苦，就是受没有意义的苦，就会一直受苦下去，不仅让自己受苦，还让别人受苦，就会被吃，也会吃人。鲁迅发现，我们不仅对苦难没有反思，还掩盖苦难，还装饰苦难，甚至还赞美苦难与伤痛："红肿之处，艳若桃花；溃烂之处，美如奶酪。"① 直面心理学的发现是：症状是白白受苦，症状者是被动的受苦者，为某种伪意义而受苦。而直面心理学的疗愈，是对受苦的本质与根源做出反思，把白白受苦转化成为有意义的受苦，不逃避人生中合理的受苦，也不去忍受被强加的、无意义的受苦。

直面心理学也是一种存在式追问，凡事都问一个"为什么"，而不只是在那里读着字面上写满仁义道德的历史书，而是要看到字里行间遮掩着的深层意思。只有追问，我们才会真正找到自己存在的根基，回答存在的基本议题：活着的意义、人之为人的尊严与价值、自由与选择、焦虑与死亡、关系与孤独、受苦与伤痛、独立与自我……

最后想讲一讲直面心理学的一个特性：抗俗。

我提倡一种直面的心理学，也是对现实问题的一种回应，这个回应方式是：抗俗。"直面"有两个最核心的精神导向：一是求真，二是抗俗。

庸俗化的表现之一，是只顾利益，不提价值。我曾经在一家茶

---

① 鲁迅. 鲁迅全集（1）[M]. 北京：人民文学出版社，1998：318.

社里听到一段对话：一个归国留学生因为"不切实际"，她的妈妈请来一位曾经留洋的"教授"来开导她。听了这位"教授"（打个引号是因为我实在不忍心相信他是教授）的话，我更加相信这个世界真的有一种东西叫"精神污染"，我都想像一个古人那样，去找一条洁净的河流，在河边洗洗耳朵。这位所谓"教授"的话是不必重复的，归纳起来无非是教那个女留学生如何实际、如何庸俗。

庸俗化的另一种表现为价值的条件化。当一切价值都可以条件化，剩下的就只是条件化的价值。一旦我们用条件化的眼睛看别人，别人也用条件化的眼睛看我们，我们就把自己的存在也条件化了，而人的价值不过是变成各种条件的组合。在某些电视剧和电影里，我们看到一种价值的空洞，甚至干脆就是无价值。例如，讲述累朝累代宫廷里的斗争的故事，使我们对宫斗的残忍早已习以为常，没有价值判断，甚至导致有人在模仿。有一个哲学命题：存在的就是合理的。它在某些场合遭到最普遍的误用和滥用，被用来为一切"不合理的存在"鸣锣开道，让某些人认为这显示了最高的价值观。

庸俗化还表现为娱乐主义。一切都可以玩，都可以变成娱乐，都成了搞笑。人们都聪明地说：不过玩玩，何必认真？还有一个流行语说：你认真，你就输了。朝四周一看，许多少年人都"成熟"了。在他们面前，那些还持守着某种价值和道义的人，显得太幼稚可爱。许多聪明的人都会说"何必"，在众口铄金的"何必"之下，像我这样的人简直成了异类。

庸俗化还表现为商业至上。许多行业在不同程度上加入了这个商业主义的潮流，形成赤裸裸的唯利是图。

庸俗化还包括一种极端的技术主义。它声称，一切都是技术。技术主义如一把锐利的刀，阉割了我们的情感、我们的心灵、我们的价值。在技术主义者那里，我们对情感、心灵、价值的提问本身就是一个笑话，它可把这一切都分解成为各式各样的元素。我们不过是元素的合成物。生活成了一套技术，生命成了一套程序。教育是技术的训练，为了完成某个目的。成功是实现了技术指导下的财富积累。在技术上，人可以完成一切，感情却缺席了。没有真情，只有表演。没有意义，只有技术。人生是一场设计，只在技术上进行，不要生命的参与。就如同一场奇怪的婚礼，新郎和新娘顺理成章完成仪式，感情却不在场；一场怪异的葬礼在按部就班进行，人们戴着墨镜，内心没有悲伤。又如销售者称别人为美女、帅哥、亲爱的、亲……但他看到的不是人，而是钱。有一位求助者对我说："我把一切做好，感情却不到场。"

但这并不是全部。鲁迅当年所呼唤的，便是一种直面精神，一种真诚的、清朗的、直接的、坦率的、温和的、友善的、确认的、自我肯定的、自然的、自信的、实事求是的声音。最重要的是，它是人性的呼唤，也是呼唤人性的声音。在当今社会也是如此，在每一个地方，总有那样一些人，他们觉得要追求一点什么，寻找一点希望，持守一点价值，发出一点声音。我也加入这群人之中，想发出一点声音：我们需要一种直面的心理学！

本书的名字即为《直面的声音》，辑录了十几年来我在国内外的讲演，它要宣称的便是一种直面的心理学。

目 录
CONTENTS

序一　相遇"直面" / 001

序二　敢以直面换新心 / 016

自序　我们需要一种直面的心理学 / 021

确认与宣称 / 001

直面与存在的对话 / 016

从生存主义到存在主义 / 029

成熟：成为个体 / 038

发问与呼喊 / 048

真理与自由 / 058

人本主义心理学 / 071

直面心理学 / 079

直面：面对现实的疗愈之道 / 089

光影交错：直面心理学的人性观 / 103

立身于世 / 110

奋争 / 120

"铁屋子"的象征 / 123

症状：逃避合理受苦 / 140

疗愈：直面合理受苦 / 146

成为心理咨询师 / 155

以死观生：直面死亡的态度 / 168

直面与存在 / 189

一个中国心理治疗师的文化敏感 / 198

直面存在的理由 / 205

心理咨询在中国的发展及其文化资源 / 212

直面之道，成长之道 / 220

逃避机制与直面疗法 / 231

确认与宣称

在南京直面心理咨询研究所的报告（南京，2018、2022）

近一个世纪前，有一个人叫鲁迅，他写出中国文字中一个最具思想意义与文化内涵的词：直面。他的原话是："真的猛士，敢于直面惨淡的人生，敢于正视淋漓的鲜血。"[①]

许多年后，我选择跟一个人和一个词发生最深的联结，这个人是鲁迅，这个词是直面。

2002年，在南京，一家专业的心理咨询机构以"直面"为名建立了。

"直面"，也代表一种中国本土的心理学方法——直面疗法——诞生了。

讲到直面心理学方法，我常常提到两个词：一个是"确认"，一个是"宣称"。这两个词，对于每个人都很重要——我们通过确认与宣称来肯定自己、活出自己，实现自己的人生。人生的许多事情都是这样：一个人首先需要去确认，确认之后，便可以去宣称；宣称之后，就会有回应。

有人问我："王老师，你宣称之后就不怕别人说你不好吗？"

我说："怕，但我们怎么办呢？不去宣称吗？"

的确，有许多人虽然对自己是确认的，却不敢宣称，因为怕别人会说不好的话。但我觉得，既然确认，就要宣称。你本来确认自己是这

---

① 鲁迅. 鲁迅全集（3）[M]. 北京：人民文学出版社，1998：274.

样的，因为你没有宣称，别人就不知道你到底是怎样的，就会在那里猜测你是怎样的。你听了之后，就苦闷，心里说："我不是那样的呀。"那么，我就要问你："既然你认为自己不是那样的，为什么你不宣称呢？"因为你没有宣称，别人不知道你是谁，就说你是这样的，或说你是那样的，最后弄得你自己都不知道自己是怎样的。

把这些想明白了，我便决定宣称，告诉别人我是谁，告诉别人我做了什么，告诉别人我为什么要做这些、我是怎样做的，以及我将来想要做成什么样子。

这些年来，我正是这样做的——因为确认"直面"，我就宣称"直面"。因为确认直面是一条可行的路，我就沿着这条路一直朝前走。开始的时候，只有很少的人跟我同行，渐渐又来了一些同伴，跟我一起走在这条路上，越来越坚定。我称他们为直面同行者。

因为你确认，所以你宣称。当你宣称时，你并不期待所有的回应都是赞同的声音。鲁迅当年也宣称，得到的竟是这样的回应："凡有一人的主张，得了赞和，是促其前进的，得了反对，是促其奋斗的，独有叫喊于生人中，而生人并无反应，既非赞同，也无反对，如置身毫无边际的荒原，无可措手的了。"[①]这一度让鲁迅感到寂寞和悲哀。但后来证明，鲁迅继续宣称，他的呐喊未停，回应一直都有，至今还有。

直面也是这样。我们宣称了，也听到了回应。这些年来，面对各种回应，我总结出这样一种态度：别人说我好的时候，我就在心里说，你不知道我的不好；别人说我不好的时候，我就在心里说，你不知道我的好。有了这样的态度，我便获得了一种平衡。这样的平衡，也是基于真实。相反则不行：如果别人说我好，我也觉得自己好，就要好到天上去了，就成了虚妄，若跌下来了，那会很惨；

---

① 鲁迅.鲁迅全集（1）[M].北京：人民文学出版社，1998：417.

如果别人说我不好，我也觉得自己不好，那就落到地狱里去了，这本身就很惨。说起来，确认难，宣称也难。当你还不那么确认，又想宣称一下，就会担心别人会嘲笑你，甚至你内心都觉得自己很可笑。

这里我又要讲到一个人，叫丁光训。他说过一句话，也是鼓励人去确认与宣称。他说："新生事物在刚出世的时候，同新生婴儿一样，总不是那么漂亮美观，那么完美无缺的。"① 但是，新生事物却反映出事物的本质，它有力量。丁光训引用英国诗人 W.H. 奥登的诗句，认为新生事物的作用是，"把刻板的礼仪搅乱，因为它出自冰冷的心；迫使它再次活起来，尽管有点不雅"②。

大概 20 年前，当我开始宣称直面的时候，就想到丁光训的话。当时，我的内心不那么坚定，说话的声音都有些发抖，却相信：直面正是这样一个新生事物，如同新生的婴儿，尽管"不雅"，却有搅乱刻板礼仪的力量，迫使它再次活起来。这正是直面心理学的本质与力量。

丁光训是一个直面的人，他的思想，也是直面的思想。只是，他跟鲁迅不太一样。鲁迅的直面往往是锐利的，是"至诚之声"，丁光训的直面常常是柔和的，是"温煦之声"。不管是锐利，还是柔和，都是直面。直面的性质也如老子说到的"水"，看似柔弱，却也坚硬。滴水穿石，即是它的力量，这力量在鲁迅那里，也叫"韧性的战斗"。我一讲直面，许多人都以为直面是金刚怒目，这不是真的，至少不是全面的。即使在鲁迅那里，也有十分柔和的直面。"横眉冷对千夫指"是刚性的直面，"俯首甘为孺子牛"是柔性的直面。刚柔相济，才是疗愈的力量。

时而会有人好意劝我："学富啊，不能直面呀！我就是因为太

---

① 丁光训. 丁光训文集 [M]. 南京：译林出版社，1998：13.
② 丁光训. 丁光训文集 [M]. 南京：译林出版社，1998：13.

直面，弄得伤痕累累，以后再也不敢直面了。"

我总是感谢这份好意，但也知道，他们说的，不是全面的直面，而是偏颇的直面。偏颇的直面，会让人受不必要的伤。直面的确会让我们受伤，但真正的直面者不是莽撞的，他会选择为意义受伤，尽量不让自己受不必要的伤。

下面便是我对直面的确认与宣称。

直面心理学方法，或称直面疗法，最早萌芽于我在厦门一个叫"关怀"的心理机构从事心理咨询的初始经验。当时，我问了自己三个问题：第一，心理症状的本质是什么？第二，它的根源在哪里？第三，疗愈之道何在？以我当时还很粗浅的经验，我有了这样的发现：心理症状的表现和特征是逃避。心理症状的根源是恐惧。那么医治之道在哪里呢？我当时对此还不能做出明确的回答，但有一些模糊的想法。也就是从这个地方，我开始了自己的心理学探索之旅。

1999 年年底，携带着两年从事心理咨询的经验与疑问，我离开厦门大学前去美国修读心理学。我选择就读的学校是安多弗·牛顿神学研究院（Andover Newton Seminary），在这个古老却相当开放的神学院校里，有着悠久而丰富的心理学传统与资源。我在这里接受了两年的教育，学习了家庭系统理论、荣格分析心理学、关系心理学、儿童生活、家庭与婚姻、哀伤辅导，以及与存在心理学相关的课程。我的硕士论文《超越"恐惧-逃避"机制》（Beyond Fear-Escape Mechanism）以恐惧为研究主题，初露直面心理学咨询的端倪。我的心理学导师奥斯汀（Brita Gill-Austern）不仅教我心理学，她的生命也成了我的典范。我的另外一位导师海姆（Mark Heim）是一位神学教授，他的思想和人格也影响了我。

我于 2002 年回国，决定立身于南京，创办一个心理咨询机构，一生投入这项事业。为了给这个即将成立的心理机构起一个名字，我与孙闻颇费心思。甚至在我出国学习期间，我们都一直在想啊想，想到了许多名字，但都不是我们真正想要的。我们似乎在等待着一个名字出现——让人们一看到它，就知道我们是谁、我们在做什么、我们怎么做，甚至知道我们要走到哪里去。终于有一天，这个名字出现了，它如同一道闪电，明亮而确定：直面。

直面机构成立之初，就有一批最真诚的支持者。在我头脑最先跳出两个人的名字：一个是白慕仁（Myrrl Byler），另一个是姚英永。白慕仁是北美与中国教育交流机构的负责人。从20世纪80年代开始，他就来到中国教书，后来长期从事中国与北美之间的教育交流。在中国的数十年经历使他对中国有很深的情感，让他既了解中国，也关心中国。我在美国读书时，他是最鼓励我回国服务的人。直面自开办之初到后来发展，其中有许多的艰难困苦，白慕仁一直信任我们，鼓励我们，支持我们。姚英永是怡佳咏服装公司的总设计师和总经理，直面一路走来，总得到她的支持。她却保持低调，不让我们多说。

在直面的背后，还有许多人用各种各样的方式支持我们，如盛莉协助我们办理执照，吴锦铭在《江苏法制报》报道了我们的免费心理热线，李恩临帮助我们建立了直面延伸辅导课程（ECP），还有或长或短跟我们一起工作的同事，以及在最初跟我们一起做热线辅导的义工们，还有曾经支持我们的理事会朋友……这里我无法一一列举他们的名字。

直面不只是一个心理机构的名字，它更代表着我们对心理学的理解和对一种新的心理学疗愈取向的探索。

直面机构成立之后，我们编印了第一期机构通讯，名字叫《直面》（后来改为《直面报告》）。我在《直面·首期特刊》上发表了一篇文章，叫"直面心理学发轫"。这篇短短的小文成了一个宣告：我们将在中国文化背景中开始探索与发展自己的心理学方法。

2002年，南京大学桑志芹教授邀请我在江苏省心理学会大学生心理咨询专业委员会年会上做主题报告，我的报告主题是"逃避机制与直面疗法"。这算是我第一次宣称"直面疗法"。

同年，我写了一篇文章，叫"直面的神学思想"，用刚刚萌生的直面心理学方法来研究丁光训的神学思想。丁光训读了这篇文章，遂邀请我去金陵神学院讲授"心理学与教牧辅导实践"。在一次谈话中，丁光训对我说："'金陵'的同学需要学习直面，'金陵'的老师需要学习直面。"所以我说他很懂直面，他的思想本身就是直面的。

我最初的宣称引起一位美国心理学教授的关注，这便是富勒心理学院的杜艾文（Al Dueck）教授。许多年来，这位杜艾文教授一直热心于鼓励和支持在全世界范围内发展出来的本土心理学，他对"直面取向"的心理学方法表现出极大的热忱。2003年，杜艾文派他的一位临床心理学博士生（陈心洁）来到南京，跟我们有了第一次接触，从此建立了关系。陈心洁在直面跟我们一起工作了一段时间，并把我们正在探索的"直面取向"的本土心理学向她的导师杜艾文教授做了报告。2007年，陈心洁基于她几年来对我们的了解，写下这样一些话：

3年多前，机缘巧合之下，我来到直面心理咨询中心观摩，并为这里的热线义工做培训。因此，我认识了直面的创办人——学富和孙闻，并被他们的热诚和抱负所感动。回到富勒心理学院之后，我就对当时的导师杜艾文教授分享了我在直面的收获，并引起了他对"直面心理"的强烈兴趣。从此，我就与直面结下不解之缘。

我们时常会谈到如何将心理治疗融合在本土文化中，而直面是我们在东方发现的一颗宝石，闪烁着非凡的哲理和执着精神，让我们看到了实现本土心理学的希望。

直面的领导者王学富博士对近代中国文学历史有着深厚的研究基础，因此，他看心理治疗的角度不为西方的文化所拘束，而更能自由地发挥他从鲁迅的文学作品中所悟出的'直面方法'。然而，单靠着学富的修养和孙闻的才智是不够的，直面能发展到今天，于我所见，也是因为学富与孙闻召集和训练了一批志同道合的义工，是大家齐心合力的成果。每一次到直面就像遇到老朋友一般，彼此嘘寒问暖，义工们的热情让我每每在离别后会感到一丝内疚。这也是为何我又回到直面担任督导的原因。因着这个坚强的阵容，直面的心理辅导延伸课程（ECP）能在神州大地上传播它的种子；这也是直面能够在亚洲心理辅导界散发光芒的最大原因。未来，希望有更多资深的心理辅导人员从直面诞生，怀着一颗热爱祖国文化的心，不惧于西方心理学的强势，把中国人的优秀传统与智慧在辅导室内承传下去，并有所创造。

一些年来，杜艾文一直在富勒心理学院向他的博士生介绍"直面"——这个正在中国发展的本土心理学模式。很有意思的是，2004年，一批由富勒心理学院心理学教授组成的专家团队来访直面心理中心，凯利（Timothy Kelly）教授在直面做的一场讲演中竟然有这样的展示——富勒临床心理学博士课程整合了直面疗法的基本概念：面对自己，面对他人，面对世界，面对超越性存在。杜艾文不仅给他的博士生讲直面，还到全世界各地的会议上讲直面。也是在2004年，第29届跨文化心理学国际会议在西安召开。杜艾文、陈心洁和我合写了一篇论文，由杜艾文在会议上宣读，其中介绍了鲁迅的文化心理学思想、丁光训的神学思想，以及我们刚刚开始宣称的直面心理学方法。到了2012年，杜艾文教授在第二届存在主义心理学国际会议（上海）上做了一个报告，报告的题目是"鲁迅与王学富的文化心理学"。2016 年，杜艾文教授与韩布新博士在无锡组织了一个小型的本土心理学研讨会，邀请我去讲一讲自己的本土心理学探索之路，听众是国内一些正在进行本土心理学探索的学者、咨询师以及富勒心理学院的教授和博士生们。

这时，我欣喜地看到，不仅我自己在宣称，还有认同我的同行跟我一起宣称——宣称直面，与此同时，也有越来越多的人愿意听我讲直面。

自 2002 年起，我时常受到华美教育交流协会的邀请，讲我在中国从事心理咨询的经验。2003 年，这个教育交流协会在中国香港举办"教学促进会"年会，我受邀向来自北美的 70 多位教师（他们在中国一些大学里从事教学工作）介绍直面的经验与中国文化，还一起探讨如何更好地为大学生提供心理援助。2004 年，直面心理咨询研究所与美国东门诺大学心理系、华美教育交流协会联合举办了一场"心理咨询国际研讨会"，我在会议上做了主题为"直面之道，成长之道"的报告，总结直面取向的心理学实践经验。我还参与了华美教育机构在昆明、成都、澳门等地以及美国的一些城市举办的文化交流活动。最近几年，白慕仁博士还不断带美国大学生团队来直面心理咨询研究所跟我们做文化交流，其中也包括我向美国大学生介绍中国文化与直面心理咨询的经验。

还值得一讲的是，2005 年，我应邀参加在中国香港举办的"教牧关怀与心理辅导世界大会"（World Congress on Pastoral Care and Counseling），并在会议期间结识韩国专门心理治疗院院长沈相权博士和中国香港辅导与调解机构总干事曹敏敬博士。我们三人分别来自亚洲三个不同的专业心理咨询与治疗机构，聚在一起交谈时颇有共鸣。我们有一个共同的心愿：合作推动亚洲心理咨询与治疗领域的专业发展。经过商讨，我们成立了"亚太心理咨询与治疗机构联合体"，合作举办了三届心理咨询与治疗研讨会，分别于 2006 年在韩国首尔召开、2007 年在中国南京召开、2008 年在韩国首尔召开。我在三届会议上分别做了三场主题报告："中国的心理咨询实践：直面的模式""直面存在的理由""在中国文化背景中成为一个心理治疗师"。每一个主题都围绕"直面"展开，涉及直面的方法、直面的意义、直面与文化的关系。沈相权、曹敏敬两位同道都认同并喜欢"直面"，特别赞赏它所传达的一种挑战精神，一种坦诚的、敞开的关系，而且它呈现了在面谈室里两个人（咨询师与来访者）的直接相遇，彼此向对方展开的内心世界，让医治和转化发生在此时此地。

2007 年发生了一件很有意义的事，开启了我的存在主义心理学之旅。杜艾文教授和韩布新教授在中国合作组织的首届中美宗教心理学会议在浙江师范大学举办，我也应邀参会。与会期间，我结识了来自美国洛基山大学的霍夫曼，并与在中国香港教书的杨吉膺（Mark Yang）重逢。中场休息时，我们三人坐在宾馆大厅，谈及存在主义心理学这个话题，都十分激动，颇有相见恨晚之叹。我们都有接受存在主义心理学教育的背景，并产生了一种热忱，要一起来推动存在主义心理学东方与西方的合作与对话。

我开始回溯自己的"存在"根源。在我年轻的时候，赶上中国改革开放，恢复高考，我先后进入枣阳师范学校（英语、教育心理学）、金陵协和神学院（神学）、南京大学（文学）学习。当时，大量的西方书籍被译介进来，包括存在主义哲学、神学、文学，以及精神分析心理学。阅读这些方面的书籍，为我打开了一个新的视野。1999 年年底，我到了安多弗·牛顿神学研究院，开始修读心理学与神学，心理学课程涉及罗洛·梅、弗兰克尔、荣格、罗杰斯等的理论，神学课程涉及克尔凯郭尔、蒂利希等人的思想，其时内心与他们有很深的共鸣。回顾在南京大学修读中国现代文学，对鲁迅有了更多的阅读与理解，我惊叹于鲁迅与存在思想的相通与共鸣。在我看来，鲁迅对中国文化与中国人心理的揭示与分析，是存在性质的深刻思考与文学表现。在我的心理学实践中，也体现了中国本土直面取向的心理学与西方存在-人本取向的心理学之间的相通与整合。自 2007 年起，我跟霍夫曼、杨吉膺共同组织了存在主义心理学领域中国与西方的一系列对话，包括举办研讨会、工作坊、培训课程、国际会议、课题研究等。

2008—2009 年，受杜艾文教授之邀，我到富勒心理学院做访问学者，其间修读了有关临床心理学的博士课程，并做相关研究。在这期间，霍夫曼在洛基山大学组织了一场存在主义心理学研讨会，我受邀参加，并在会上介绍了鲁迅的思想与直面的方法。在这次研讨会上，我结识了美国存在-人本主义心理学领域的重要代表人物施奈德（Kirk Schneider）和时任美国人本主义心理学会会长的艾尔金斯（David Elkins），并参加了施奈德带领的存在心理治疗工作坊。

自 2008 年，霍夫曼、杨吉膺与我的合作全面展开。2009 年，我与南京人口管理学院社工系晏凤鸣教授联络，促成霍夫曼带领的美国洛基山大学团体与南京人口管理学院合作举办存在主义心理学国际研讨会。此后，我们又与国内大学合作举办了三届存在主义心理学国际会议。2010 年，第一届存在主义心理学国际会议在南京晓庄学院举办，我做了一场主题为"直面与存在"的报告，向来自美国、亚洲和国内的心理学专家、学者与参会者介绍了产生于中国文化的"直面方法"。特别是来自西方的存在主义心理学家第一次听到"直面"这个词，并开始了解"直面"所承载的中国文化内涵与心理学意义。这次会议之后，霍夫曼、克雷格（Erik Craig）、孟德洛维兹（Ed Mendelowitz）、杨吉膺等人开始向美国心理学界介绍"直面"，有西方心理学家开始阅读鲁迅。而在国内的参会学者中，北京师范大学心理学院的郑日昌教授给"直面疗法"做出最高的评价，称之为中国心理学发展至今唯一有资格称为"流派"（school）的心理学方法。2012年，第二届存在主义心理学国际会议在上海举办，由复旦大学心理研究中心与美国人本主义心理学会合办。非常重要的是，杨吉膺和霍夫曼建议把会议的主题定为"直面"，许多西方心理学家以"直面"为视角发表相关主题报告。我在会议上做的主题报告是"'铁屋子'的象征"。2014年，第三届存在主义心理学国际会议在广东外语外贸大学举办。我在会议期间举办了一场工作坊，主题是"光影交错——直面的人性观"，并在会议上做了一个主题报告"立身于世——直面疗法的三个基本假定"。这时，直面取向的心理学在我的实践与讲释之中渐渐变得成熟和饱满起来。

2011年，我受邀参加在芝加哥举办的美国人本主义心理学会年会，这又是一个"直面"之旅。年会特别安排了一个"中国专场"，一批在中国推动存在主义心理学的美国专家分别做了报告，我讲的主题依然是鲁迅思想与直面方法。在这个中国专场上，听众中还有来自英国的斯皮内利（Ernesto Spinalli）——当今世界存在治疗领域最重要的实践者之一，还有前文提到的艾尔金斯。艾尔金斯是一个诗人，即兴赋诗一首，诗中说，他看到在中国与美国之间架起了一座桥梁。我又一次来到洛基山大学，并在斯普林斯市成长中心（Center for Growth）讲释鲁迅与直面，又在斯威策研究所（Switzer Institute）跟霍夫曼、杨吉膺共同举办了一场工作坊。其间，一位来自赛布鲁克大学的心理学教授跟我做了一次访谈，了解我在中国文化背景中探索"直面疗法"的情况。这位教授一直从事世界本土心理学创导领域的研究，他在许多年前曾采访过"意义疗法"的创立者弗兰克尔。

这些年来，我在国外讲直面，讲存在，足迹到了美国、英国、韩国、新加坡；也在国内一些大学、心理机构讲存在，讲直面，如宁波天一讲堂、上海海洋大学、河北师范大学、上海林紫心理机构、北京万生心语、西安曼荼罗心理中心，更多是在南京的一些大学，如南京大学中华文化研究院、东南大学、南京师范大学、河海大学等，最多还是在南京直面心理咨询研究所。

2012年，我收到美国人本主义心理学会心理学奖评审委员会主席戈登（Susan Gordon）的来信，通知我：经过美国人本主义心理学会评审委员会的评选，决定把2013年度"夏洛蒂和卡尔·布勒奖"（Charlotte and Karl Buhler Award）授予王学富博士及其工作机构南京直面心理咨询研究所！这是我们宣称直面以来得到的最高荣誉。

同时，美国《人本主义心理学刊》主编罗宾（Shawn Rubin）邀请我加入该刊编辑委员会。我惊喜看到，《人本主义心理学刊》上刊登了以"直面"为研究角度发表的论文。渐渐地，在英语学术词汇里，"Zhi Mian"（"直面"一词的直译）开始被越来越多的人了解和应用。一些年来，我写的几篇介绍"直面心理学方法"的论文也在美国、英国、俄罗斯的心理学刊物上发表。

也是在2012年，一位活跃于美国人本主义心理学界的华人心理学家吕坤维（Louise Sundrarajjan）组织成立"本土心理学"特别工作组（Indigenous Psychology Task Force），邀集全世界这个领域的专家学者一同探讨。通过霍夫曼的介绍，我加入了这个特别工作组，了解到当今世界本土心理学的发展状况。吕坤维还写了专文介绍鲁迅的直面思想和我正在探索、发展的本土心理学方法——直面疗法。

一些年前，一位叫刘云的年轻人来直面心理咨询研究所学习，她后来去英国修读咨询心理学。因为在直面学习期间接触过存在治疗，她到英国之后，尝试跟英国存在治疗领域的两个重要人物取得联系，一个是斯皮内利，一个是德意珍（Emmy van Deurzen）。特别是，刘云向斯皮内利介绍了我，以及我正在探索的直面方法，引起了斯皮内利的兴趣。我接到了斯皮内利的来信，从此开始了我们之间的友谊。我在一封通信中向他介绍了"直面"的意思，立刻得到他对"直面"的认同与理解。我们是相通的。

2015年，第一届世界存在治疗大会（World Congress on Existential Therapy）在伦敦举办，这是全世界存在治疗领域史无前例的盛会，由德意珍联络世界存在治疗领域的主要代表人物共同组织。通过美国存在主义心理学家施奈德和克雷格的介绍，我加入了筹备本届大会的科学委员会，并参加了这次盛会。与会期间，我参与圆桌对话，在大会上做现场案例展示，并举办了一场工作坊。我的工作坊主题是"直面：一种面对现实的疗愈之道——中国模式的存在思考与实践"。在欧洲，这是存在治疗领域第一次听到来自中国内地的声音。我的演讲稿随后在英国《存在分析》（Existential Analysis）作为首篇发表，可见欧洲对来自中国的心理学的重视。

这次大会还形成了一个重要的世界存在治疗研讨团体，由世界各国的存在治疗学家组成，探讨存在治疗的各类话题，如存在治疗与药物治疗和精神病学治疗等，还共同完成了存在治疗的定义。在这个群体里最活跃的主导者包括德意珍、斯皮内利、戴蒙德（Stephen Diamond）、兰格尔（Alfried Laengle）、格罗思（Miles Groth）、库珀（Mick Cooper）、杜博斯（Todd Dubose）、迪戈比（Tantam Dygby）、马丁内斯（Yaqui Martinez），等等。

通过跟世界各国存在主义心理学家的广泛接触，参与研讨和对话，我得以全面了解存在治疗在世界范围内的发展状况，更为大家在研讨与对话中表现出来的平等、尊重、研究、合作精神而感动。有一度，我在电视上看一些选秀节目，看到许多人唱得好、跳得好，靠着个人的才艺获得了呈现与发展的机会；由此，我不禁想到民间有俊杰，只要有机会，总会发出自己的声音来。我们创立直面心理学也是如此，一路过来，没有什么来自系统的支持，偶尔还受到限制，这却让我们更加专注于专业品质，少了一些诱惑，少了一些干扰，自己来探索，自己来确认，自己来发展，自己来宣称。我用一个词来形容这个过程："在夹缝里"成长，"在夹缝里"发声。但渐渐地，还是有人看到了，还是有人听到了，也有越来越多的人喜欢我们，期待我们，支持我们。

将近 20 年来，直面的声音是这样发出来的：

自 2002 年南京直面心理咨询中心（2004 年更名为南京直面心理咨询研究所）成立以来，我们一边投身于专业心理咨询实践，一边总结我们的实践经验，对之进行理论化的梳理，开始走出一条越来越明晰的直面心理学之路。我们编印《直面报告》，陆续发表探索"直面心理学"的文章。经历了一个积少成多的过程，我们再把这些文章辑录成册，分别出版了《受伤的人》《成长的路》《医治的心》《成为你自己》《心理学无处不在》《直面者说》《为受伤的心灵唱一首歌》《直面心理学：洞见心灵》《文化觉醒者》，以及现在正在编写的这本《直面的声音》，它们反映的是直面心理学探索之路上的展痕处处。

我还通过发表论文来宣称直面。2003 年，我在《金陵神学志》上发表了"直面的神学思想"一文，研究丁光训的神学思想，同时介绍了心理治疗的直面模式。2009 年，我的论义"鲁迅：精神界之战士对意义的追寻"（"Lu Xun: the Warrior of the Spirit in Search of Meaning"），在霍夫曼等主编的《存在主义心理学：东方与西方》（*Existential Psychology: East and West*）上发表。2011 年，我的论文"直面与存在心理学"（"Zhi Mian and Existential Psychology"）在美国《人本主义心理学家》（*Humanistic Psychologist*）上发表。2012 年，我的论文"一个中国治疗师的宗教文化资源"（"On

Becoming a Religious Therapist in Chinese Culture"）在美国《教牧心理学》（*Pastoral Psychology*）上发表。2016 年，我的一篇文章"直面：一种来自中国的存在性质的思考与实践"（"Zhi Mian: a Chinese Approach to Existential Thinking and Practice"）在《存在分析》（*Existential Analysis*）上发表。2018 年，我为《世界存在治疗手册》撰写了一个专章"东西方对话：存在治疗在中国与相关亚洲国家的发展概述"（"An East-West Dialogue: An Outline of Existential Therapy Development in China and Related Asian Countries"）。2019 年，我的论文"'铁屋子'的象征"（"The Symbol of the Iron House"）在霍夫曼主编的《存在心理学：东方与西方（第 2 卷）》（*Existential Psychology: East-West* Vol 2）上发表。2020 年，我的论文"我的存在心理学之旅"（"My Journey to Existential Psychology"）收入霍夫曼与福尔珂（Julia Falk）主编的《存在－人本治疗师是怎样长成的》（*On Becoming an Existential-Humanistic Therapist*）一书。2022 年，我受邀参编《美国心理学会人本－存在主义心理学世界大会手册》（*APA World Congress of Humanistic-Existential Psychology*）。

我不仅在心理咨询实践中不断探索直面取向的疗愈之道，还把探索总结出来的理论方法用于直面的心理学培训课程。2004—2007 年，我在直面连续举办了四期直面疗法培训班。2005 年，我们开创了直面辅导延伸课程，编写了 12 本教材，反映我们直面辅导的经验与观念，作为我们的基础训练。此后，我们又开设直面分析师、存在治疗师培训课程，一直持续到现在，作为直面心理咨询研究所培训系统的中坚课程。2011 年，我们建立了直面学塾，开始招募弟子。2018 年，我们成立了直面书院，并正式招收直面驻修弟子，进行直面取向的心理学训练，作为直面的高端专业训练模式。

直面与存在的对话

《世界存在治疗手册》节选（2017）

"每个人都是叙事者，主角都是他自己。"

2007 年 9 月 12 日，首届中美宗教心理学会议在浙江师范大学召开。会议休息时间，三位参会学者——路易斯·霍夫曼、杨吉膺和王学富——坐在酒店大堂闲谈。霍夫曼是美国洛基山大学心理学教授，杨吉膺出生于中国台湾，幼年移居美国，当时在中国香港城市大学的心理学博士班任教。三人的谈话以一种流动的方式延展，最终集中到了存在主义心理学上。这个话题将他们牢牢地连接在一起，在他们内心形成一种默契，燃起对存在主义心理学的共同热忱，并萌发了在这一领域进一步合作的意愿。霍夫曼和杨吉膺向王学富提了一个问题："存在主义心理学在中国的发展情况如何？"王学富基于自己的了解和理解对之做了回应。

到 20 世纪之初，中国社会站在了从传统到现代的转折点上，有一大批具有改革思想的中国知识分子发起了一场"新文化运动"，他们反思中国文化传统，批判其中所沉淀的厚重的封建主义因素，提倡文化更新与心理改造。这场运动被胡适称为中国的"文艺复兴"，只是它没有像西方文艺复兴那么旷日持久，其影响也没有那么广泛深入。在当时，中国知识分子和青年学生敞开自己去拥抱西方思想，试图在中国启迪一场社会文化大变革。在这个崇尚科学、民主的时代，西方思想界、科学界、文学界的人物，其中包括存在主义哲学家尼采、克尔凯郭尔等，被介绍到中国来，真是恰逢其时。特别是尼采关于重估传统价值的思想和对英雄（具有高智力水准的个人主义超人）的呼唤，对中国年轻的知识分子产生了巨大影响。五四新文化运动倡导"人"的解放，提倡个人主义，就是针对封建主义对人性的长期压制而发轫。

中国现代文学，在一定程度上作为一种文化批判的形式，在这个时代大潮中应运而生，鲁迅是其中最具天分的作家，也是对中国传统文化和心理最为敏锐的观察者和最激烈的批判者。他审视的目光洞穿中国人心理最深处的阴暗领域，看到国民性格中的卑怯与逃避，并以文学创作的方式塑造了一个典型人物：阿Q。鲁迅揭露中国人潜意识中的阿Q式精神逃避，并倡导一种直面精神品格，作为对阿Q性格的一剂解药。

从改革开放开始，中国重新向世界打开大门。在改革开放之初，中国出现了一场翻译存在主义和精神分析相关著作的热潮。存在主义哲学家如尼采、海德格尔、克尔凯郭尔、帕斯卡尔、蒂利希、萨特、波伏娃，以及存在主义文学家如加缪、卡夫卡等被介绍进来，受到青年学者、学生的热烈欢迎。

进入20世纪90年代及后来，存在主义心理学领域的翻译与研究也开始进行，其中的学者如车文博、杨韶刚、冯川、叶浩生、郭本禹、任其平等。他们的研究上溯西方存在思想的古代文化源流，下至近代以来的存在主义哲学。存在主义哲学家如克尔凯郭尔、海德格尔、萨特；存在主义精神病学家、心理治疗学家如弗兰克尔（Victor Frankl）、宾斯旺格（Binswanger）、博斯（Meddard Boss）、莱因（R. D. Laing）、罗洛·梅（Rollo May）、布根塔尔（James Bugental）等。继而又有新的一批翻译者和研究者也产生出来，其中有方红、郑世彦、高剑婷、王学富、黄峥、张怡玲、卢玲、张亚、王绚、何忠强、杨凤池、司群英、张松、高申春、程世英、李鸣等，其翻译和研究集中于罗洛·梅、欧文·亚隆、弗兰克尔、布根塔尔、施奈德、德意珍等人的学术著作。

自 2008 年起，路易斯·霍夫曼、杨吉膺和王学富开始了他们在中国的"存在之旅"。鉴于在中国哲学、文学以及正兴起的心理学中蕴含着丰富的存在性质的思想，霍夫曼、杨吉膺和王学富在交谈中逐渐形成这样一个意向：开展存在主义心理学领域的中西对话。这个意向在日后得以实现，具体形式是一系列存在主义心理学国际会议（南京，2010；上海，2012；广州，2014；香港，2016）、工作坊、论坛、培训课程、出版、交流活动等。本文将以王学富与霍夫曼、杨吉膺等与国内外心理学者、专家合作组织会议为线索，从中整理出一个直面心理学与存在主义心理学对话的线索，并试图从中找出一些启发。

2008 年，在南京直面心理咨询研究所，杨吉膺和王学富合作举办了一场存在心理学工作坊。这场工作坊的主题是死亡。在当时国内的心理学领域，这算是一件令人惊愕的事。至少，其中有些参加者明确表达了一种震惊：竟然有一种谈论死亡的心理学！而且，正在这期间，四川发生了大地震，这个事件也成为这场工作坊探讨的一个严峻的现实课题。

2008—2009 年期间，王学富在美国富勒心理学院访学，并参加了霍夫曼在洛基山大学组织的存在主义心理学研讨会。在那里，王学富遇见施奈德，与之相谈甚洽，并参加了他带领的存在治疗工作坊。

2008 年，霍夫曼、杨吉膺、卡克劳斯卡斯（Francis Kaklauskas）、陈俊雄（Albert Chan）主编《存在主义心理学：东方与西方》，其中收录霍夫曼、克雷格、施奈德、希丽（Myrtle Heery）、孟德洛维兹、塞琳（Ilene Serlin）等美国存在主义心理学家的文章。也有一批中国学者参与这种以合作著书的形式进行的东西方对话。其中，王学富撰写了关于鲁迅及其直面思想研究的一章，其他中国作者还有申荷永、王文胜、包兆会等。海外华人学者如杨吉膺、陈俊雄、唐少彪（Benjamin Tong）等，皆发挥了文化桥梁的作用。该书出版于2009年，卢科夫（David Lukoff）在本书的推荐语时有这样的表达："（本书）直探存在主义在文化中的区别与困难，从而加深了存在主义心理学最重要的反思过程。"

2009年，一场存在主义心理学研讨会在南京举办，由霍夫曼、杨吉膺和王学富共同组织，通过南京人口管理干部学院的晏凤鸣教授联络，研讨会由美国洛基山大学与南京人口管理干部学院社工系合办。美方代表包括霍夫曼、杨吉膺、安格瓦斯基（James Ungvarsky）、莫茨（Michael Moats）、迪亚斯（Jason Dias）和克莱普尔（Trent Claypool）等人。研讨会上，霍夫曼做了一场主题演讲，介绍了西方存在主义哲学、文学、心理学领域的重要人物及其思想方法，还展示了他在从事存在心理治疗时创作的诗歌，讲释诗歌的疗愈意义，这给中国听众留下了深刻印象。安格瓦斯基分享了一个十分吸引人的主题：自欺心理。作为一场对话，也有中国讲员分享了自己的心理治疗经验，包括其中呈现的存在主义元素。这场实验性的对话为当时正在酝酿中的存在主义心理学国际会议铺垫了道路。

2010年，第一届存在主义心理学国际会议在南京举办。南京师范大学郭本禹教授在演讲中把这届会议称为"存在主义心理学在中国近30年历史中的里程碑"。这次大会由霍夫曼、杨吉膺和王学富发起，联合南京晓庄学院心理研究所（陶勒恒）、美中国际心理学院（孙立哲）和南京直面心理咨询研究所（王学富）与美国人本主义心理学会、洛基山大学共同主办。会议旨在推动存在主义心理学和心理治疗领域的东西方对话。

会议迎来了一批美国存在主义心理学家，如施奈德、克雷格、塞琳、孟德洛维兹、戈登（Susan Gordon）、巴格迪尔（Richard Bargdill）等人。他们的演讲主题包括："回归基于敬畏的心理学"（施奈德）；"人的存在是什么？"（克雷格）；"罗洛·梅的智慧"（孟德洛维兹）；"全人健康关怀"（塞琳）；"存在主义艺术治疗"（巴格迪尔）；"西方存在主义的永恒主题"（戈登）；"存在主义心理治疗的督导"（霍夫曼、杨吉膺）；等等。

中国存在主义心理学领域的专家学者也呈现了多样化的主题："存在心理治疗的实践"（陶勒恒）；"阴阳辩证疗法——一种东方的积极心理辅导"（郑日昌）；"存在心理学在中国30年"（郭本禹）；"论宾斯旺格存在分析的基本特征"（任其平）；"存在心理治疗的终极关怀"（郑世彦）；等等。

一批来自美国、加拿大的华人学者如陈俊雄、王载宝（Paul Wong）等，参加了会议，并做了演讲报告。还有来自亚洲其他国家（如韩国、日本、新加坡）的学者，都分别在会议上做了演讲，使这场东西方对话变得更加丰富多样。

王学富的演讲主题是"直面与存在"。通过这场报告，他第一次向世界其他国家的心理学家，以及中国的专家学者和普通听众介绍了中国文化中一个重要的概念——直面，以及由此发展出来的直面心理学方法，并特别讲述了直面与存在主义在思想上的感通。这个主题报告引起东西方心理学专家学者的极大热忱。其中，北京师范大学郑日昌教授盛赞直面疗法是中国心理学发展至今唯一有资格被称为"学派"的心理疗法。复旦大学的孙时进教授也有过这样的表达：西方人懂存在，中国人懂直面。西方人可以通过存在了解直面，中国人可以通过直面了解存在。在大会的分会场演讲中，霍夫曼与王学富做了一场联合主题报告：尼采与鲁迅。霍夫曼讲尼采，王学富讲鲁迅。霍夫曼表示，他将向西方心理学界介绍"直面"，不仅要让"Zhi Mian"（"直面"的音译）成为英语中的一个学术词汇，还将让更多的西方人了解来自中国的直面思想和直面疗法。这届会议之后，王学富介绍直面心理学的论文开始在美国心理学刊物（如《人本主义心理学家》）上发表。

2012 年，通过与复旦大学孙时进教授的合作，第二届存在主义心理学国际会议得以在上海举行，由复旦大学心理研究中心承办，这又是一场存在主义东西方对话的盛宴。来自美国、希腊和亚洲其他国家、地区的心理学家、学者与中国专家学者的对话涵盖多种议题，大致罗列如下：（1）东西方存在主义心理学与文化；（2）存在主义心理学研究；（3）存在主义议题研究；（4）存在主义心理学与艺术治疗；（5）西方存在主义与东方佛、道比较研究；（6）存在主义心理学与宗教。主题演讲包括：罗宾斯（Brent D. Robbins）基于他的新书《我们的孩子正在遭受毒害：牟利者如何在我们孩子身上推行精神药物，我们如何阻止这一切》所做的一场意义非凡的主题演讲、霍夫曼的"苦难之诗"、王学富的"'铁屋子'的象征"。

关涉直面与存在的对话，非常值得一提的是，在美方合作者杨吉膺、霍夫曼的建议下，第二届存在主义心理学国际会议把"直面"这一代表中国本土存在思考与心理学实践的概念与方法作为这场东西对话的中心议题，这让中国许多参会者感到惊叹并颇受鼓舞。他们亲身见证了许多来自西方的演讲者围绕"直面"发布自己的研究报告。这被认为是中国心理治疗史上前所未有的殊荣，在这之前，从来没有一种中国本土的心理学方法受到西方心理学界如此深切的关注与尊重。据粗略统计，在第二届存在主义心理学国际会议上展示的以直面为主题的研究报告接近 20 个，其中包括克雷格：以梦作为直面的路径；克雷格：面对和逃离"存在于世"——对鲁迅"直面"的存在性分析；杜艾文：鲁迅与王学富的文化心理学；杨吉膺：直面之美；黛安娜（Diane Blau）：通过反思增强直面能力；朱丽叶·罗德-布朗和贝蒂·夫瑞恩（Juliet Rhode-Brown & Betty Frain）：直面看不见的龙——寻找成长中的低智能儿童对家庭的意义；戴安娜·爱德华兹（Diana Edwards）：团体心理治疗中的结束与直面——催化剂还是绊脚石？克里斯汀（Christine Myunghee）：从直面角度看到心理治疗中的核心情感；罗克韦尔（Donna Rockwell）：通过反思增强直面能力，以及希腊存在主义心理学会代表伊冯吉尼亚·乔甘达（Evgenia Georganda）、艾薇·达拉斯（Evy Dallas）、亚历山大·哈里希亚迪斯（Alexandros Harisiadis）和凯特琳娜·雷尼斯-乔伽路斯（Katerina Zymnis-Georgalous）共同展示的一个比较研究主题：将"直面"运用于"生活的发情期"。

在这届大会上，霍夫曼也借机宣布，美国心理协会人本主义心理学会评奖委员会评选结果揭晓：王学富及其工作的南京直面心理咨询研究所获得 2013 年的"夏洛蒂和卡尔·布勒奖"（Charlotte and Karl Buhler Award）。这引起中国听众的一阵鼓掌喝彩。上海《新民晚报》以"直面苦难——西方心理学与东方哲学的对话"为题对这届存在主义心理学国际会议做了整版报道，其中包括一篇采访王学富的报道："鲁迅的'直面'思想架起东西方学界桥梁"。

还有一件与直面主题相关的事情发生在会议之后：有一位参会者叫郑立人，来自新加坡。他出生于一个说汉语的华人移民家庭，但他本人接受的是英文教育，这使得他既有西方文化的视角，又与中国传统精神——特别是鲁迅——有很深的连接与感应。据他讲述，他家书柜有许多鲁迅的书。在第二届存在主义心理学国际会议上，他听到王学富"'铁屋子'的象征"的主题演讲，内心受到触动，回去之后写了一篇"泥泞小径的跋涉"，表达了他对中国文化中充满直面与存在智慧的感受与理解："这一智慧为人们开启了新的可能性，使得他们能够与存在的悲剧达成和解，从而为他们的经验构建起意义来。由于医者对受苦的存在性悲剧没有采取冷漠的态度，使得这一智慧更加能接近人们。"

2014 年，霍夫曼、杨吉膺、王学富与国内著名存在主义心理学学者杨韶刚教授合作，在广东外语外贸大学（广州，2014）成功举办了第三届存在主义心理学国际会议。本届会议具有以下几个特点：（1）存在主义基本原理与中国古典文献的研究。这是此次会议一个值得注意的特点，标志着这场东西方对话进入了更深的文化层面。演讲主题有巴格迪尔的"存在主义心理学的基本元素——与易经的对比研究"；克雷格的"道家心理疗法与存在主义心理疗法"和"道：梦的解析"；杜博斯的"骑牛、寻牛：从存在主义现象学视角看待意义、改变及卷入"；李梅（Meili Pinto）的"君子之道：寻'安'心理学"；阎茹的"《黄帝内经》的存在–人本主义心理学思想探析"；邱鸿钟的"《道德经》的存在主义心理学思想"等。（2）存在主义与文化的比较研究。演讲主题有杨韶刚的"跨越文化的藩篱，追寻存在的互通：人类存在价值的心理源考"；许国彬的"中西方存在–人本思想比较——以道家、儒家为例"；陈俊雄的"中国存在主义思想：本土心理治疗基石"；申荷永的"荣格/罗杰斯/梅：心之心理学与心之疗愈"；杨吉膺的"孝与爱"等。（3）存在主义心理疗法实践的探索和展示。报告主题有霍夫曼的"如何处理情绪"；布罗姆（Rodger Broome）的"现象心理学视角下的崩塌与求生"；莫特的"行走于黑暗中"；希丽的"如何成为存在–人本之旅的向导"；柯书林、许亚儒的"存在：心理治疗的力量"等。

有关直面与存在的对话部分，王学富做的主题报告是"立身于世——直面的基本命题"，这标志着他对直面疗法这个中国本土的存在治疗模式开始进行相对成熟的理论化阐释，听众从中看到直面与存在治疗之间的深度联结与感通。也是在这届会议期间，王学富做了一场工作坊，主题是"光影交错——直面的人性观"，基于自己在中国文化背景中从事心理咨询的经验，王学富借此探讨了直面心理学对人性的基本看法，并论述症状产生的文化根源和直面与存在医治的本质所在。

第四届存在主义心理学国际会议于 2016 年 5 月 27—29 日在中国香港大学召开，这是杨吉膺不懈努力的结果。虽然这届会议规模变小，对中国内地的影响不如以往几届，但大会的议题也相当丰富而深入。除了美国存在主义心理学家杜博斯、杰克逊（Theopia Jackson）等人的主题报告之外，还有来自韩国心理学家以及中国香港本地心理治疗师的专题报告。王学富也在会议上做了一场报告，主题为"中国社会的生存主义研究"。在报告中，王学富提出了一个与存在主义相对的概念：生存主义，并结合中国社会文化现状与历史对之做了深入剖析。

2015 年 5 月 14—17 日，世界存在治疗领域史无前例的盛会在英国伦敦召开，即第一届世界存在治疗大会。这次会议筹备数年之久，通过克雷格和施奈德的推荐，王学富应邀加入世界存在治疗大会的科学委员会。在这场世界大会上，有中国内地学者的身影——王学富和杨韶刚。王学富做了一场介绍鲁迅直面文化思想与直面心理学方法的工作坊，并参加圆桌研讨会，还代表中国与来自美国、俄罗斯、巴西、葡萄牙的几位存在治疗师一同在大会上做现场案例展示，并回应听众问题。杨韶刚也在大会上做了报告，并参加圆桌研讨会。整个大会期间，基于过去长期的对话合作，美国和中国代表建立了更加密切的关系，王学富和杨韶刚得到美国代表团队的热情支持。还有一些参会的海外华人为来自中国内地的代表在世界存在治疗舞台上发出声音而感到无比激动和自豪，这是他们未曾预想到的事情。大会组织者如德意珍、坦塔姆（Digby Tantam）、雅各布森（Bo Jacobson）、兰格尔和普洛克（Simon du Plock）等欧洲存在主义心理学家对中国代表也表达了热情与支持。还有一些来自世界其他国家的代表期待在中国举办世界存在治疗大会。王学富在大会上所做的专题报告，题为"直面：面对现实的疗愈之道——一种中国模式的存在思考与实践"，在英国《存在分析》上作为首篇发表，这是对来自中国的直面思想方法的尊重与勉励。值得一提的是，大会科学委员会还组织世界各国的存在治疗师共同编写《世界存在治疗手册》，王学富受邀编写其中的一个专章——"存在治疗在中国及亚洲的发展"。

　　如前所述，从 20 世纪 80 年代开始，存在主义心理学被译介到中国。但在这一早期阶段，存在主义心理学只是作为一个心理学理论方法的流派被介绍进来，缺乏治疗实践方面的尝试与探索。2002年，王学富在南京创办直面心理咨询研究所，由于其教育背景和所受训练（文学、神学、心理学）具有存在主义特性，开始宣称心理学实践中的存在取向，并探索中国本土具有存在品质的直面疗法。"直面"与"存在"产生共鸣，呼唤人们直接面对生活，用真实与勇气反思和叩问人生。自直面成立之日起，就引起了西方心理学家的关注和支持，杜艾文教授一马当先，是直面心理学最早和最持久的回应者、鼓励者。到了 2007 年之后，开始有一批美国存在–人本主义心理学家在中国发现了正在发展的直面，对其保持着热忱的关注与赞赏，愿意"揭示直面的关键维度，并且开启相互提问、对话的空间"。直面疗法被认为是中国本土发展出来的具有存在治疗取向与品质的心理学工作方法，拓展了在西方发源的存在治疗的文化内涵。一些年来，南京直面心理咨询研究所联络了大批来自西方的存在主义心理学家，在直面机构和全国各地举办会议、研讨会、工作坊、培训课程。前文列举的美国存在主义心理学家如霍夫曼、杨吉膺、克雷格、施奈德、塞琳、孟德洛维兹、巴格迪尔、贝隽文等，都在直面心理咨询研究所举办过工作坊、研讨会、训练课程，其中贡献最大的是霍夫曼和克雷格。

直面疗法在其发生与发展过程中，不断学习借鉴西方心理学的专业资源，特别是存在–人本主义心理学、荣格分析心理学等，但直面疗法不是存在疗法的复制或模仿。直面疗法的思想根源直接得到鲁迅文化心理学思想的启发，其临床基础是王学富在中国文化背景中从事心理治疗实践的经验、感悟，及其理论化总结和方法论创造，正如存在疗法的思想根源是存在主义哲学和文学，而其方法论大多取法于现象学一样。直面疗法是中国处境下的呼喊，呼吁中国人直接面对我们自身的现实。直面是中国文化处境里产生的一个文化视角，可以用来反思和追问中国人作为个体与群体所遭受的苦难和创伤，并寻求针对中国民众的疗愈之道。直面疗法强调勇气和真诚，反对我们文化、社会中根深蒂固的精神逃避。鲁迅在一个世纪前曾经"别求新声与异邦"，同时发出自己的声音，让中国人能够听懂，能够意识到封建专制压迫导致的精神逃避，并且愿意改变文化心理，做"真的猛士，敢于直面惨淡的人生"。沿着鲁迅的足迹，王学富在其心理学实践中也发现了心理障碍反映出来的恐惧与逃避，并且认为，不管症状采用怎样的形式，在本质上都可以被看作对真实自我与现实生活的逃避。"直面"一词的含义，就在于鼓励和推动人们有勇气面对现实，忠实于自己，停止逃避，选择走一条新路，即直面的路。

在中国心理咨询界，精神分析早在40年前首先由德国精神分析学家传入，此后其他国家的精神分析专家也来中国推波助澜，使得精神分析在中国成为主流。渐渐地，开始有许多人接受认知行为疗法、人本主义心理学、格式塔疗法、萨提亚家庭治疗、亚隆团体治疗等训练，其他各种从主流派别衍生出来的方法都在中国推广传播，流行开来。存在治疗姗姗来迟，在 10 来年前，它带着促进东西方对话的态度来到中国，具有一种真诚、平等、尊重的文化敏感，让人耳目一新。在 2010 年第一届存在主义心理学国际会议上，西方存在治疗师展现的温暖和多样性，给中国参会者留下十分深刻的印象。通过丰富多彩的话题讨论、真实而专业的现场辅导展示、形式多样和生动的工作坊与授课，这些来自西方的存在主义专家学者自由分享自己的观点，自然呈现生命的品质，引起许多中国心理学同行、听众和学员的反思：中国需要这样的心理学。

正如杜艾文教授所发现的那样，中国本土构建的心理学理论还不多见。因此，他十分看重王学富在中国发展的直面取向的心理学方法，并鼓励直面心理学保持自己的中国身份与中国形象，与西方存在心理学进行对话。他同时也提醒西方存在治疗领域的同行，不要把直面当成西方存在治疗的一个延伸或分支。他说：如果那样，我们向王学富和直面学习什么？这就是杜艾文和霍夫曼等心理学家的智慧与谦逊。他们促成了存在与直面的对话，并且尽力把直面介绍到美国，介绍到西方，介绍到全世界。

透过直面的视角，我预测存在治疗会在中国遭遇文化差异带来的挑战。对话是一种文化相遇，这场相遇会发生什么呢？或许会有不少中国人感到挑战，有相当程度的不适感，因而不情愿接受它；又或许，也有许多中国人能够看到存在带来的文化意义，愿意接受它的挑战，最终在这场对话中学到更多。再比如，中国在根本上算是一种强调集体的文化，而存在主义是从个体主义文化里产生出来的，它强调个人的自由与选择。许多人不大追问活着的意义，宁愿接受意义是由权威赋予的，再由自己接受的，而不是自己寻找和由自己来确认的。因此在存在主义会议上，一些参会者知道存在主义心理学很关注意义，就会问存在主义心理学家：什么是生活的意义？并且期待存在主义心理学家可以给他们提供一个可靠的、可信的答案。加上人类对确定性的渴望，人们总想找到一个标准答案。这与存在主义者的理解可是大相径庭，而存在主义心理学家的回答也可能让有些中国的提问者大失所望。

但中国文化中有对关系、经验、自然的强调，这又与存在主义有深刻的对应。同时，存在主义思想也会补充我们文化里缺乏或薄弱的方面：对个体的强调、选择的自由、反思与追问等。希望这些因素能够成为一剂对抗封建文化残余的解毒剂。回顾中国历史，中国人受苦深重，需要深刻的自我反思。存在主义心理学疗法邀请人对自己的生活做根本的反思，发现价值和意义，自己做出选择，过觉察的人生。在这一点上，直面与存在达到最深的相遇：我们需要直面自己的生活！我们需要反思自己的生活！

从生存主义到存在主义

第四届存在主义心理学国际会议主题演讲（中国香港，2016）

一个概念的提出

我首先提出一个词：生存主义。在定义和阐释这个词之前，我先做几个陈述。

陈述一：生存很重要。

陈述二：追求生存是人类的基本权利。

当我们确认了这两个基本陈述，就可以探讨下面的话题了。下面这个话题就是生存主义。

除了前面对"生存"的两个基本陈述，这里再对"生存主义"做四个澄清：

第一，生存主义不是存在主义。我这里先用英文区分一下："生存主义"的英文是 survivalism，而"存在主义"的英文是 existentialism。国内曾有学者把 existentialism 翻译成"生存主义"，这是不恰当的翻译，会造成误解和混乱。所幸的是，把 existentialism 翻译成"存在主义"在现在已经是约定俗成的事了。

第二，在美国也有一种"生存主义"，英文就是 survivalism，跟我这里说的"生存主义"不是一个意思，也需在这里澄清。美国人理解的生存主义是指这样一种现象：有这样一些人，因为担心科技发展会导致人类毁灭，如原子弹爆炸、生态恶化、自然灾害等，他们带着枪，脱离社会居住环境，躲在森林里、洞穴里、地下设施里，以为这样可以避开灾难，让自己存活下来。他们被称为生存主义者（survivalist）。

第三，我所说的生存主义，是指人对生存的过度执着，对生存条件的盲目追逐与无节制地占有，不是指人有意识地、合理地追求生存，而是说人被其潜意识的生存恐慌所控制，盲目而极端地追求生存条件的无限满足。生存主义者关心的只是活下去，而不是活的意义、活的品质。他们只求满足个人生存，不会关心人类的生存境况。他们是在严酷的生存环境中最冷漠、最狡黠、最有耐性的存活者。他们只关心自己活着，不在乎别人死活，会不惜抢占别人的生存空间，抢夺别人的生存条件，损人利己，而不会去谋求人类生存环境的改善，建立一个大家共同生活（to live and to let live）的世界。

第四，生存主义与存在主义有很大不同。生存主义把生存当成最高价值，以生存为第一，甚至以生存为唯一，只求生存与生存条件，其人生一切活动、动机都在于生存。存在主义的基本关注是：人生不只是生存，更是存在。人不只是活着，更需追求活的意义、活的品质，要活得明白，过觉察的生活。生存主义者以为，活着本身就是意义，不相信有比生存更高的意义。存在主义者会对生存有追问与反思，要找到人之活着的更高、更根本的意义。比如，人是什么？从哪里来？成为一个人意味着什么？人为什么活着？人靠什么活着？人活着的意义和动机是什么？弗兰克尔的意义疗法就有一个基本断定：人的最深动机是追求活着的意义。但生存主义者的基本假定是：人的最深动机是追求生存的条件。这里需要辨析清楚的一点在于：是不是说存在主义不在乎生存条件呢？不是。存在主义者也认为，生存是人类生活的基础，追求基本的生存条件是人类的合理需求。区别在于，存在主义者认定：人不单靠条件活着，人活着有高于条件的追求。只求生存条件，不求生活意义，就是生存主义。

我们需要生存，我们更需要存在。这是我的呼唤，也是我做这个主题演讲的目的。

一个图形：外环与内环

人的生命就像一个多圆环图形，有许多外环，也有核心内环。外环代表不断延伸的个人条件，越朝内环趋近，就越趋近精神品质。最核心部分是人的精神内核，即灵魂，也是最不可缺的部分。当人失掉了灵魂，他就成了一个空洞的人，失掉了存在的意义，不管他拥有多少外环。

朝外圈看去，是可见的生活条件，是人们梦寐以求以及视为荣耀的内容。朝内圈看去，在核心之处有本真，有欢乐，有情感，有良心，有智慧，有爱，却是人们常常触及不到，因而以为没用的部分。许多人忙于延展外环条件，财富、权力、学历、社会关系……结果，外环条件越来越丰富，核心部分却变得空空荡荡，两相映衬，外强中干。这就是说，人在生存层面十分富足，存在层面却是一片贫瘠，生存主义者更是如此。

人成了由条件构成的存在，失掉了心灵存在的品质。条件充斥着他们的生活，但他们的灵魂是空荡荡的。因为有心灵的饥渴，他们寻找各种各样的替代品，却不能让生命获得真正的满足。生命真正的满足在核心内环，在这里涌流着"喝了永远不渴"的井水。人生如同持续的干渴，靠获取生存条件，只能解一时之渴，很快就又渴了。甚至，只是追求生存条件，有时如同饮鸩止渴，不仅不能止渴，还会渐渐中毒。生存主义的关注止于外环，达不到心灵这个核心内圈。外环条件成了遮蔽，人们看不到心灵这个部分，不知道这个部分是真正重要的，甚至以为这个部分是不存在的。但是，如果心灵是虚空的，所有外圈的努力和成果都将归于无用。这就是耶稣的宣告："你拥有了全世界，却丧失了生命，有什么用呢？"在我看来，这里所说的"全世界"，就是所有外环的生存条件，这里所说的"生命"，就是核心内环的灵魂意义。

这个真正实在的灵魂，却是生存主义者认为最没用的地方。生存主义者认为外环条件是唯一有用的。他们试图赢得全世界的条件，得到所有人的赞美，让所有人惧怕和崇拜，他们认为这样才是真正的幸福，才是自我的实现。但是，如果心灵不是充实的，死亡会变得更加可怕，因为死亡会宣告所有外环的处心积虑都是徒劳。有一种关涉核心内环的症状叫死亡焦虑，它常常光顾那些只在外环拼命努力的人，他们以为外环坚实，可以抵挡死亡。但这是他们的想当然。当某一刻死亡前来拜访时，他们会惊慌失措，吓得面如土色。这时他们才知道，原来外环的层层防御，不足以抵挡死亡。死亡随时到访，进出自由。死亡会掠走一切，一点不剩。只有在心灵内环得到真正满足的人，才能充分实现自己的生活，达到存在的境界，而不惧怕死亡，甚至超越死亡。

我曾接待一位来访者，他非常富有，也非常聪明、有能力。他用最好的条件把外环打造得极为坚实，在那里建立了自己的商业王国。在他周围，所有人都视他为神，一直把他供奉到 60 岁。某一天，死亡给他送来一个口信：癌症。他立刻崩溃了，一下子从一尊"神"变成一个胡搅蛮缠的泼皮小孩子。他完全被死亡吓傻了，惊慌失措，狼狈不堪。因为他的精神内环是虚的，由条件构建的外环也随之而崩塌了。

我又遇到一位大学教授。她一直无法明白这个生命内核。她前来求助，是因为她的女儿发展出严重的心理症状，她对此完全不知道是怎么回事。我跟她谈话的时候，尽力想把一些讲得清楚，但她对我说，她听不懂。她是一位理工科教授，我对她说："我讲的话不会比物理学难吧。"她说："比物理学可难多了。"我才明白，她一直生活在外环条件层面，很少能够进入生命内层。当我稍微说到一点关乎心理、人格、精神成熟的话语，她就听不懂了。说起来，她是一个极其聪明的人，在学业上一直优秀，在科研上也有丰硕成果，自幼家庭条件优越，有丰富的人生阅历，在社交上也游刃有余，她怎么会听不懂呢？

原来她的心灵是空虚的，她虽成家立业，事业成功，但她的精神还没有成熟，她以为，这一辈子只要有条件层面的生活就足够了。问题在于，因为她的核心部分是缺乏的，她听不懂女儿内心的诉求；女儿从小到大，她一直都听不懂。这便是女儿的病因。直到现在，女儿为什么会有这样或那样的一些想法和行为，她还是不懂，还是不解，她说："我怎么养出了这么一个怪物呢？"她一直认为自己是天下最好的母亲，她把自己拥有的一切条件全给了女儿，在她的安排之下，女儿获得博士学位，拥有好几套房产，还有丰富的社会关系资源，女儿所到之处都有她的维护，为什么女儿还活得这么痛苦，甚至活出了心理症状？她就是无法明白这一点：一个人之所以发展出心理障碍，不是因为缺乏外环条件的部分，而是因为缺乏核心之处的满足体验。如果我们的养育和教育只是驱策孩子追求外环条件，忽略心灵满足，就会有越来越多的孩子生病，他们病于心灵的空缺。

价值条件化

生存主义导致极端的价值条件化，其最明显的表现是：把关注放在某一个条件上，偏执地以为有了这个条件，一切都好了，没有这个条件，一切都完了。这个条件可以是任何一个被选定的东西，如金钱。当金钱被选定作为条件，生存主义的话语就成了：只要有钱了，什么都好了；如果没有钱，什么都不好。类似的条件选定与话语表述又如：考上大学，什么都好了；考不上大学，一切就完了。以此类推，选定的条件可以延伸为房子、车子、学历、地位、相貌等。生存主义者往往把价值或意义定格在条件上，或者干脆在某个单一的条件上，并认定一切都是由条件（或某一个条件）来决定的。

人们看到价值，就会想到条件，看到条件，就以为是价值，这便成了条件反射。当精神价值与物质条件混为一谈，就看不到精神价值的存在意义了。受到严重的生存焦虑的驱使，少数人疯狂追逐生活条件，把生命需求（情感、关系、诚实、自然、本真）搁置一旁。比如在婚介所，作为个体的人，变成被印出来张贴的条件组合。人等于条件吗？条件等同于品质吗？但有人说，人是什么，品质是什么，说不清楚，也不靠谱，不如列举具体的条件，看起来更实在，也让人心里觉得踏实。于是，人成了各种条件的集成：相貌、身高、体重、学历、月薪、房子、车子、存款，也会附带性说说性格、爱好等。

生存主义教育

在生存主义的教育里，青少年被灌输一套认知偏狭的生存策略：有好成绩，上好学校，有好工作，有好收入，买大房子，报答父母。他们的心灵没有空间容纳理想、爱好、兴趣、精神追求。许多年前有一个报道：一个高中生申请某名校，接受面试时，被问道："你为什么选择这所学校？"这位高中生提供的就是这样一套标准化回答。结果是，他被拒了。被拒的理由是：大学教育不是满足个人欲望的工具。当然，有一些高中生会接受这个教训，在面试时不会这样说，但他们心里可能仍是这么想的。这便是钱理群所说的"精致的利己主义者"，我宁愿把他们称为"精致的生存主义者"。二者本质一样。

生存主义教育背后的驱动力是过度的生存焦虑。它的本质是，追求成绩，忽略成长，追逐社会认可的条件化价值，忽略个体需要的独立性价值，为了实现单一的考试目标，不惜牺牲人性的自然需求，为了获取生存条件，压制孩子的精神成长，向孩子灌输"有用的"知识，使他们的生命缺乏应有（被认为是无用）的品质。

生存剥夺与生存焦虑

生存主义背后的驱动力，是深隐于潜意识的生存焦虑。这种极度的生存焦虑从何而来？来自我们的生存空间被严重挤占，我们的生活条件遭受严重剥夺。即使暂时没有被严重挤占和剥夺，也随时随地担心被完全挤占和彻底剥夺。说到更深、更远处，人类潜意识里贮存着大量生存遭受威胁与剥夺的记忆，从原始时代开始，猛兽、虐杀、自然灾害、战争屠戮、饥荒，以及专制者的压榨，给人造成各种各样的威胁与损伤。从根本上来说，人类整个历史是一个挣扎求存的历史，很容易让人陷入生存主义。

当然，我们无法免于生而为人的不可抗逆的自然恐惧——世界的不确定性、人自身的有限性（如生老病死等对我们造成的威胁），但我们需要保留一种权利——要求免于文化强求、人类暴力、政治强权等人为因素给我们造成的恐惧，使我们不至于急匆匆跳入生存主义的泥淖。

生存主义只会滋生贪婪，不会培育慷慨

一般以为，生存主义的意图是追求生存条件。当生存的基本条件得到满足，人就会关心更高的精神层面，即古人所说的"仓廪实而知礼节"，甚至会产生一种利他主义的精神。其实不然。生存主义的麻烦恰恰在于，不管拥有多少生存条件，个体都不会感到满足，反而变得更加贪婪。生存主义的本质是，把生存当成唯一价值，用

生存条件来定义生存本身，也可以说是"生存价值条件化"。这就意味着，生存主义者对生存条件的追求是无边无际的，是欲壑难平的，他们不会变得乐善好施，除非付出可以让他们获得更多的条件回报。

许多生存主义者只关心自己的生存，不在意他人的死活。他们成了富人，却没有奉献精神，也不会投身于慈善事业。他们的潜意识里还留有大量的生存恐惧，变成现实中无法餍足的贪欲。生存主义者既是头脑精明的，又是精神幼弱的。头脑精明在于，他们会巧取豪夺；精神幼弱在于，他们失掉了共情的能力，不能体谅他人的感受与处境。

生存主义不利于改善生存环境

一般以为，生存主义者追求生存条件，应该会致力于创造一个更好的生存环境。但情况不是这样的，甚至恰恰相反：在生存主义文化浓厚的社会里，生存条件会受到严重的剥夺，生存环境会遭到肆意的破坏，人的生存品质最为低劣。比如，一边疯狂追求个人的生存条件，一边肆意破坏他人赖以生存的条件与环境，搞坏教育，搞坏医疗，搞坏食品，搞坏土地和水源。当生存条件与环境被搞坏了，人们又陷入安全担忧，想尽所有办法，也要在一个不断恶化的生存环境里活下去，如拉关系、找机会、抢资源，包括抢购安全的食品与有质量的商品。

这便是一种恶性循环：当生存条件变得不堪，就会加重生存焦虑和生存困难，人会因此更加追求生存条件，几乎拼尽一切去维持起码的生存，有时"起码"也成了奢求，导致生活品质的丧失。生存主义滋生自私与冷漠，让人只求个人满足，不顾公共利益，合力造成一个恶劣的生存环境，让每个人都活得很累，活得郁闷，导致关系弱化、个人边缘化、心智浮浅化，心理症状因而四处蔓延。

生存与存在：对苦难的两种回应

人类是受苦的生灵。从人类苦难里产生出两种基本的人生态度：一是存在主义，二是生存主义。

存在主义作为一种哲学思潮起源于西方，被称为是一种"危机哲学"。在欧洲，特别是经历两次世界大战的灾难之后，一批思想者对人有了更深的反思，他们关注的不是人活着本身，而是关注人为什么活着，为了什么而活，作为个体的人，怎么选择活出存在的意义或价值。存在主义探讨的不是人生活的条件，而是人生的基本主题，包括自由与责任、人与人及与世界的关系、苦难与意义、死亡与焦虑等。存在主义关注人类苦难，但不被苦难所困，不会逃避苦难，也不是试图找到一条超脱的路，让自己脱离人类苦难，而是深刻反思苦难的根源与本质，致力于改善人类的生存处境，寻找生命的意义，过觉察的生活。

我们了解，弗兰克尔的基本假定是：人活着的最深动机是追求意义。我们要问，生存主义的基本假定是什么呢？那便是：人活着不需要意义。人的意义、价值、尊严，都是可以妥协的，只要活着就行，哪怕像动物一样活。如果遭受羞辱，可以自我安慰一番，欺骗自己一番，把严酷的事实臆想成另外一种美好的样子，就可以让自己活下去，甚至可以让自己活得快乐起来。鲁迅笔下的阿Q就是这样活的。不必反思，也不必追问，因为"从来如此"。但鲁迅发出了质问："从来如此，便对么？"这一声发问，石破天惊，正是在生存主义背景中发出的存在主义的追问！

成熟：成为个体

在南京直面心理咨询研究所的报告（南京，2016）

今天讲一个话题，叫成熟。这个话题每个人听起来都会觉得大有可谈，因此先听听大家理解，什么叫成熟？

听众回应：

"成熟就是处事稳重，有责任感，有追求，关爱朋友。"

"成熟让人想到秋天，植物的果子长熟了，要收获了。"

"成熟是人变得坦然了，了解生命是一个循环，如同植物在秋天里瓜熟蒂落，第二个春天又开花结果。"

"我听到成熟这个词的时候，首先想到的是独立，其次想到的是力量，然后想到的是蓬勃。"

"成熟让我想到这些：我小的时候，其他人看我都觉得我挺成熟的，其实我很单纯。我长大了，其他人看我是单纯的，我却成熟了。小时候不成熟，对自己做的事情总是后悔，对自己说的话总是后悔，总担心做错了。现在成熟了，我对自己做的事、说的话就不再后悔了，不为自己的言行担心了，该做什么就做什么，该说什么就说什么。我的处世之道很简单，直来直去，不喜欢弯弯绕绕。"

"当你尝一个果子，它青涩的时候，让你满嘴都很苦涩。当果子成熟了，汁是丰富饱满的，颜色是那么鲜美，你咬它一口，会觉得非常愉快、甜美。这给人带来这样一个意象：呀，如果跟一个成熟的人相处，该是多么愉快，多么有感觉。"

"我想到的是，当我们不成熟的时候，有很多的可能性，我们会变成这样，或变成那样；当我们成熟的时候，可能性似乎变少了，我们就趋于稳定了，就成为一种适合的状态。"

"我觉得，不成熟是一种成长的状态，成熟就是成为自己。"

我们这一群人，在这里用各种方式讲成熟，讲着讲着，成熟这个词就在我们的理解里变得丰富了。下面，我也讲一讲我对成熟的理解，我之所讲，也是从个人的角度。

英文上有两个词，它的本意是什么，我们且不去管它，我只是觉得这两个词蛮有意思，一个词叫 individuation。各位知道 individual 的意思是个体，那么 individuation 就是个体化，指一个人通过成长渐渐长成个体。还有一个词叫 maturation。Mature 的意思是成熟，maturation 就是变得成熟。这两个词是我非常关心的。甚至，我的工作就是把这两个词落实到具体的地方，亦即，帮助一个个来访者充分活出这两个词的意义。

我先讲第一个问题，即一个人怎样成为个体。成为个体？个体还需要成为吗？我们生下来，自从和妈妈脱离，不就成了个体吗？这只是说我们的身体摆脱了一个完全依赖的状态，而在生命全面发展的意义上，成为个体的路刚刚开始。个体不是生出来的，而是长出来的。有些人一生也不能成为个体。当我说成为个体，不只是指我们的身体与母体分化开来，而是生命的各个部分，如心智、情感、道德、行为、情绪，都充分成长，长成一个独立自主的人。要达到这一成就，我们就需要一个不断成长、长成个体的过程，即 individuation（个体化）。

个体并不是一个人生下来的既成事实，而是需要一个人通过成长来渐渐完成或实现的。一个人出生，助产士帮助他在身体上跟妈妈分离，这一下子就完成了。但一个人成为个体，这个过程要漫长而复杂得多。因为他是一个有多重需求和潜能的人，他不仅仅要在身体上和妈妈分离，还要在心理上、情感上、认知上、精神上、情绪上经历分离，逐渐变得独立，成为一个实现的"人"，就是充分成为个体，这是在他接受的养育、教育，以及在他跟世界的互动中完成的。一个人为什么"病了"？从最根本处看，那是因为他没能让他的心灵与身体一并成长和成熟起来，他内在的潜能受到大量阻碍，他不能充分活出自己，不能成为个体。我常用一句话总结直面心理学的人生发展观和病理观：当一个人过上了全面的生活，他就不会发展出心理的症状；当一个人充分长成了个体，他就不会成为一个病人。

一个心理咨询师也是长成的。最重要的是，他要长成一个人，也就是成为一个个体。成为个体是成为心理咨询师的基础。罗杰斯的《个人形成论》（*On Becoming A Person*）讲的就是这个。我是一个独立的心理咨询师，只有当我成了一个人，成了我自己，我才可以去帮助另一个人去经历他的 individuation（个体化过程），去成为个体，成为他自己。

第二个词是 maturation。这个词的意思是，一个人经历一个不断成长的过程，渐渐变得成熟起来。就像任何一个动物、任何一种植物一样，人也要经历这个过程。他要经历一些事情，建立一些关系，获得一些经验，让自己慢慢摆脱幼稚与弱小。我常常使用一个词，叫幼弱。有一个来访者给我写信，信中也用了"幼弱"这个词，他说："我长到20多岁，怎么还这么'幼弱'呀？"这时他意识到，他在关系上，在做事时，在情绪上，在认知上，还是在用小孩子的幼稚与弱小做出反应。

在直面心理学看来，心理症状是一套无效而自损的行为，它反映的是人的幼弱与依赖。一个人没有经历跟他年龄相符的成长，他就难以摆脱"幼弱"与"依赖"，就不能成熟，不能自立，不能成为自己，就不是一个真正的个体。幼弱与依赖是相互关联的：因为幼弱，所以依赖；因为依赖，更加幼弱。依赖者不能成长，只会幼弱。幼弱者害怕成长，只想依赖。这背后的原因深远而复杂。例如，一个孩子被迫跟父母中断了依恋关系，很小就成了懂事的"小大人"，不能自然做孩子，天性受抑制，生命中留下大的空缺。在他长大之后，那内心的空缺会产生一种强大的动机：要求得到补偿，想要变回小孩子，拒绝长大，暗中养成了一种"逆成长"的行为倾向。精神分析称之为"退行"。再如父母对孩子过度保护，又过度控制，孩子也会变得幼弱和依赖，不敢离开父母，不能与父母分开，无法充分经历个体化，与父母形成共生体式的关系，也不愿经历分化，而这样的孩子，哪能长成独立的个体？！

分化与独立并不是强求的，而是基于孩子跟父母的依恋关系自然生长出来的。在亲子关系里，如果父母不能回应孩子的基本需求，又很少陪伴孩子，甚至长期把孩子交给爷爷奶奶或外公外婆养，孩子与父母之间自然的依恋关系就中断了，他的需求就不能得到满足，他就会在其他的人际关系中感到不安全，缺乏自信，也难以信任别人。如果一个人的基本需求在成长中不能得到适当满足，反而遭到严重剥夺，他的内心就会形成一种空缺，这空缺就会在后来产生补偿的动机，而且是要求得到极度的补偿。那些在过去没有得到的东西、被剥夺的东西、受到损害的地方，都会在那空缺处呼喊着："还给我！还给我！"

症状显示的情况是：一个人的成长进程停滞了，他不再朝前走，而是往回走，不是在走向成熟，而是变得幼弱。神经症的害怕，是残留下来的小孩子的害怕，它的本质就是不成熟、依赖、幼弱，不管时过境迁，一味要求小时候没有得到或被夺走的东西。

关于成熟，有没有一套可以量化的、可以操作的，甚至可以速成的标准和程序呢？许多人想找到这个标准和程序。我的回答是，成熟是这样一种东西：你可以大致描述它，却无法精确量化它。你可以列出许多标准，但无法用标准定义它。如果用一套标准化的程序来操作，反而压抑了它。你可以在知识上了解它，说明它，但它不是在知识里长出来的。经验才是它生长的合宜土地。它无处不在，你又几乎看不到它。如果你完全不顾，你的人生会处处受挫；如果你谨小慎微，你的成长又会处处受限。当我说一个人是成熟的，你基本上能够理解；但要我说明他为什么是成熟的、哪里成熟，我也只能说个大概。同样，当我说一个人不成熟，你也立刻感受得到，但那种感受你也不能完全说得清楚。虽然说个大概，或者说不太清楚，说起来却又是那么确定。好奇怪啊，我们说的这个成熟到底是个什么！

很明显的是，每个人内心都有追求成熟的渴望，但要达到成熟，每个人都要经历一个慢慢探索和成长的过程。比如一个幼儿，男孩会模仿他爸爸，女孩会模仿她妈妈，这是不是受到一种成熟趋向的驱动呢？再比如，小男孩长大一些了，到了青少年时期，为了表明他成熟，他会学成人抽烟，脸上会故意流露出一种满不在乎的神情。这种为了显得成熟甚至装成熟的表现，确实也表达了人对成熟的一种向往。再比如，大一些的男孩和女孩会跟年龄小一点的孩子划清界限，说对方是"小屁孩"。而这种成熟趋向，总是始于表面，然后进入深层；或者始于部分，然后延至整体。但成熟没法速成，它需要时间，需要过程，需要经历自然的快乐，也需要承担合理的受苦。成熟来自人生的磨炼。

　　成熟的能量来自爱。没有爱，生命不能成长，就像一棵树脱离了根，就不能得到养分，就会早夭。父母作为养育者，需要有爱，需要有耐心，需要对孩子有信心。孩子跌倒了，父母不必太担心，他走得久了，走得多了，就能走稳了，还能健步如飞了。父母需要给孩子足够的时间，让他多尝试从而获得足够的经验。比如，孩子刚大学毕业进入社会时，会傻眼，会生涩，当他经历多了，有了经验，得到滋养，他就慢慢变得老练而成熟了，最后长成成熟的个体。

　　一个人成不成熟，能辨别出来吗？人不同，情况也会有所不同。有人看上去成熟，实际上不成熟，交往久了，就看出来了。还有人看上去很天真，内心却是成熟的，需要深入了解才知道。有人在无意识中慢慢成熟起来，也有人有意识让自己变得成熟起来。不管怎样，人总在奋力成长，让自己走向成熟，就像植物也奋力生长、发芽、长叶、开花、结果。成长是艰难的，除了经历艰难困苦让自己变得成熟，似乎也没有其他捷径可走。

　　也有不少因素阻碍人走向成熟，比如，一个人害怕别人批评，担心不讨人喜欢，他便盯着别人不放，察言观色，时时事事跟人比较，凡事要比别人好才行，生怕别人看不起自己。这些都是自我不够确认的表现，也是不成熟的表现，或者说是成长路上总会遇到的阻碍，这种阻碍需要移开，成长才会更好地发生。如果阻碍没有移开，反而不断加重，就会发展成心理的症状。

　　也可以从角色这个角度来看成熟：不成熟的表现之一，是一个人不知道自己的角色，因此常常在关系里找不到自己的位置，总与人比较，总要去占别人的位置，就弄出各种不恰当来。而成熟者知道自己的角色，知道自己是谁，知道对方是谁，知道自己的需求，并且表达出来，会向别人提要求，也会接受自己的要求得不到回应或满足的情况。成熟者不把自己当成世界的中心。成熟者接受事情在一个过程里发生，而不强求结果或效果。成熟者接受自己的有限性，不强逼自己完美。成熟者有自己的方式，并敢于按自己的方式去表达与呈现。

许多人一听到成熟，就会想到老于世故，工于心计，就会担心一旦成熟了，就失掉了童年里那些美好的东西。但成熟不是庸俗，虽然在有些人身上，这二者是模糊的、混杂的。我所说的成熟，并不表明一个人变得庸俗，失掉他身上原有的率真与美好。真正的成熟是让这率真与美好扩大了、茁壮了、全面了、牢固了、丰富了。有一部电影叫《金色池塘》，它让我看到老年同样是美的，老年依然可以纯真。一个人真正成熟了，他就更开阔了，不是把善丢掉了，而是在真善美这些层面上变得更加博大，因为他经受了人生磨难，变得更宽容，更体谅人的处境，更关心年轻人。成熟者有一种创造幸福、享受幸福的心智能力，但不仅是为了个人，也是为了别人，甚至更多是为了别人。

成熟者看不懂世俗的那一套吗？他们懂，甚至比一般人更懂，但他们不屑于庸俗。在他们必须做出选择时，他们选择精神的价值，而不是选择一般生活的价值。成熟者通人情世故，但不庸俗，他有庸俗者难以理解的价值追求。比如，苏格拉底是成熟的吗？尼采是成熟的吗？鲁迅是成熟的吗？是。他们是心灵意义上的成熟者，为了追求更高的精神价值，会选择牺牲世俗意义上的益处，甚至放弃自己的生存。但在世俗者看来，他们很幼稚，是在做傻事。

成熟不等于老于世故，更不等于庸俗自私，成熟者让心灵回归单纯。但这种单纯不是小孩子性质的，不是幼稚的，而是化繁为简，是一个人在经历人生艰难中提炼出来的一种纯真，其中有真诚，有正直，有良善，有悲悯。因此，在那些非常成熟的人格里，我们看到透露出来的单纯。这种单纯不是成熟的反面，而是与成熟彼此交汇。

有真性情者，亦是成熟之表现，也敢于真实。率真之处，成熟即现，如鲁迅之人格。

精神成熟的人，可以是幸福的，但有时候是痛苦的。相对而言，不成熟的人会难受，但不会痛苦，至少不会为意义受苦。一个成熟的人生活在一群不成熟的人中间，那是很难的。一个精神觉醒的人，面对一群庸俗的人，也难，甚至很危险。这是鲁迅的难与险，也是人类许多伟大的心灵在其时代里所遭遇的难与险。对鲁迅来说，让他最痛苦的莫过于看到先觉的英雄被愚昧的群众迫害和谋杀。在极端的情况下，不成熟的人会联合起来害死成熟的人。

不成熟的人不知道自己的角色，也不知道别人的角色，更看不懂那些精神意义上的觉醒者，听不明白他们说的话，或者把先知的话听岔了，不但不理解，心里还生了怨恨。人生由人、话语、事情组成，不成熟的人看不清人，听不懂话，弄不明白事理。这便是成熟的人面对的难。

直面心理学对人有一个定义：人是一种解释的存在。人跟动物的区别在于，人会对自己的行为做出解释，也会对别人的行为做出解释。成熟的人会认真解释，不成熟的人会胡乱解释。比如一个人有逃避行为，他对之做出自我安慰性的解释，试图解释得让自己心安理得，解释多了，逃避也随之更多，结果他发展出心理症状了。症状就是不当解释的合集。再比如一个人见别人得了什么好处，心里不舒服，就会解释说那算不得什么，或者那来路不正。这样一解释，他就暂时舒服了一下，也糊弄了自己一次。虽然他心里舒服了，但这解释也会不断让他的心灵幼弱，也可能招来症状。

社会上流行很多解释，也就是很多看法或说法，其中许多是想象出来的东西，可以称之为大众看法或人云亦云的看法。因为是想当然的、不反思的，所以是没有觉察的、不成熟的。成熟者会超越人云亦云的看法，因为他们有独特的看法，也敢于表达自己不同的看法。那些被称为知识分子的人，本来就有一份责任，要帮助公众成为相对成熟的思考者、判断者。可惜的是，许多受教育的人并没有这种独立思考的能力，他们的观点不过是装扮了一番的大众看法而已。他们不能被称为知识分子。因此，一个成熟的思想者可以接受这样一种情况：你的想法、你的做法、你的为人方式、你的生活，可能让许多人看不懂。有时别人不但看不懂，还会攻击你。这便是前面所说的成熟者面对的难。

成熟不是单枪匹马，还需要一些条件支持，比如觉察与勇气。不管做什么，我们都可以问自己：在这件事上，我做的是不是很正？我能不能给自己一个交代？如果回答是正的，对自己可以交代，那就不用怕了。还有一个条件叫整全，也会维护成熟。一个整全的人，也是一个成熟的人；反之亦然。不成熟的人是碎片化的，他依赖过去的经验碎片对人、对事做出反应，需要对经验做出整合，才会形成可靠的反应。

直面心理学还看重一个人的辨别能力。一个人选择逃避，还是选择直面，选择接受，还是选择拒绝，皆是基于他的辨别能力。辨别能力的发展是一个人走向成熟的重要指标。当一个人具有了辨别能力，他能够了解人，能够听懂话，能够弄明白事理。他知道自己，也知道他人；他敢于做自己，也敢于与人联结，一起拒抗这个世界各种贬损的力量。总结起来，就是鲁迅的那一句诗：横眉冷对千夫指，俯首甘为孺子牛。

许多人到直面来寻求帮助，直面能为他们做什么呢？不管他们是否意识到，他们到这里来可以慢慢长大，慢慢变得成熟一些。

成熟的人也是有心的人，他们因为有心，才会专注于人与事，才会扎根于现实人生。

　　成熟的人也是有力量的人，他们既真实，又有自己的秘密。真实里有力量，秘密里也有力量。不成熟的人不真实，也是虚弱的。他们也没有秘密，因而也没有真正的力量。

　　事物常常包含两个层面，一个是表面的，一个是内在的，成熟者了解并能享用这两个层面的资源。比如周星驰拍《西游·降魔篇》，他把电影拍得让所有人都喜欢，但不同的人喜欢的层面会有所不同。有人喜欢其中的搞笑成分，有人欣赏其中的象征意味，有人看到更深层面的悲悯情感。我作为心理咨询师，看到"魔"背后的一个个悲情故事，以及受伤者伤人的循环。直面心理学强调疗伤，通过疗伤，可以驱魔，魔障去除了，才露出真的精神，才有本真的力量，让一个人去成长，走向成熟。

发问与呼喊

在南京直面心理咨询研究所的演讲（南京，2016）

我在心理学实践里创立了直面心理学，我又是直面心理学的实践者。我怎么实践呢？其中有一个方法，我称之为：发问与呼喊。

发问就是问问题，特别是问重要的问题，哪怕这些问题被认为是"很傻的问题"。有时候，我做一场面谈，从头到尾都在问问题。在问问题的过程中，许多东西就呈现出来了，它们从暗处走到了明处，被看到，被理解。我看到了，来访者也看到了；我有了发现，来访者有了反思；我有了洞见，来访者有了觉察。我把这个称为发问。

我对学员和弟子说：如果你想让对方明白什么，你给对方讲道理，这是普通人的做法。讲得好还行，讲不好别人就不想听，讲多了还惹人烦。如果你将讲道理的地方变成问问题，你便是一个非同一般的心理咨询师。你不是在传授，更不是在灌输，而是在启发，在培育。你不是"以理服人"，你是"春风化雨"。你不是谆谆教导让对方明白，你是给对方提供了一个机会让他自己明白。现在，我把这个总结出来了，你觉得它是一种方法。如果我没有总结出来，你会觉得这是一个奥秘。我们永远不要低估来访者，社会给他们讲道理，那是低估他们，低估他人是出于无知。我们要问问题，这是古往今来伟大的疗愈者都使用的奥秘。

我们在《论语》里看到，孔子的学生向他提问，孔子在回答问题的时候也向学生发问，他的发问总是自由的，具有启发性的。在西方有苏格拉底式发问。苏格拉底跟人对话，从头到尾问问题，为了打消对方的阻抗，他在提问的时候总会假设自己是无知的。这很了不起。荣格在析梦的时候，也做这样的假设。析梦之前，他总会对梦者说："关于你的梦，我一无所知。"或许，这是荣格从苏格拉底那里学来的智慧。苏格拉底用提问题的方法启发了许多人，让他们从愚蒙走向省察。他首先提出一个话题，得到对方的确认后，对话就开始了。他倾听对方的回答，然后基于对方的观点发问。由此进行下去。整个对话过程中，苏格拉底问了一个个问题，给对方提供了一个个重新审视自己观点的视角，一层层深入下去，一层层拓展开来，跟他对话的人不知不觉间便开阔了视野，也开始学会反思，看到自己的前后矛盾之处，看到自己的局限，也有了新的发现。在中国，伟大的庄子也这么做。

鲁迅是一个发问者、呼喊者。讲到直面疗法的思想根源，便是鲁迅的文化心理学思想。他有一双质疑的眼睛，审视历史，审视社会，审视人心。他怀疑那些很好看的东西背后隐藏着丑陋的东西，然后他就呼喊和发问。《狂人日记》是中国现代文学第一部白话小说，是鲁迅的呼喊与发问。在这篇小说里面，鲁迅正是借狂人之口发出一声呼喊和追问。狂人发问道："从来如此，便对么？"

狂人的话听起来像是疯话，是一个精神病人的妄想。但在这个狂人身上又承载了一个象征身份：一个精神觉醒者。这样一来，这个狂人的疯言疯语便被赋予了一层看穿历史与现实真相的象征意义。这个身份代表着一个具有直面精神的反思者、深思者、质疑者、呼喊者、追问者，从某种意义上来说，这就是鲁迅本人。这个"狂人"要探求历史和文化表象之后的真相，并把真相揭示出来，"以引起疗救的注意"。这篇小说的思想境界与艺术品质就在于，它的叙事里永远交织着两条线索：既能让你跟随它的表层角色和话语，又能让你感受其深层身份与象征，狂人的行为和语言皆被赋予了双重性质或意义。他的大哥也是如此，其言行的表层意义显示，这是一个重亲情与道义的大哥，他照料生病的弟弟，为他寻医问药；而他的象征身份却是一个堕落的知识分子，不管出于自愿还是被迫，他加入了封建压迫者的行列。

大哥听弟弟老说一些没有来由的疯话，变着法子在那里总问吃人的事，只好应付着说："从来如此……"这个回答似乎证实了弟弟的猜测，于是，这个疯弟弟向大哥发出了一个真切而充满悲情的呼喊或质问："从来如此，便对么？"这个追问之所以在我看来是石破天惊的发问，是因为它被赋予了一种存在追问的意义：它是基于鲁迅对人们因循守旧、害怕改变的心理的洞察而发出的质问！许多文化里都有一个核心话语，便是这个应付与防御性质的"从来如此"。只要提出改良社会，就有人出来说"从来如此"。当然，它的表达方式有很多，也有人说"每个人都是这样的"，还有人说"就你能"，也有人说"你不说话会憋死吗"之类。不管人们说什么和怎么说，意思都是一个：拒绝改变。现在，让我们用狂人的话来对他们做回应："从来如此，便对么？"延伸开来，"每个人都是这样，便对么？"你看，这是多么单纯的发问啊，却如此有力量，如此深切，如此直击本质！

在狂人的"日记"之外，也就是在日记正本前面的"识"里，还可以看到一层象征的意味，就是狂人后来已"愈"，即恢复了"正常"，"赴某地候补矣"，亦即，去另一个地方候补一个官缺去了。可想而知，他恢复了认知力，看人看事都与常人无异了。如果让他继续读历史，他看到的也只是里面"仁义道德"的正能量，不会像一个疯子那样，竟然从字的缝隙里看到"吃人"这样的负能量了。他的大哥也从此放心了，那个医生也会觉得自己的"药"很管用。但从象征的意义来看，这个结局又是令人悲哀的，这代表着一个精神反叛者的堕落，在封建势力的围剿之下放弃了自己的精神反叛，他那双觉醒的眼睛又被罩住了，从此看不到封建历史残酷的"真相"，他真的让以他大哥为代表的封建卫道士们放心了，从此之后，他自己也会变得"安全"了，因为他回归了封建的阵营，甚至为自己过去的疯狂羞愧，巴不得把那两册日记烧掉，让一切都仿佛没有发生。

作为直面医者，亦即鲁迅直面思想的继承者，或者直面心理学的实践者，我们要去呼喊与发问。我们向来访者呼喊，跟来访者一起追问，一起去读他本人的历史，了解他的症状背后的真相，揭示他身上被旧文化压抑、伤害、愚弄，以致他架起防御、隐藏起来的东西。当我们有一双审视的眼睛并且敢于追问的时候，我们就会看到症状背后所掩藏的东西，就会看到来访者的恐惧与逃避，就会像鲁迅当年那样决定去敲打"铁屋子"。这铁屋子是症状的象征，每一个症状都是一个铁屋子，里面都躲着一些人，我们需要通过呼喊与发问，唤醒他们，与之合力破除这铁屋子，提醒和辅助他们走上一条直面的路。呼喊与发问，是直面心理学工作的本质。

另一个启发来自《圣经》伊甸园的叙事，也是关乎呼喊与发问。伊甸园涉及一个重要主题，可以说是人类的基本命题：逃避与直面。这是直面心理学的核心概念。上帝对亚当、夏娃的回应也是呼喊与发问。这是一场戏剧，也是一个原型，它呈现了人对完美的苛求——"跟神一样"全知全能，以及人的逃避——偷吃禁果后躲在"园中的树木"里。基于这种情形，上帝向他们发出呼喊："你在哪里？"期待他们自觉自愿从躲藏之处走出来，直面自己的选择所导致的后果。我在将近20年前写过一篇文章，标题就叫"你在哪里？"，从直面心理学角度对此做了阐发。

在心理学实践里，我的一个基本发现就是，人类像伊甸园里的亚当、夏娃一样，会选择逃避，不肯承担逃避造成的后果。心理症状常常是过度回避造成的结果。在各种症状里，我们看到一个个躲避的亚当、夏娃。直面心理学的疗愈，在本质上也如上帝一样在呼喊："你在哪里？"上帝在园里呼喊，不是因为他不知道亚当、夏娃躲在哪里。如果他不知道，他怎么被称为上帝呢？因为上帝是全知的。既然是全知的，又是全能的，他为什么不直接走到亚当、夏娃的逃避之处，把他们一把抓出来，为什么要在园中不断呼喊"你在哪里"呢？因为这呼喊里有爱，有期待，有邀约，有等待，有耐心，有信心。呼喊的目的是让亚当、夏娃对自己的逃避有所反思，让他们的内心对上帝的爱有所触动，能够自觉自愿走出逃避，前来面对。这时，上帝才开始对亚当、夏娃有了一系列发问。通过发问，上帝又跟亚当、夏娃一起追溯事情的经过，揭示他们的行为背后的根源与动机，指出他们互相推诿责任的幼稚，并要求他们承担自己的行为所导致的后果。

直面医者也常常这样呼喊与发问，他深切了解来访者的恐惧与逃避，也能体谅他们逃避的原因与动机，试图让他们有所反思，有所醒悟，并且自愿做出改变，而不会用强求的方式逼其就范，因为那样做会刺激来访者的防御与抵抗。呼喊与发问里有敏锐的觉察，也有慈爱与怜悯，它表明直面医者对来访者既能了解，又能体谅。

直面与逃避都是人性的基本倾向。直面是一个人成长所必需的条件。婴儿会不断尝试抓住东西，虽然一次次失败，他还会去做，一次次做，直到能够做到。幼儿学步也是如此，失败了重来，直到会走，然后奔跑。整个过程中，即使多次跌倒，他也不会放弃。儿童玩游戏，也会反复尝试，坚持到底，享受整个过程。这一切，都是直面。但在人生成长过程中，直面的能力又是需要培育的，因为许多挫折会不断打击和削弱人自然的直面。很重要的是，孩子身上需要培育出安全感，培养勇气，这样孩子就能坚持直面。当人感觉安全的时候，他更会选择成长。好的养育，本质在爱。因为被爱，所以有安全感；因为安全，才会信任；因为信任，就有勇气；因为有勇气，才不断直面。所以，孩子最初从父母那里获得充分的爱，才能够更充分地实现与父母的分离，独自走出家门，勇敢探索世界。

逃避出于本能，是求生存的动机。在遇到危险的时候，人和动物的第一反应往往是逃避，为了保全生命。然而，太深的恐惧就会导致过度的逃避，结果给生命带来损害，从而导致症状。症状的本质是恐惧与逃避，因为是过度的，所以是损害的，是南辕北辙、背道而驰的。因此，这一症状的行为看似逃生，实为奔死。

当直面医者呼喊与发问，在惊慌失措中逃避的人听到这声音，就会停下来，看看周围的情形，看看身后，真的有什么可怕之物在追赶自己吗？看看前面，我到底要逃到哪里去？他们会反观和反思自己，以及自身所处的现实和发生的事情，也看看自己与他人的关系。这时，我们在促使一个来访者直面人生。

人本-存在主义心理学治疗有一个基本发问：成为人意味着什么？这也是一个存在式设问，即人的存在意味着什么？存在就是人类对自己及其生活的追问和反思，涉及人类安身立命的根本议题、关于人活着的意义、面对的焦虑、人的自由与选择、人的有限与必死。直面心理学也会就人生重要问题发问，其最核心的追问是：文化是怎样把我们变成现在这个样子的？由此引导来访者反思自己一路成长中跟文化发生互动的过程。

直面心理学还有一个基本设问，视之为"立身于世"的根本条件。作为直面医者，我有时候会问来访者："人生有这样几个立身于世的基本命题，你能够接受吗？"然后，我跟来访者逐一探讨。这也是直面心理学的呼喊与发问。

　　我问的第一个问题是：你接受人是有限的吗？然后再具体落到个人：这个"人"就是你，也就是说，你接受自己是有限的吗？这有限包括：你是不完美的，免不了犯错误，总有力所不及的方面，会受到各样的限制，会受伤，你作为一个有限的人在世界上奋发用力，你所期待的东西并不一定因为你努力了就会实现。那些不能接受自身"有限"的人，就会在这些境遇里有许多挣扎，他们为自己的不完美痛苦，为自己的错误纠结，为完美主义忍受许多不必要的苦。这些苦集中起来，就是症状。

　　我问的第二个问题是：你接受你所生活的这个世界是不确定的吗？也就是说，你在这个世界上生活，会遇到各种不确定的事情，你对此常常无法预测，防不胜防，简直无可奈何。虽然如此，你还是得尽力而为，去应对世界的不确定性降临在你身上的各种情形，并且在这样的经验里渐渐发展一种基本的确认感。许多人遭受了世界的不确定性的打击，陷入极深的不安全感，拒不接受世界的不确定性，要求自己所生活的世界必须有绝对的安全保障，结果逃避现实，躲到症状里去了。不是世界的不确定因素让人活不下去了，而是人持有的这种不接受的态度把自己击垮了。

　　我还会问第三个问题：你接受时间是不可逆转的吗？我们是时间性的存在，生活在时间的序列里，时间如水，朝前流动，不会回返。因此，孔子感叹说：逝者如斯夫，不舍昼夜。这时，孔子感慨的，哪里是水，哪里是时间，而是人生，是人的存在性质。亦即，我们的人生不管发生了多少事情，不管我们为之感到多么遗憾，时间依然带着我们向前行进。哪怕你频频回首，你依然挣脱不了紧抓着你的时间之手。许多来访者拒不接受过去发生的事情，想停留在那个受伤的地方，在时间的流逝中无限焦虑，不肯跟时间达成和解，不能跟时间和谐相处，反复在那里说："因为发生了那件事，我才……"

就这样，我遇到一个个把自己束缚在过去，既不关心现在也不走向未来的人。记得在一次面谈之后，我写过这样一段诗：

> 在症状里，我与她相遇。
> 她的笑，如同轻盈的飞鸟，
> 她的手，紧紧抓着过去，
> 在她不松手的地方，是受伤与害怕。
> 她一直没有长大，是因为她不肯放手。
> 她进而失掉现在，是因为她腾不出手。
> 未来是模糊的，因为她不去修路。

如果来访者能够接受直面心理学所提出的立身于世的三个设问，他就成了一个对自己的人生做了充分预备的人。这预备不是生存条件的预备，也不是做事能力的预备，而是一种更高的、更根本的预备，即人生态度的预备。有了这种态度，人不仅可以在这个世界活下去，而且会因为直面的态度而活出存在的品质。

总而言之，呼喊与发问能够起到很好的作用。好的呼喊，可以振聋发聩；好的提问，就像一把钥匙，打开生命中隐秘之锁，让对方发现：啊，原来如此。这时，觉察就发生了。

有时，来跟我谈话的是一些孩子，他们是被家长逼来的、骗来的，或以某种交换条件哄来的。对我来说，这就很难，难在父母违背了孩子的意愿，而我们的工作就是基于来访者的意愿。但没有办法，我也只好接受这种挑战，在现有的条件下工作，尝试去唤起隐藏的成长的意愿。他们来了之后，我会问一些问题，且要问得好。有时候，我会很柔和，通过询问一点点打开局面，让现场的气氛变得轻松，让我的态度尽量呈现接纳，让关系建立起来，让关系里渐渐长出信任。有时候，我也会问得真诚而直接一点，比如我会说："我看见你的面孔，感觉像一个防御的面具，是不是被父母逼来跟我谈话的啊？"我听到年幼的来访者反而说："其实也不完全是……"这样就打开了一点点，其实，如果谈话是舒适的，他也愿意谈一谈。我们就从这里开始。

好的发问，会起到重要的疗愈作用。我常常引用弗兰克尔讲的一个案例：一天，一位年迈的医生登门求医，因为他极度抑郁消沉。2 年前，他的妻子去世了。她是他最心爱的人。他无法克服失去她的痛苦。现在我该怎样帮助他？该对他说些什么呢？于是，我有意不讲什么，而只是问他："医生，假如您先去世不得不留下您妻子孤单一人，情形会怎样？"他说："啊，对她来讲，那将非常可怕。她会多么痛苦！"我于是说："您看，医生，她现在免受了这份痛苦，是您使她免受了这份痛苦。当然，你付出了代价，不得不独自伤心地活下去。"他听后，一言未发，紧紧地握了握我的手，平静从容地走出了诊所。

接着，弗兰克尔解释道："我的治疗无法让那位医生的妻子起死回生，但的确改变了他对不可逆转的命运所持的态度。至少从那一刻起，他领悟到，他的痛苦是有意义的。"而疗愈的关键是这句问话："医生，假如您先去世不得不留下您妻子孤单一人，情形会怎样？"这句问话，呈现了存在治疗的品质。

我也会用各种方式来发问。比如，我接待了一个平常对妻子不太回应的丈夫，在面谈中，我向他询问，他都做了回答，我就在这一点上表达对他的欣赏。因为被欣赏了，被肯定了，他的回应就多了一些。接下来，我一直这样做，他的回应就越来越多了。他的妻子在一旁感到惊讶，并且开始有所反思，她意识到自己平常对丈夫苛求太多，倾听太少。

再比如有一个年轻人来谈话，我问他问题，他有很深的防御。我跟他工作了许久，他的回应也相当有限。背后有一个原因是，在他的成长过程中，一直有一个过分苛责的爸爸和一个过度保护的妈妈，他在跟父母的长期互动中形成了一个防御性的习惯：不说话才是安全的。我问他："当我向你提出这个问题的时候，你似乎不想回答，是不是有什么顾虑？"他说，是有顾虑。我进而了解他在顾虑什么，并且跟他探讨那些顾虑。我又问他："你与人交往，如果别人这样问你，你会怎么回应呢？"我还问他："这些年来，你内心喜欢或期待别人了解你吗？"进而又问："那你喜欢了解别人吗？"再问："你期待跟别人的关系是怎样的？怎样可以建立给自己带来满足的关系？"我不仅提问，也会在整个面谈过程中尽量向对方敞开，分享我自己的人际经验。我的工作有一个根本目的，即消解他与父母之间建立起来的防御性关系模式，让他跟我之间产生一种新的关系经验。作为咨询师，我深知这一点：我在面谈室里做的一切，是为了消融来访者在生活中形成的关系僵局。至少，让那些僵化的部分在咨询室里凸显出来，让来访者自己能看到。在结束的时候，我对他说："很高兴今天跟你有这样一场谈话，你让我看到你很愿意敞开自己，你能做到这一点真的很有勇气。"

有时候，直面医者向来访者发问，发现对方是一个"铁屋子"，或者是一片空寂的原野，这时候就需要直面医者发声呼喊——尝试用各种方式，从不同的角度向对方呼喊。像鲁迅当年那样，面对沉闷的国民性发出呼喊，我在症状的铁屋子前敲打和喊叫，哪怕没有回应，但我相信他们会回应，也期待他们回应。在散落着受伤未愈的幼弱心灵的广袤大地上，我发问，我呼喊，我呐喊，我大声疾呼，哪怕没有任何一丝回声。

我是直面医者，我就这样发问与呼喊。

真理与自由

在西安曼荼罗心理咨询中心的演讲（西安，2016）

我曾经跟一群同事和直面驻修生坐在一起看一个鹰抓羚羊的视频，然后听他们讲各自的感受与看法。后来，我又把这个视频发给我的一些来访者，听他们各自的反馈。这个过程让我想起尼采说的一句话："没有真理，只有解释。"我还想在尼采的话后面加上一句话：每个人的解释，都是在解释自己。

如果让我给人下一个定义，我会说：人是一种解释的存在。它的命题可以是：我解释，故我在。

是的，人跟动物的区别在于，人做什么，或不做什么，都要给出一个解释——解释给自己听，也解释给别人听。动物只是做，或者是不做，都不给任何解释。人类是有文化的，这文化是由解释构建起来的。也就是说，人类用解释建立了自己的文化。跟人类相处很久的动物，也在一定程度上被文化带动，从而开始有了解释的意愿或冲动，产生某些解释性的行为，只是没有人类用来解释的语言。或者它们有自己的语言，人类听不懂。

每个人都有自己的解释，谁的解释是真理呢？或许每个人都愿意认为自己的解释是真理。但尼采出来说话了："没有真理，只有解释。"你的解释，只反映从你的视角看到的情况，但不管你看到了什么，那都不是真理。或者说，你的解释对你来说是真理，对别人不是。如果一个人说自己的解释是真理，并且强求别人接受，麻烦就来了。父母是真理，就害了孩子；老师是真理，就害了学生。因此，人类提倡自由民主精神，就是为了限制"我是真理"。"我是真理"是人际冲突的根由，甚至是人类战争的渊薮。

人类有一个本性，就是常常把一己之见当成真理，还要求所有人都要这样看，任何情况下都要这样看，任何时候都要这样看。对此，我们不得不防。

如果一定要说有真理，那真理具有这样的性质：它是个人化的，也是处境性的，而且是时时流动的。你这样看，不代表别人也这样看，这叫个人化。你在这个境况下这么看，到了另一个境况，你又有新的看法，这叫处境性。你这个时候这么看，过了一些时候，你的看法不同了，这叫时间性。

如果存在一种超越一切之上的绝对真理，没有任何一个人可以全部拥有它，也没有任何一个党派、一种主义、一种宗教可以全部拥有它。因此，关于真理，还有一种说法是：我们每一个人都不是真理本身，我们只是真理的分享者。也就是说，我们都不知道完全的真理，我们只是从自己的角度看到真理呈现出来的一面。真理有多面，而我们无法看到它的多面，更无法看到它的全面。因此，我们需要坐在一起来分享，才可以看到真理更多的面，但不会是所有的面。总之，我们分享真理，但没有一个人代表真理。我们的解释是许多解释中间的一个——是之一，而不是唯一。

当我们能够意识到"我不是真理"，我们就开始体会到自由的滋味了。当我们认定"我就是真理"，那就意味着我们跟自由脱离了，这时我们就活在枷锁中。一个人活在"我是真理"里，是一件多么可怕的事情，因为他的"真理"成了他的枷锁。他在虚妄里，不知道自己是谁。他意识不到，他的看法不过是他的一个解释，而不是普世的真理。这让我想起卢梭的一句话："人是生而自由的，但却无往不在枷锁之中。"① 这里，我又想加上一句：人生在枷锁里，但却无时不向往自由。

心理症状是什么？是一种枷锁。当一个人自以为掌握了真理，他就被套进了枷锁，也就陷入了症状。比如一个抑郁症者，他认为世界是没有希望的，活下去没有意义，这就成了他的真理，他被这个真理所套住，过着很压抑的生活，甚至决定去死。他之惨，在于他陷入自设的真理，而他不知道，他不是真理。再比如一个受了很深伤害的人，他认为环境中的所有人都要害他，这种解释就成了他的真理，他为此活得惶惶不安。他会躲避跟人交往，会花许多心力去防范，会拼命追求根本不存在的绝对保障，从而耽搁了自己的成长，难以过好自己的生活。又比如，一个人陷入某种类型的强迫症，他不断重复某个行为、意向或欲念。他既害怕去做，又很想去做（觉得必须去做，不做不行）——做了他会后悔，他会谴责自己，对自己很无奈；不做他会担心导致可怕的后果，或者受谴责，被惩罚下地狱。他对此信以为真。也就是在这一点上，他创造了真理，而这真理，是他自设的枷锁。

但人类又追求自由，想通过各种方式摆脱枷锁，争取自由。因此，那些陷入症状的人们，又是最追求自由的人们，他们前来寻求心理咨询的帮助。心理咨询是一条解放的路，帮助人们解除枷锁，走向自由，但这也不是一条轻易的路。有些人在这条路上走了一段就放弃了；也有些人根本就不相信，被迫在症状的枷锁里继续受奴役，无可奈何；有些人在枷锁里待久了，慢慢习惯了，觉得至少这里很安全，不用做什么，不用再去面对生活的困难和选择的焦虑。于是，他们选择长期在症状里待下去。还有一种情况，有点类似欧·亨利

① [法] 卢梭. 社会契约论 [M]. 李平沤，译. 北京：商务印书馆，2011：4.

的小说（《警察与赞美诗》）里讲的那个流浪汉。冬天到来了，外边很寒冷，这个流浪汉想找到一个温暖一点的地方度过寒冷的冬天。对他来说，最现实的去处是监狱。他得犯一个小罪，恰好可以判一个在监狱过冬的刑期。但事情并不像他预想的那样发生，当他幡然醒悟，准备好好生活时，结果却又出乎预料地发生了。症状就像一个监狱，你无法决定它的刑期。你本以为，有那么一段时间生活太艰难，你可以在症状里躲一阵子，你预想不到的情况可能是：你会在那里一直待下去！

有许多陷入症状枷锁的人们，他们在苦苦挣扎着寻求解脱。他们前来寻求帮助，是因为在枷锁中产生了对自由的渴望。我的工作——称之医治也好、辅导也好、咨询也好、疗愈也好——其实就是一种支持、一种辅助、一种合作，为的是打开来访者的枷锁，让他们解放自己，活得自由充分。这便是我赋予自己工作的意义。是的，我们要赋予自身工作以意义，因为有意义，我们才会做下去。有许多人问我：王老师，你做了这么多年心理咨询，怎么还有信心和耐心做下去啊？我回答：第一，它是有意义的；第二，它是有趣的；第三，它符合我，简直是为我预备的。

在一些年前，克雷格来直面心理咨询研究所讲存在分析，他专门讲"分析"（analysis）这个词。他从词源学上追溯这个词在古希腊语、德语、英语中的词根，发现它包含十分丰富的意义。其中在希腊语中，"分析"的原意是"为奴隶打开枷锁，让他们恢复自由人之身份"。"分析"一词在希腊语中的意义，正好是"治疗"一词在希伯来语中的意义，即"解救被囚禁的人，让他们得自由"。

这也让我想起鲁迅的"铁屋子"的比喻。在直面心理学看来，症状就是一个铁屋子，人被囚禁了，失掉了自由，而心理治疗就是帮助人破除铁屋子，从中走出来，在宽阔而光明的地方生活。在铁屋子里，有人在挣扎，试图破除铁屋子，让自己得自由；也有人很无奈，觉得铁屋子很难破除，也就"洗洗睡了"；有人睡久了，早已习惯了，绝望了，睡得很沉，不愿被唤醒，宁愿在昏睡中死去，也不愿在清醒中面对铁屋子难以破除的事实和似乎无路可走的悲哀。心理治疗不是一件轻易的事。疗愈本身就是艰难的，加上接受疗愈的人的意愿又很弱，那就难乎其难了。

罗洛·梅在《人的自我寻求》中也讲了一个故事：一个国王，站在宫殿的阳台上朝大街观望，看到熙熙攘攘的人流，从中随机挑选了一个人，把他关进了一个笼子。最开始，这个人很愤怒，提出抗议。他脱离了日常的生活，在笼子里走来走去，焦躁不安，实在难以适应。然后，他变得无奈、无助，开始慢慢接受这个事实。后来，他习惯了笼子里的生活，反观以前的生活，反而想到笼子里的生活也有一些好处。最后，他开始讨好把他关进笼子的人，向国王表达感谢，因为他觉得这里挺好。我们沿着这个情节联想下去，如果那个擅权者要把他从笼子里放出去，他会怎样？他可能不能适应笼子之外的生活，他甚至要抗议了，要向国王求情了。他不要被放出去，他习惯了这里的生活，甚至很享受在这里生活下去。因为一出去，他有了自由，却要重新面对生活的责任、压力，包括乏味，以及做选择的焦虑。反正被关进笼子也不是他的选择，他也不会受到责怪，反而可以作为一个受害者理所当然在这里待下去。可见，并不是所有人都愿意选择自由。这大概也是弗洛姆写《逃避自由》的一个意趣吧。如果承担责任和做出选择都会让人焦虑，那么，人性里也会有一种倾向：逃避自由。

我们不要以为鲁迅讲的铁屋子、罗洛·梅讲的笼子和我前面所说的枷锁就是那些显而易见的东西。其实不是。只有当我们有了觉醒的眼睛，我们才能看到铁屋子、笼子和枷锁。这觉醒的眼睛，也就是我们内在的辨识力。在周星驰拍的《西游·降魔篇》里有一个场景，在猪八戒开的那个饭店里，只有驱魔人才能看见妖魔鬼怪。作为一个心灵的治疗者，我们也是驱魔人，需要有一双火眼金睛，看穿那些装扮成童话世界里白雪公主和小矮人的小屋，原来是一间间铁屋子和一个个笼子，那美丽的雪橇原来是一副副枷锁或镣铐。巫婆可能装成白雪公主的样子，妖魔可能伪装成孙悟空。我们得看出它们的原型，不管它们变成什么样子，有怎样的伪装。用鲁迅的说法来讲，我们要看到麒麟皮下的马脚、羊头里露出的狼眼、真理下面的私欲、仁义道德下掩藏的吃人。这便是直面医者要有的觉察的眼。

这个世界其实一点都不简单，那些真正实质性的东西并不浮于表面，而往往隐于深处。其外在呈现的各种各样的形式，要么显得非常复杂，要么干脆就是装扮。人很容易被复杂所迷惑和扰乱，很容易被假象所迷惑和吸引。许多人生活在各种形式里，活得很累，活得不明白，活得不自由，如同活在枷锁里。要帮助人解开绳索，先得知道什么是绳索。绳索有许多装扮，就让人难以辨识。本来是一根捆绑的绳索，却用真理来装扮，用道德来装扮，用"我这是对你好"来装扮。难怪有人感慨：爱，有多少恶假汝之名以行！

许多人声称自己是真理，声称自己在维护道德，声称自己是为人民谋福利，朝深处去看，那背后却隐藏着不可告人的勾当。我过去写过一篇文章，叫"道理会伤人"，是指一些人把自己的道理当成了真理，以此去强求别人，给别人造成伤害。真理不仅伤人，还会杀人。许多父母不断向孩子灌输道理的时候，他们并不知道这是在伤害孩子。许多人在对孩子进行真理的强制教育的时候，他们实际上是在杀死孩子的心灵。我提出文化觉醒，包括让我们的孩子意识到，父母不是真理，老师不代表真理，所有的人不过是基于个人的经验在做出某些解释。当我们有了这个意识，我们就可以保持一个距离，保留一个空间，让自己不被伤害，更不至于被杀死。值得特别提醒的是，心理咨询师不是用道理治疗，更不是用真理治疗，有时候恰恰相反，心理咨询师是把被道理伤害、被真理追杀的人解救出来，让他们在任何一件事上做出自己的解释，让他们在生活的各个方面追寻自己的自由。

那么，有绝对真理吗？不知道。可能有，但不在人世间，不在人身上。那么，有没有相对的真理呢？有。当一种解释深入到本质，它就跟自由接通了。它便被称为真理，却是相对的真理。那么，我们能够辨识它们吗？难。因为许多东西混杂在一起，难分难解。再说，真理也没有明确的标注，或者即使有标注，却不见得跟内容相符，甚至可能相反。但真理还是有迹可循、有味可嗅的。它不在某个人那里，也不在某种主义那里。通过这样一些特征，你可以认出它来，但你必须一直看，看它是不是一直都有这样一些特征——还是需要先说明一下，如果它只是表面有，那就不是；如果它只是一时有，那也不是；如果它只是在一个境况里有，到了另一个境况里就没有了，那更不是——所以，它的特征是：如果它是反映真理的，它一定是基于人性的；如果它是反映真理的，它一定是通向自由的。违背人性的、手拿镣铐的，就是跟真理相反的，不管它的名字是什么，不管它声称的是什么。到了这个时候，我可以引用一句话：尔识真理，真理释尔。翻译过来就是：如果你认识真理，真理就让你得自由。这里，我想再解释一下：你怎么知道那是真理呢？让你得自由的便是。

在我们生活的世界里，引导我们通向自由的真理是非常少的，附带着枷锁要来套住我们的"真理"却处处都是，我们一不小心就被套住了。一路走过来，路边时而有"真理"跟我们打招呼，要把我们套进它的枷锁，我们要当心，要赶快走开，对它不予理睬。

有一首诗是我年轻时耳熟能详的，年轻的时候不懂得，但后来一直以为很珍贵。过去，它常常被引用来鼓励人们革命，最后几乎变成了一句革命口号。作者是一个匈牙利诗人，名字叫裴多斐，他这样写道："生命诚可贵，爱情价更高。若为自由故，两者皆可抛。"在这首诗里，自由被放在首位。

在存在主义哲学里，自由也是一个核心话题。存在主义心理治疗同样把帮助来访者获得自由当成治疗的本质。那么，我们怎么把自由贯彻到治疗之中呢？亦即，自由如何体现在我们的治疗里呢？如前所述，我们有一个最基本的理解，心理治疗是为来访者修通一条通向自由的路。我曾经说过一句话：人一辈子会反复做一件事——寻找跟自己相同的人。对此，人们习焉不察。举例来说，你们为什么到直面来了，并且在这里待了下来？你们可能会说出一些具体的原因，但还有一个更深的动机，你们在寻找一个你们认同的地方，这里有一群你们认同的人。现在，谈到自由，我想进而做一个阐释：人一辈子都在重复做一件事，从来没有停歇过，那就是追寻自由。罗洛·梅讲过一个主题——人对自我的寻求，也可以说是人对自由的寻求。因为人在自由里成为自己，而人在枷锁里不能成为自己。我们每个人都生活在某个环境里，当这个环境变得非常狭促的时候，我们的反应是什么？我们就想离开这个地方，到一个更加开阔的地方。这个空间，不只是容纳身体的物质空间、生活行止的地理空间，或作为生活条件的居住空间，更是文化滋养的空间、心灵成长的空间。我们把最大的精神空间称为自由王国。

从生理成长的意义上看，我们的出生首先是身体从一个狭小的空间（母腹）来到一个更大的空间（世界）。从物质的、文化的、心灵的意义来看，一个人来到这个世界，他就进入了一个充满各种文化条件的环境。最开始，你接触的文化就像命运一般，是你无法决定的。你无法选择地接受了这样两个人成了你的父母。他们是怎样的人、将来会对你怎样，你对此一无所知，却跟他们组成了一个家庭。这个家庭，就是你最初的文化环境，它包含身体的、物质的、社会的、教育的、关系的、心灵品质的各种条件。从根本处说，不仅是父母的物质条件、社会资源、受教育程度在影响孩子的成长，父母的情感容量、人格成熟度、生命品质和心灵空间更是对孩子有着深远的影响。基于这些既定的条件，你开始了生命成长的最初旅程。你会慢慢在家庭之外的文化环境里吸收各种因素，遭遇重要他人与重要事件。可以期待的是，在文化意识与能力上，你开始一步步突破既定命运并走向自主选择，你将以你的成长来证明，你不是被注定的，而是有选择的。

我最熟悉的，也最想提醒的是，生活环境中有许多因素在束缚或局限一个人的成长，有不少家庭对孩子的成长来说，是一个太狭促的空间，这个空间充满了限制、压抑、剥夺、威胁等因素，却缺少支持性的条件。这是症状发生的最深根源。这种狭促不仅表现在家庭养育里，也可能延伸到学校教育以及社会文化环境中。我接待了许多携带着枷锁的人。一方面，他们的心灵被套上了各种各样的枷锁；另一方面，他们的内心又有对自由的强烈渴望。许多年前，我写过一篇文章，大概就叫《狭促的空间》，是当年观看电影《孔雀》引发的感慨。在一个家庭里有几个孩子，他们的上　辈人因为遭受压抑和迫害，内心有极度的恐惧，导致心灵变得扭曲。孩子们生长在这样扭曲而挤压的家庭和社会环境里，很难健康成长。他们未能长出一个有自主能力的自我，反而给生命套上了一个枷锁，这个枷锁就是症状的象征。心理症状的核心话语就是：我不自由。

我作为心理咨询师，也自有我的悲哀。我看到许多心灵在狭小而封闭的家庭中成长，他们受到家庭文化的压抑，变得稚嫩而弱小。

在面谈室里，我听到这些心灵的叹息，或看到心灵的无声无息——心灵因为长期受压抑，竟致发不出声了。许多人受伤，是因为他们自幼成长的家庭文化太单一、太狭促，不能给孩子的心灵提供充分的空间和资源。这样封闭而充满恐惧的心灵进入社会，会遭受进一步的压抑。就在今天，在面谈室里，我又见到了那个最初跟我一见面就从凳子上弹跳起来喊"叔叔好"的女大学生。在她小时候，因为跟人见面没打招呼而被妈妈用大头针戳嘴。现在，她已经20多岁了，她的妈妈还在那里对她说："对人要礼貌！""要做有礼貌的孩子！"这是她妈妈的"真理"，而这真理把这个女孩害苦了。面谈中，这个代表真理的妈妈听不懂我对她说的话。这样的事常常在父母身上发生。对我说的话，珂的妈妈和爸爸听不懂，菲的妈妈和爸爸听不大懂，楠的爸爸和妈妈半懂不懂，或者许多父母表面客气，看似懂了，但在核心点上还是不懂。怎么办呢？这样的情形，着实让人悲哀！人在枷锁里，却不知道自己在枷锁里。

最后，我讲一讲自由的代价。一个人要追求自由，会遇到许多阻碍。首先，自由难以辨识，因为它上面附加了太多复杂的东西，包括伪装，还有诱惑，让你既不能接近它，也看不明白它。追求自由要付出代价，甚至可能是生命的代价。人类中的那些觉察者，被称为先知，因为追求自由，他们可能被谋杀。直面医者是文化觉醒者，也会为自己的觉醒付出代价。比如，直面医者帮助一个孩子从他那狭小而封闭的家庭文化中走出来，走进更大的文化空间，获得更多的成长资源，从而更加充分地成长和成为自己，获得生命的自由。但是，他的父母没有觉醒，就不会明白直面医者的工作和用心，不会支持，反会阻碍；或者他们表面支持，暗中却在阻碍。当孩子经历了直面心理学的文化分析，开始走上一条成为自己的路，他的父母不会感谢心理咨询师，反而可能怨恨心理咨询师。或者，他们在明处感谢你，在潜意识里怨恨你。当孩子走进更大的文化空间，有的父母会觉得孩子抛弃了他们。虽然他们做了父母，却一直没有成为自己。因为他们自己都不是个体，他们就意识不到要把孩子养成个体，反而习惯于跟孩子结成共生体。他们没有自己的生活，也不知道怎样帮孩子活出自己的生活。

我做心理咨询师，或称直面医者，有时会被父母所恨。珂的父母恨我，成的父母也恨我。还有一些父母恨我。或者，他们对我爱恨交加，但他们自己也不知道为什么。他们指望孩子待在一个狭小的文化空间（家庭）里，以为那里最安全，我却把他们的孩子带到了一条追求自由的路，而这条路上充满了各种不确定性。他们便恨我。他们恨得有理。在人类生活中有各式各样的枷锁，枷锁有一个最大的诱惑力，就是向人承诺安全。这就是为什么许多人愿意伸出手接受枷锁，许多人会逃避自由。安全的诱惑太大了，而自由显得太危险，一点不吸引人，也不值得。但是，如果一个人坚持走这条自由的路，他会走通，最终会实现自己。这时，那些恨我的父母便明白了，回头来对我说许多感谢的话。

我读过一则德国的寓言，关于一只狼和一只狗的故事。狼在森林里生活，每天都得四处寻找食物。有时候它能够饱餐一顿，有时候它就得饿肚子。有一天，狼独自在山林里游荡，已经好几天没有食物进肚了，饥肠辘辘的它，觉得自己活得好惨。这时，它遇到了一只狗。狼看着这只狗，内心好生羡慕。只见那狗身体健硕，满身的毛光亮光亮，神态悠闲自若。狼羡慕极了，就过去跟狗搭话。

狼问：看来你过得不错啊。

狗说：是啊。你看上去过得很糟。

狼叹了口气，不得不承认这一点，神情和语气都显得有些狼狈。

狗问：过得这么惨，也不想想办法？

狼说：有什么办法呢？一直都是这个样子。

狗说：我有一个建议，不知你是否愿意听？

狼说：快说来给我听。

狗说：你看我过得怎样？

狼说：那还用说？我第一眼就看出来了。我真羡慕你。你怎么会过得这么好呢？

狗说：很简单，我的主人对我很好啊！是他让我过上了这样的好日子。

狼跟狗说了一会儿话，越发觉得自己很惨，就对狗说：你能不能帮帮忙，把我介绍给你的主人？

狗说：我愿意帮这个忙，你现在就跟我走吧。

于是，狼跟在狗的后面，前去见狗的主人，它们一边走一边继续聊天。狼想到马上就要过上好日子，虽然现在还饥肠辘辘，也不觉高兴起来。

走着走着，狼突然看到狗的脖子上套了一个闪闪发光的东西，说：这么好看，它是什么？

狗说：我的主人为了我的安全，会用链条把我拴起来，这个项圈就是用来系链条的。这样的话，我就可以在主人家享受食物，又很安全。我真是太感谢主人了。你看，这项圈多漂亮！许多狗看到了，都很羡慕呢！

听到这里，狼停下了脚步。

狗说：我们走啊，你怎么站在那里不动了？

狼说：啊，是这样的啊？那就算了吧，我还是待在山林里好些。

说罢，狼转头就走了。

狗很纳闷地看着狼转头走进了山林。它心想，多可怜，它又要去过那种饱一顿饥一顿的生活了。

　　狗追求安全与稳定，狼选择自由与冒险。在狗看来，脖子上的圆环代表安全；在狼看来，圆环代表失掉自由与独立。人类本也有这两种选择，而症状表明，一个人陷入了无法选择的状态。让他为了安全放弃自由，他心有不甘；让他奋力争取自由，他又害怕失掉安全。他羡慕狗的生活，因为那里有安全保障。他想有狼的自由，又没有狼的坚决，害怕每天都不确定，还要忍受饥饿，并且要去冒险。但人类中自始至终都有这样的人，他们是文化觉醒者、心灵自由者，他们会挑战人类社会中设置的某些安全系统，认为它们是可疑的。或者，有的安全系统为了安全而限制人，宁愿让人牺牲自己的成长。甚至有的安全系统不过是为了诱捕人，会为了自己的利益来控制人、压抑人，甚至残害人。文化觉醒者向人们宣称自由与独立，他们会被各种安全系统的维护者所毁谤、压制和追杀。

　　苏格拉底被有权力者以"毒害青年的思想"为理由判定饮鸩而死。弗洛伊德生活在一个卫道士文化盛行的时代，他却发明了一种方法叫精神分析，用来给那些受到压抑的女性指引一条走向自由的个人之路，但他也因此遭到许多旧式家庭文化系统维护者的反感，被因循守旧的学术界所压制，甚至在那个时代被视为洪水猛兽。鲁迅也被当局，包括被许多庸众所不悦。还有我（以及你们中间选择做心理咨询师的人）也会招致不满乃至怨恨——我们本来是要帮助许多人学会独立，但给他们提供安全保障的系统可能会反感我们。像这样的心理咨询师，我用另外一个名字来表示，那就是：文化觉醒者！

人本主义心理学

——一场博采众议的谈话

在南京直面心理咨询研究所的讲座（南京，2016）

我先讲一个故事，名字叫《石头汤》，这个故事来自法国。

传说，有一位大厨能做世界上最美味的汤。最近有传言，这个大厨要来到小镇。镇上所有的人都在期待他的到来，这样就可以品尝他做的世界上最美味的汤。

这一天终于到来了，大厨来到镇上，大家一看他的样子，就知道他是一位非同一般的大厨。全镇的人都聚集在镇中心的广场上，看他到底如何做出世界上最美味的汤。只见他在广场上架起一口大锅，在锅里放满水，点火开始烧水。接着人们看到，他在水里放了一块石头，人们窃窃私语："太神奇了！奥秘就在这里啊。"不一会儿，水烧滚了，大厨舀了一勺尝了尝，一边咂巴着嘴，一边赞叹不已："真是很好的汤，如果汤里再加点盐和胡椒，那味道一定更好了。"观看的人群里有人说："我家有最好的盐和胡椒。"说完，他立刻跑回家拿来了盐和胡椒。大厨把盐和胡椒加到汤里，尝了尝，又咂巴着嘴说："果然，味道更好了。如果再加上一些胡萝卜和橄榄菜，那味道就不知会好到哪里去了。"人群里又有人争着跑回家取来胡萝卜和橄榄菜。接下来，大厨一边品尝，一边咂嘴，人们也跟着咂嘴，口水都馋得流出来了。人们也纷纷从家里取来最好的原料和食材：马铃薯、牛肉、大麦、牛奶……最后，汤终于做好了。

镇上的人在广场上搭起桌子，拿出美酒和面包，大厨从大锅里给每个人舀了一碗汤，每个人一边品尝，一边感叹，这真是我一辈子都没有喝过的最好的汤。这也是这个镇子有史以来从未有过的一场盛宴！后来，大厨离开了，镇上所有的人都去送他，并且期待他下一次再来，给他们做世界上最好的石头汤。

好，《石头汤》的故事讲完了，我讲这个故事的目的，大家一定知道。因为我马上就要在直面给大家做一大锅石头汤了。这锅石头汤是怎么做出来的？是大厨做了一切吗？不是。他只是摆放了一口大锅，用一块石头做了引子，引发了每个人的参与与贡献。现在，我们坐在一起，要做一个人本主义的大锅汤，加上一块直面的石头做底料，大家就可以来谈一谈人本主义心理学了。

听众加料：人本主义心理学有两个基本关注，即潜能和关系。人是有潜能的，每一个人都能够最大化地实现他的潜能。

讲员熬汤：人本主义心理学的治疗被称为关系的治疗。通过关系，人了解自己，首先了解自己的潜能，进而实现自己的潜能。

听众加料：在人本主义心理学里，关系是最重要的，比方法更重要。

讲员熬汤：因此，人本主义心理学认为，有了关系，才有疗愈。

听众加料：人本主义让我想到自由意志、人的价值、温暖的关系、对人的尊重，以及内心深处的相遇。

讲员熬汤：说到自由意志，就会涉及选择，人生是选择，人的自主性有一个标志，就是选择的自主性。可惜的是，并不是所有心理学都注重选择，甚至有的心理学理论讲人被注定的性质。如早期精神分析讲人受制于潜意识，这等于是说，人无法选择，或者人的自主空间很小。虽然理论这么说，弗洛伊德在具体问题上还是讲自主与选择的。比如，当赖克（Thecdor Reik）面对职业选择来向他请教时，他说：去倾听你内在天性的声音！这跟人本主义心理学又是相通的。因此，有句话说，理论是灰色的，而生命之树长青。再如在行为主义理论里，人是环境条件的被动接受者，甚至通过设置条件来做治疗，便是以操作性来忽略人自身的主动性。但在人本主义心理学看来，人在本质上是一个主动创造者，包括对环境条件具有创造的主动性。当今世界通行的诊断—药物治疗的模式，其中有一种生物遗传注定的倾向，至少过度强调了生物根源，而在治疗上主张依靠药物，这也是被动和保守的治疗，忽略了人的自由意志，会压抑生命内部自我疗愈的本能。人本主义讲自由意志，包括对人性的信赖，相信人会选择价值、关系，这构成了人的自我实现趋向。

听众加料：我是学中医的，从医学角度来看，人本身是健康的，"种子"没有问题。在人身上，有天然的自我觉察的能力，会自然发展出一种健康的觉察。这应该也是人本主义的看法。

讲员熬汤：人本主义心理学强调人内在有"机体智慧"，应该跟你所说的"种子"是相通的。

听众加料：人本主义心理学是基于深度的理解和正面的关注。

讲员熬汤：很确切的表达。

听众加料：在我看来，人本主义是正确面对生活的痛苦和快乐，活出意义和价值。

讲员熬汤：你这里说的"正确面对"，就是"直面"的意思。走直面的路，人会活出意义和价值。如果走一条回避的路，人就无法活出生命的意义和价值。

听众加料：弗洛伊德的精神分析学把前来寻求帮助的人称为病人，但人本主义心理学却称之为来访者，并这样看待来访者：他是一个人，虽然他在生活中遇到阻碍，但他还保留了成长的能力。西方神学和哲学大多谈人性本恶，弗洛伊德谈性本能、生本能、死本能，而罗杰斯更多提到人的善、人的自我实现趋向。人生难免受到阻碍，人本主义咨询师协助来访者把障碍搬走，让他充分去成长和实现自己。

讲员熬汤：直面也是在这里跟人本主义相遇和相通：通过成长，走向成熟，便是人的自我实现。

听众加料：人本主义看重心理咨询师的个人魅力，通过无条件积极关注，帮助来访者找到自我实现的自信与力量。

讲员熬汤：虽然人本主义咨询师不必刻意表现自己的个人魅力，但他这个"人"在无形中会起到一种榜样的作用。虽然人本主义咨询师不刻意使用方法，却把自己变成罗杰斯所说的阳光、土壤、水分，即在咨访关系中充分体现出对来访者的共情、尊重、接纳、支持，促成来访者的自我觉察与成长。人本主义咨询师悄悄预备和实施这些活动，从不声张。这让我想起中国古诗《春夜喜雨》，其中说道："好雨知时节，当春乃发生，随风潜入夜，润物细无声。"

听众加料：我觉得人本就是人的本来样子，人本的治疗，就是帮助一个人找到他本来的样子，活出他本来的样子。归纳起来是两点：活出人的真实与活成真实的人。

讲员熬汤：总结得好！活出人的真实，活成真实的人，这正是马斯洛、罗杰斯的人本主义治疗的目标。在人本主义心理学看来，人本来可以自然成长，但社会把一套条件化的价值强加给人，对人说"只有……才……""如果不……就会……"之类的话，这些话是非此即彼、充满威胁性的，让人害怕，受压抑，只得采取防御，渐渐给自我戴上一个面具，把真实的自己隐藏在面具后面。人本治疗的目的，就是让人做真实的自己。罗杰斯赞扬来访者的一句话是："你越来越趋近于你自己了。"

听众加料：我觉得心理咨询师要让来访者感受到他不只是一个

心理咨询师，更是一个人，透过这个"心理咨询师"看到一个"人"。

讲员熬汤：对。一个心理咨询师不是用他的角色在做心理咨询，而是用他的生命在做心理咨询，在咨询过程中，他这个"人"呈现出来了。"心理咨询师"淡化下去，"人"凸显出来，关系就建立起来了，来访者就能够走出来了。

听众加料：人本主义可能来源于16世纪的文艺复兴，是相对于之前的神本主义而言的。在文艺复兴后，人本主义这个词已经涉及社会文化的方方面面，就其字面意思来讲，人本主义就是以人为本。我接受过教牧辅导的训练，在我的理解里，人本治疗就是以同理心去理解和促进人的成长和文化的发展。

讲员熬汤：人本主义的兴起，就其历史根源来讲，有反对西方中世纪僵化的"神本主义"的意图，开启古希腊文化中以人为本的思想资源，意在提醒和纠正旧神学体系中忽略人、压抑人的倾向。

听众加料：我觉得人本主义要体现一个真实，有了真实，我们就不会去责怪别人。因此，人本主义是基于真实对他人做出同理心的回应。

讲员熬汤：如果用真实和同理心这两个词来形容人本主义心理学，应该是一个很精辟的概括。

听众加料：前段时间，我在报纸上看到一篇报道，谈到人和人的相处，提到三条：不抱怨、不埋怨、不责怪，这也让我想到人本主义。

讲员熬汤：一味抱怨是不成熟的，但人受到压抑，憋住不抱怨，也会憋出问题来。如果一个人从不抱怨，这也是不真实的。如果不真实，就会造成压抑。鲁迅从社会发展角度看到抱怨的正面意义，说人类其实是在抱怨中进步的。当然，这说的是积极的抱怨，或者抱怨的积极面。在古代，统治者对百姓压制太甚，老百姓在路上相遇，就会说抱怨的话，这就是成语怨声载道的来源，这种抱怨叫不平之鸣，有其正面意义。总结起来，小而言之，抱怨是个人情绪释放的出口；大而言之，抱怨也成了推动社会改良的动力。但抱怨也有负面性质，如一个人只是抱怨、埋怨、责怪，把所有责任都推给他人与环境，没有反思和反省的能力，就会失掉许多自我成长的机会，变得幼稚，甚至发展出人格障碍来。因此，我们对人、对事，如果能看到其中的阴阳祸福，那就是真正成熟了。

听众加料：面对复杂的生活，我们有喜怒哀乐，自然的方式是，该哭就哭，该笑就笑。但就我个人经历而言，我有追求完美的倾向，也会压抑自己的情绪。很多年来，我一滴眼泪都没流过，终于有一天，最后一根稻草压死了一只骆驼，我哭得稀里哗啦，仿佛到了世界末日。因此，我也有了一个发现：在眼泪中有一种生命力，可以让我们活过来。那次哭了之后，我觉得轻松，终于释放了。从此，我不像以前那样压抑自己，强求自己了，反而做到了该哭就哭，该笑就笑。

讲员熬汤：那一次哭，让你有了一个重要的发现："原来我可以哭。"人本主义心理学很看重个人的发现。例如，当人遭遇某种创伤，这创伤经验可能局限他。而人本主义治疗，就是帮助一个人向新的经验敞开，在新的经验里有新的发现："并非一切树木都是绿的，并非每一个男子都像一个刻板无情的神父，并非所有女性都拒人于千里之外，并非一切失败都证明自己毫无是处……"（罗杰斯）。这也正如直面心理学强调一种"通达"，接近了一般人所说的"通情达理"——人在受伤的经验里，情不通，理不达。当人获得了新的经验，有了新的发现，情通了，理达了，便会恢复健康状态。

听众加料：生命本身就有很大的能量，虽然这能量一时受到阻碍，但一个人有能力去解决自己的问题，而人本主义心理学就是要协助他消除阻碍，把他的能量发挥出来。罗杰斯的意思是说，通过尊重与接纳，跟来访者建立一种支持性的关系，创造一个安全的氛围，让他找到发挥能量的通道，获得成长的机会。

讲员熬汤：在这段话里，我听到几个词——很能代表人本主义心理学，即能量、成长、尊重、支持。我专门谈一下尊重。尊重的基础是平等。没有平等，尊重只是表面的。在现代社会里，有一个普遍的看法，一个人只有做出了贡献，他才是有价值的、值得尊重的。但这不是人本主义心理学的观念。人本主义心理学强调尊重，人本身就是有价值的；对人的尊重，不是看人的外在条件，而是看人的内在本质，即他是一个人，这本身就值得尊重，无论他创造了多少社会价值，无论他来自什么社会阶层，无论他是道德高尚的还是道德低下的。这样说来，真正的尊重只有一个条件——他是一个人。这个人，我并不同意他，并不喜欢他，但我尊重他。这个人，我并不完全了解他，但我倾向于相信他——他不只是一个生物性的存在或形体的存在，也不只是由他发展出来的条件组成的存在，他还是一个情感的存在、一个心灵的存在、一个有各种发展潜能的存在。甚至，他的生命背后有更深的、神秘的根源，我永远无法完全了解，因此不能任意判断和操纵。马斯洛曾经接受精神分析的训练，后来又成了一个行为主义者，再后来，当他的孩子出生的时候，他一下子变成了一个人本主义者。因为他感受到了生命的神秘乃至神圣。他质问精神分析者：在你们眼中，每一个人都是病人吗？他质问行为主义者：在你们眼里，人只是大一点的白鼠吗？马斯洛进而朝超个人心理学领域拓展，探索人背后的奥秘。他把生命看作一个奇迹，这是对生命尊重的基础。

听众加料：谈到价值，我想说，其实每一棵树的健康成长对这个森林来说就是最大的价值。如果我们看到一片茂密的森林，一定是那里的每一棵树做出的贡献。

讲员熬汤：这是一个很好的比喻。

听众加料：我是这样看的，人本主义就是谦卑地迎接造物主的最美的受造物。这个受造物就是人，人有自我，有关系，有成长，还有命运的造化，而这个迎接包括尊重人，帮助他经历觉察、直面和改变，充分活出自己。

讲员熬汤：很好，这里你用了一个崭新的词语，叫迎接。我觉得，对于人本主义心理学来说，一个人出生了，我们就要去欢庆。当他朝我们走来，我们就前去迎接。过去，人们喜欢用"相遇"来形容关系，现在，我们要用"迎接"——因为迎接比相遇更为主动。我们称自己为人本主义者，就是用这样的心态去对待他人。

直面心理学

在南京直面心理咨询研究所的讲座（南京，2016）

我不可能用这么短的时间来全面介绍直面心理学，但可以谈一谈直面心理学看重的一些方面，也可算作它的特点。

流动的治疗

在心理咨询领域，许多人接受结构化、策略化的训练，目的是掌握一套具体的、可以操作的方法，这样就可以在面谈中依据一套既成的概念和方法去工作，包括用设置好的提问进行探索，用程序化的方法按部就班地处理问题。这种方法会有效果，但也有局限。直面取向的心理咨询，采用的是流动性的治疗方式，心理咨询师不遵循一套具有保障性质的安全框架，而在工作中直接面对来访者随时呈现的内容或话题，随机应变地做出回应。这种治疗取向将把心理咨询师置于一个充满不确定因素的过程，却会产生意想不到的好处。它更贴近来访者的需求，也更真实，更具自发性和创造性。

流动的治疗，是心理咨询师向来访者真实呈现自己，在关系里尽量敞开，把面谈过程变成一场相邀的旅行，路途中遇到什么，就回应什么。许多人会问，怎么回应呢？我的回答是，基于对人的了解，基于对人性的洞察，基于事情本身是什么，基于关系与处境，基于真情实感，基于自发性，基于让当事人得益的善意。流动的治疗，不是按心理咨询师的设计进行，而是让一切自然呈现。而自然呈现出来的，往往是根本的，是重要的。

直面的治疗讲方法的使用，但相对而言，直面更强调关系、情感、态度。它不仅关注情绪、思想、行为，更关注它们背后的根源与动机。在直面心理学看来，任何一种症状都有原因和目的，原因是"因为什么"，目的是"为了什么"。直面的治疗有一个最根本的原则：基于人性。直面咨询师对人性有洞察，知道人性的局限，也了解人性的力量，并且尊重人性那些最根本的方面——良善、良知、良能，包括本能、直觉、潜意识里的内容。直面不仅看重生存，更看重存在的品质、价值和意义。直面的治疗讲立身于世，并且与来访者一起探索立身于世的几个根本点：面对人生的有限性、世界的不确定性和时间的不可逆转性。这一切都在流动中呈现出来，并且得到回应。

最近我到成都，给一批来自北美的大学教师讲中国文化，我讲到鲁迅的思想，讲到直面的方法，讲到中国的家庭养育与学校教育等。我坐在那里整整讲两天，而且是用英文讲。这本身就很要命了，我竟然决定挑战一下自己，用流动的方式来讲——没有PPT，没有讲稿，没有任何可以依仗的东西，只是让一切按它们自己的方式呈现出来，呈现什么，我们就谈论什么，有互动，有讲员与听众之间的互相激发，许多预想不到的东西就在这个过程中出现了，也因而被更深地理解了。结果发现，这效果很好。我总结说，这来自我从事流动治疗的经验，它原来可以这样延展。

直面取向的面谈，就是这样敞开的、自由的、流动的。直面咨询师有勇气去面对面谈过程中呈现的不确定因素，因为这种呈现其实是我们生活的本来状态。生活本是流动的、不确定的，人需要预备的不是设计一套自以为可以精确针对的应对策略，而是一种直面的态度，这态度的根本是真实与勇气。当然，直面咨询师可以使用策略，但不必依赖一套安全程序。真正重要的是，直面咨询师用真实与勇气去面对任何一种可能出现的情况，尽量把面谈变成一场尽可能拓展开来的创造性活动。我想起荣格的话："尽你所能去学习各种理论，但当你接触到人活的灵魂的奇迹时，就要把所有的理论方法放下。这时，除了你的具有创造性的个人经验，没有任何理论可以决定一切。"

流动的治疗，是治疗师预备好了自己，敢于去跟另一个灵魂相遇，让奇迹发生。作为直面咨询师，我们永远都要记住：心理咨询是生命与生命的相遇，我们不仅需要理论和方法，我们也需要真实、勇气、创造性、变通、高度、深度，以及生命多样化的经验，更同时能够接受我们自身的局限，而不用成套的策略回避之。

我们也许可以这样形容几大心理治疗学派：精神分析是深度，因为它要走到潜意识里去寻找根源；存在治疗是广度，因为它要探索人生的边界，并在边界处把握人生；人本主义心理学是温度，因为它最关注情感与关系；而直面心理学是力度，因为它要求直面自我与生活的勇气与力量。

文 化 敏 感

心理咨询扎根在文化里，这要求我们对自己的文化有好的觉察，知道我们的文化里有哪些因素在怎样造就人。我很喜欢一个词，叫文化敏感。最初听到这个词，是从杜艾文教授那里。他认为，对一个心理咨询师来说，最重要的是他具备一种文化敏感的品质。

直面心理学就是一种文化敏感的心理学，它植根于中国文化，又接通并借鉴西方文化中的存在、人本思想，并且向其他任何文化敞开自己。直面的基本方法，就是文化分析，即陪伴和协助来访者对自身的文化进行分析，其中包括文化探索、文化发现、文化反思、文化觉察、文化更新，并成为文化更新的推动者与带领者。

我这里所说的这个"文化"，可以是一个很大的概念，如中国文化、西方文化、传统文化、现代文化；也可以是一个很小的概念，如社区或村落文化、家庭文化，甚至是一种经验性的文化，包括一个人在其成长过程中所有那些对他产生直接和间接影响的因素，都可以称之为文化。因此，当我说一个人有文化，并不是指这个人接受过好的教育，有丰富的知识、学术研究的能力或其他专业技能，我的意思其实是，文化是任何人都有的。当一个人生到这个世界上来，他就进入了文化。甚至在他出生之前，已经有既定的文化在等待他的到来，并将在他出生之后对他施加影响，那是他的背景、他的根源，只是他最初并不知道。在探讨人性根源时，有一种观点说，人生来是一张白纸，后来他的全部都是由文化塑造的；另一种说法是，人出生的时候，并非一张白纸，而是一个具有各种需求和潜能的存在，等待着跟生活环境中的各种因素互动，从而被塑造成不同的样子。在我的理解里，人出生之前，文化已经以一种潜在的方式存在，等待着被激活、唤醒、开发、实现。在他出生之后，文化在那里等待他、迎接他、接待他，虽然他在意识上几乎一无所知。

当我接待一个人进入咨询室，我同时接待了他的文化。这个人带着他的文化向我走来，我也带着我的文化向他迎去。因此我说，咨询室其实是一个文化场域，在这里发生的两个人的相遇，实际上也是两种文化的相遇。文化的相遇与互动，就是心理咨询的全部。心理咨询产生怎样的后果，与来访者和心理咨询师的文化相关，与心理咨询师以怎样的文化和怎样的态度和方式回应来访者的文化相关。我们是按照一种结构化的模式去回应来访者的文化呈现；还是让这两种文化自然地流露、交流、碰撞、互动，从而按它们自己选取的方式发生交互影响呢？在直面心理学看来，心理咨询师不一定是一个有更多知识和受更高教育的人，但他必须是一个对文化（自身的和对方的）有更多觉察和更多敏感的人。

说到这里，我想到一件小事。我曾经在某市做培训，其中一位心理咨询师和他的妻子请我去饭店吃饭。吃完饭出来，有几个人站在饭店门口大声说话，完全没有意识到他们挡住了别人进出的通道。我们几个人只好从他们中间找空隙钻了出来。事后，那位心理咨询师的妻子感慨道：如果是一群心理咨询师，情况就不会是这样的。她为什么会这样说？她的意思是，心理咨询师是具有文化敏感的人。这种文化敏感不仅发生在咨询室里，在生活场中也是如此，心理咨询师会更加敏感地觉察到自己是否妨碍了别人，并且会做出迅速、得体的反应。

我们每次提到罗杰斯，总会想起"同理心"这个词。同理心也可以说是一种文化敏感，它不只是说心理咨询师对来访者保持同理心。当心理咨询师走出咨询室，走进生活中，走进关系里，他同样是一个具有同理心的人。在生活中，我们随处也会遇到有同理心的人，他们也是具有文化敏感的人。从2002年起，有许多人来直面接受训练，他们不只是来跟我们学习技术，也是跟我们一起学习做人。做人不得体，技术难到位。当一个人的咨询能力有了进步，他为人和处事的本领也在长进，他的生活也同时悄然发生变化。为此我说，他不只是在成为一位心理咨询师，更在成为一个人。我常提到罗杰斯写的一本书，名字就叫《个人形成论》（*On Becoming a Person*），便是这个意思。

当一个人有了文化敏感，他就会在文化上有所觉察，他就能够确认自己，并且敢于宣称。罗杰斯在这本书的第一章就有所确认并做了宣称：这就是我（This Is Me）！当他成了一个"人"，即一个独立的个体，他既能够跟人联结，也能够跟人分开；他能够相处，也能够独处；他知道他跟别人是一样的，他也知道他跟别人不一样；

他愿意过普通人的生活，像纪伯伦那样确认：创造众人的泥土，也是创造我的泥土；他也敢于活出自己，像皮尔斯那样宣称：别人是别人，我是我。当罗杰斯年轻的时候，他想成为一个心理咨询师，他向这个领域的一位前辈请教，那位前辈对他说："做这个没有意思……"罗杰斯听了，心里知道，那位心理咨询师是在说他自己。因此，罗杰斯确认：那是他，不是我。对那位前辈来说，心理咨询没有意思，对我来说，这个会很有意思。于是，他还是决定做一个心理咨询师，并且宣称：这就是我。

一个具有文化敏感和共情能力的心理咨询师，他在咨询室能够共情他的来访者；当他走出咨询室，进入普通人群，他依然具备一颗体谅的心，能够共情别人的感受、需要和处境，并且及时做出回应。当文化敏感在一个人内心慢慢扎根了，同理心就会自然而然呈现出来。

回归本能与直觉

我还想谈一谈本能与直觉。我所相信的是，本能与直觉是我们潜在的保护者，而我们对它们却知之甚浅。人生的资源多来自本能与直觉，我们却忽略它们的存在。本能与直觉让我们收获最大的利益，我们最亏负的却是它们。本能与直觉是我们暗中的帮手，它们随时都会出现，帮助我们做出最好的选择，在我们陷入危难之时，无数次出来相救。但前来领受我们感谢与奖赏的，总是头脑和理性，而不是本能与直觉。我们习惯于把一切归功于头脑，却一直看不到本能的作为。

头脑可以帮助我在生活中做出选择，但如果我们太依靠头脑，与本能和直觉脱离乃至隔绝，我们在生活中就不知已经死过多少次了。比如开车，这是完全由头脑决定的事情吗？不，在紧急关头，总是本能与直觉出手相救。本能与直觉帮助我们做出的选择，往往是创造性的、根本的，甚至是性命攸关的，而且它们的救助行为既迅速又利好。在我的人生中，本能与直觉在无数境况中救了我的命，还给我的生活带来意想不到的转机。包括从事心理咨询，我也充分接受我的本能与直觉前来帮忙，同时还帮助来访者了解他们的本能与直觉，帮助来访者从内部唤醒它们，而不过分倚重头脑。

症状是人类为忽略本能与直觉而付出的代价。在症状里，我们看到的一个最显著的特点就是，人太倚重头脑，以致陷入理性的挣扎。理性里积累的许多东西来自我们从小到大接触的文化，其中充满了各种知识与经验的碎片——别人的看法与自己的顾虑、感觉与猜疑、自己的想法与他人的判断……在人生需要做重要选择的时候，它们就在那里争吵不休。神经症就是这样一场不休的争吵，格式塔疗法创立者皮尔斯称之为"头脑游戏"（mind game）。也因此，格式塔疗法里有一种真切的呼声：回归本能。

症状是对本能的过度限制，也是对直觉的怀疑与屏蔽。症状常常显示这样一个特征：局限于头脑，失掉了与本能的联系，也失掉了本能的资源。人类像动物一样，其生存与发展的基础是本能。动物有求生存的恐惧，但没多少焦虑。焦虑大多是文化性的，在头脑里大量蔓延。因此，动物比人类快乐，因为动物更自然，而这自然里包括接纳本能与直觉。人类与本能脱离，会以道德与理性压人，也同时压住了自己，甚至压住了本能。我接待过一个来访者，她对自己本能的限制达到了极限，以致不能顺利小便了。当我在谈话中帮她连接了头脑、心灵与本能，她终于摆脱了长期的犹豫不决，做出了人生中一个重要的选择。面谈结束，她出去上厕所，小便哗啦啦地出来了。对她来说，这是人生的一次解放。她觉得太神奇了，激动地向我报告消息，还问我：这是怎么回事呢？

头脑有时不能帮助我们做出重要决定，反而使我们更加混乱。我读到一个关于赖克与弗洛伊德的故事：赖克修读心理学，完成了他的博士学习。毕业之后，他在职业选择上出现困惑，一直犹豫不决，不能确定是否要把心理治疗作为终身职业。这天，惶惑不已的赖克在维也纳街上走来走去，遇到正在散步的弗洛伊德。赖克鼓足勇气上前向弗洛伊德请教。弗洛伊德说："我不能给你一个答案，但根据我个人的经验，在生活中遇到一般性的问题，多听听别人的看法总会有所帮助。但涉及人生重大抉择，如职业与婚姻，思前想后和到处问别人的看法，并不会有多大作用。这时，你就要去听一听自己内在天性的声音。"

弗洛伊德所说的，跟普通人的做法和想法正好相反。人们在遇到人生重大选择时，总会左思右想、东问西问，试图把一切想明白、问明白，确保万无一失。结果是，因为想太多，问太多，听来的意见太多，反而变得更加混乱了，长久无法做出决定，结果误了大事。而在遇到人生一般事情时，人们以为反正是些小事，不需多想，不必问人，便贸然去做了，结果不断造成失误。一个人在许多小事上处理不当，会慢慢消解他的信心与勇气，那些不断累积的失误渐渐把整个生活变得混乱无章，人也陷入了失序的状态，头脑也会一片混乱。弗洛伊德用了一个词，叫"内在天性的声音"，跟我们所说的本能与直觉是相通的。弗洛伊德让赖克去倾听内在天性的声音，一下子照亮了赖克那惶惑不安的内心，给他勇气去做出确认和选择。后来，赖克选择了心理治疗作为其职业，成为精神分析领域的一位大师。

弗洛伊德的原创性贡献之一，就是发现文化压抑了潜意识，症状是文化压抑的象征，而他的精神分析，在本质上就是为本能开辟一个通道。

就在今天，与一位来访者面谈结束时，我对她说了这样一段话：

相信本能与直觉会在暗中保护你，你不必过度焦虑与防御。你的智慧蕴藏在你的本能里，让本能成为你一生受用的宝贝吧！

智谋与语言的疗愈

直面心理学的另一个特性，可以称之为智谋的疗愈。在这一点上，我们区别于科学取向的心理学，我们称直面心理学是文化取向的。智谋是每个文化都蕴含的资源，中国文化博大精深，不缺智慧与谋略。这也是直面心理学背后的取法之源。

我倡导养育的智谋，就是说，中国的父母在养育上要有智谋。如果有爱，却没有智谋，那可能是糊涂的爱，糊涂的爱会产生伤害。同样，直面心理学强调对文化的觉察，既能辨识文化的伤害，也能发掘文化的资源，特别是其中的智谋，把它们用于治疗。这便是我说的智谋的疗愈，或者疗愈的智谋。没有智谋的心理咨询师，不管他多么有爱心，多么想助人，在治疗效果上都是力不从心的。西方发展出来的策略疗法，与我所说的智谋的疗愈是相通的。但我们不只要有策略，还要有智慧。因为策略听起来像是一套方法或技术，而智慧包含善的意愿。如果没有善，谋略也可能用于损害或导致损害。因此，智慧对人性有洞察，也对人性有体谅，知人性之有限，接纳人性的合理阴影，又用心培育人性，引导人性向善，维护人性的尊严与权利，不让人性被任意践踏。

当我们有洞见，有智谋，我们就可以用最好的语言来实现疗愈。心理咨询的主要工具是语言。心理咨询师需要对语言拿捏得当、表达精练，既有情感的内涵，又有关系的边界，从而让疗愈通过语言得到最好的贯彻。当一个人把心理咨询做好了，他的生活也相应发生变化了，其中有一个原因是，他能用最恰当的语言述情表意。常言道，一句话让人笑，一句话让人跳，看你说话恰当不恰当，能把人引导到何处。在我老家，有一句俗话叫话匙开心锁，很像精神分析开创期的话语：谈话治疗（talking cure），也像罗杰斯的人本主义心理学所说的同理心。同理心的操作性定义是，你作为咨询师，不仅能体谅来访者的感受和处境，还能用最恰当的语言表达出来，让对方从你的表达里感受到你体谅他的感受和处境。心理咨询是语言的艺术，咨询的效果在于心理咨询师能够在怎样的程度上使用这种语言艺术。一个伟大的心理咨询师，一定是一个伟大的语言艺术家。

最后，我用一个例子来说明智谋与语言之重要性。在中国，有一位教育家叫陶行知，他的一个故事反应了他对人性的洞察之深刻、智谋之丰盈、语言表达之简洁。

故事是这样的：

陶行知先生在做校长时，一天，在校园里看到一名男生正想用砖头砸另一个同学。陶行知及时制止并要求这个学生去自己的办公室。

陶行知了解情况后回到办公室，发现那名男生正在等他，便掏出一颗糖递给他："这是奖励你的，因为你很准时，比我先到了。"

接着，他又掏出第二颗糖："这也是奖励你的，我不让你打人，你立刻就住手，说明你很尊重我。"

陶行知又掏出第三颗糖："据了解，你打同学是因为他欺负女生，说明你有正义感。"这时，那名男生已经泣不成声了："校长，我错了。不管怎么说，我用砖头打人是不对的。"

陶行知这时掏出第四颗糖："你已经认错，我们的谈话也结束了。"

陶行知用四颗糖果和四句话，让一个犯了错误的学生感到被理解、被尊重，开始反省自己，并且决定改变。

直面：面对现实的疗愈之道

——一种中国模式的存在主义思考与实践

在世界存在治疗大会上的演讲（伦敦，2015）

我来自中国。我之所来，有一个目的：向各位介绍一个来自中国的词汇，叫直面（Zhi Mian）。它代表着一种中国模式的存在主义思考与实践方法。这个词汇的首创者是鲁迅。

我猜测，涉及中国的思想文化传统，你们大多会想到"道"，想到《道德经》，想到《易经》，想到阴阳，恐怕很少有人会想到"直面"。同样，谈到中国的思想家，你们会想到老子、庄子、孔子，可能不太会想到鲁迅。

鲁迅是谁？

我这里有一份材料，是吕坤维（Louise Sundararajan）写的一个简要的介绍性文字，得到她的同意，我在这里引用一下：

> 我打算介绍一个正在实践中的本土心理学例子———一种受鲁迅思想启发的中国本土心理学。我的描述来自王学富的文章，其中一部分文章可以在我们的本土心理学网站上找到。
>
> 鲁迅是中国现代文学史上最具影响力的作家之一。在年轻时，鲁迅想通过学习西方医学以济世救人，然而之后他弃医从文。鲁迅相信文学所具有的改变心灵的力量，他使用小说进行文化批判。鲁迅的文学作品浸透了他对国人的深厚情感："哀其不幸，怒其不争。"有人称他为中国的尼采，他的作品整合了西方思潮的影响和中国古

代的文学遗产。他的文学风格被称为"托尼学说，魏晋文章"（注：托尼即托尔斯泰和尼采）。

作为中国本土心理学的一个思想根源，鲁迅表现出几个独有的特征：第一，他认为"本土的"并不一定是完全排外的，也可以接受西方文化的影响。鲁迅的文学风格虽是中西杂糅的，却在每一个字中都体现出独一无二的中国特性。第二，其思想不是对西方文化的反应。鲁迅积极地将西方思想运用于他的社会改革方案。第三，鲁迅的核心特征是自我反思（self-reflexivity），其中包含对中国人灵魂的急切寻找。因此，他成为中国历史上最尖锐的文化批判者之一。最后，鲁迅现象本质上是一场思想运动，采取了文艺创作来扩大对社会的影响。

正是在这一背景下，我们能够将王学富的"直面心理学"看作一种羽翼丰满的中国本土心理学。"直面"意味直接面对现实。这是鲁迅所用的一个词，它来自"真的猛士，敢于直面惨淡的人生，敢于正视淋漓的鲜血"。

如果我们对王学富采用如此鲜血淋漓的描述抱有疑问，我们应该记住，对严酷现实的描述正是直面方法的长处。直面心理学的特点在于，它运用自我反思，透彻观察自身文化的不足并整合文化中的资源。正如鲁迅一样，一个理想的治疗师应当是杂糅的，具有"中魂西才"的品质。西方心理治疗技术，尤其是存在主义疗法，对于探讨一些问题是十分适用的。

一个例子就是王学富写的文章"回归敬畏"。"敬畏"是王学富对存在主义心理学家施奈德使用的"awe"一词的翻译。施奈德在第一届存在主义心理学国际会议（2010，南京）上做了一场主题报告——"基于敬畏的心理学"，他的演讲激发了许多听众继续探索的兴致。王学富说，很多人已经失去了对自然和生命的基本敬畏。回顾古代人对天的敬畏，王学富反思了近代人对自然的肆意破坏，这反映的是人们精神的苍白与匮乏。解决之道在哪里？王学富倡导直面，希望它能够帮助人们重新获得对自然与生命的基本敬畏。

我的讲述的寓意在于，世界上有如此之多的本土心理学，我们需要记录、推广、培育那些目前被忽视的本土心理学，并从中学习。

读了这篇介绍文字，大家对鲁迅和直面的意思应该有了一个大概的了解。我们也许可以这样说：老子、庄子、孔子等影响了传统中国，而鲁迅影响了现代中国。有鲁迅研究学者甚至说：要了解现代中国，不可不了解鲁迅。在英国文学研究里，有一个说法叫"说不尽的莎士比亚"。在中国现代文学里，我们也有一个"说不尽的鲁迅"。

存 在 视 角

存在是一个视角，可以用来考察中国文化思想。我们会发现，儒家（孔子、孟子）、道家（老子、庄子）和佛家思想里都有很丰富的存在思考，可与西方存在主义彼此映照，发生共鸣。直面是一个中国式的存在视角，它的基本意思是"直接面对现实"。鲁迅倡导"真的猛士"，就是一种新的直面人格，他说："真的猛士，敢于直面惨淡的人生，敢于正视淋漓的鲜血。"真的猛士，也如同尼采呼唤的英雄。像尼采所说的一样，这样的英雄是"知道为什么而活的人，能够承受人生的任何境遇"。尼采宣称一种英雄般的生活，他说的英雄不是悲惨的，而是悲壮的，带有悲剧的神圣性质，如《论语·宪问》中云："知其不可而为之。"

许多人都知道，鲁迅曾经受到尼采的影响，甚至在他年轻的时候，一度被人称为"中国的尼采"。但他并不是尼采的复制品，他代表着一种中国境遇下的存在思考，这种思考可以归结为"直面"。

时光转到 2010 年，霍夫曼，杨吉膺和我共同合作，我们联络了一批中美存在心理学领域的专家学者在南京举办第一届存在主义心理学国际会议，意在激发东方与西方在存在心理学领域的对话。在这次会议上，我向来自美国的存在主义心理学家——施奈德、克雷格、孟德洛维兹、巴格迪尔、塞琳等介绍了鲁迅与直面思想，以及我们正在探索和发展的直面疗法。这是基于鲁迅的文化心理学思想和我在中国文化背景里从事专业心理学实践而发展出来的本土方法，它也受到了来自西方心理学思想的启发，特别与西方存在主义心理学发生了感通与共鸣。

在 2010 年的存在主义心理学国际会议期间，一位中国教授对我说了这样一句话：西方人懂"存在"，中国人懂"直面"。中国人需要通过"直面"来了解"存在"，西方人需要通过"存在"来了解"直面"。这是精辟之语。此后一些年，美国存在主义心理学领域的同行们开始向西方社会乃至世界介绍"直面"，这个词及其所代表的文化思想和中国治疗取向开始进入英语学术世界，其中包括：美国心理学刊物开始发表我介绍直面心理学方法的论文，西方心理学界开始有人读到这个从"直面"直译过来的词汇——Zhi Mian，并有专家学者以"直面"为视角从事心理学研究。

在中国，鲁迅是一个备受争议的人物，这"备受争议"本身也说明了鲁迅的深邃、丰富和广大。许多年来，我所思所讲的人物就是鲁迅，我所理解所承传的思想就是直面。我接触了越来越多其他国家的心理学家，我跟他们讲鲁迅、直面，以及我在实践中探索总结出来的直面心理学经验与方法。让我惊讶的是，我从世界同行那里得到了热忱的共鸣，相对而言，我在国内讲鲁迅与直面，同行的理解与回应并不那么显著。我所想到的原因之一是，在中国，许多人以为自己熟悉鲁迅，懂得鲁迅，懂得直面，并不觉得有什么新奇之处。实际说来，虽为中国人，许多人并不理解鲁迅，也不赞赏鲁迅。也正是出于这样的原因，鲁迅与直面对中国的意义更大，只是这种意义没有被足够意识到。也许可以说，这意义就像存在主义思想之于西方社会，而西方到底有多少人真正理解存在呢？我作为中国人，对此也不得而知。

莫莉（Molly Fairfield）来自美国，曾经在南京直面心理咨询研究所跟我一起工作。我时而向她介绍鲁迅与直面，以及我正在探索的直面方法。她在这个方面做了很多阅读与思考，对之有以下的理解：

鲁迅，20世纪在中国最被推崇的作家之一，创造了"直面"这个词汇。这个词直译过来是"直接面对"，虽然它更好的翻译应该是"面对现实"。在我的经验里，几乎所有中国人都知道这个词的意思，而且把它当成一种生命方式。王学富博士是一位中国心理治疗师，在南京从事他的心理治疗实践，他的治疗基于直面哲学思想的框架。王博士通过他的"直面"呼唤人们面对自身的现实，鼓励人们基于觉察做出选择，而不是盲从。王博士用鲁迅"铁屋子"的比喻让人们看到有些声称可以提供意义和价值的东西实际上给人们带来了精神的束缚。

"铁屋子"是鲁迅的一个比喻："假如一间铁屋子，是绝无窗户而万难破毁的，里面有许多熟睡的人们，不久都要闷死了，然而是从昏睡入死灭，并不感到就死的悲哀。现在你大嚷起来，惊起了较为清醒的几个人，使这不幸的少数者来受无可挽救的临终的苦楚，你倒以为对得起他们么？"[1]然而，鲁迅依然决定去敲打铁屋子，试

---

[1] 鲁迅. 鲁迅全集（1）[M]. 北京：人民文学出版社，1998：80.

图唤醒其中沉睡的人们。

直面：发展中的方法论

接下来，我们继续谈直面，看它如何成为中国模式的存在思考和实践。我的重点关注是：直面疗法如何通过培育勇气让人去发现现实、直面现实和实现疗愈。

（一）直面的勇气：是逃避还是面对？

直面疗法从鲁迅那里得到了怎样的启发？

首先就是直面的勇气。这是我们的核心话语："真的猛士，敢于直面惨淡的人生，敢于正视淋漓的鲜血。"从这句话里，我们首先看到"直面"。我们进而理解到，直面需要勇气。直面治疗的核心在于，我们需要直面自己，直面我们的现实。这里所说的"真的猛士"，并不是（但也可以是）战死沙场的英雄，而是坦然面对现实人生的人，他们也是英雄。

我之所以倡导直面，与我在从事心理治疗实践的一个基本观察和发现有关：症状的本质是逃避，而逃避背后的驱动力是人内心过度的恐惧或不安全感。这种恐惧不只是出自本能的，更是源自文化的。与此相对应，不管是怎样的心理治疗，都在本质上带有"直面"的性质，即帮助当事人意识到他的逃避行为，认清他的现实，最终走出逃避之地，选择并且坚持去直面自己的人生。

关于勇气，西方存在主义思想者有这样的表述：蒂利希讲"存在的勇气"，罗洛·梅谈"创造的勇气"，这跟我要阐释的"直面的勇气"息息相通。中国古代的孟子提出"善养吾浩然之气"，在我看来，就是在自己身上培育一种敢于直面的勇气。直面疗法就是要在当事人身上去培育这种勇气，让他们去面对自己的人生，迎接各式各样的挑战。人生可能"惨淡"，甚至鲜血淋漓。当我们能够面对这样的现实，迎接这样的挑战，我们就会成为"真的猛士"。如果要用一句话来概括直面疗法的本质，我会说：探索现实，直面真相，带着勇气，迎接挑战。

（二）拒抗与关系

我还要讲到鲁迅的一句诗："横眉冷对千夫指，俯首甘为孺子牛。"从这句诗里，我们发现了直面疗法的另外两个核心概念：一是拒抗，二是联结。真正的关系，是由拒抗与联结构成的，缺了任何一个，都不是健康的关系。同时，不管是拒抗和联结，都基于辨识力，基于勇气，基于爱。由这两个核心概念出发，直面开始了它的两个基本疗愈导向。

第一，对于那些阻碍和损害生命成长的因素或势力，我们需要拒绝并进行反抗。所谓心理障碍，常常反映为一个人在面对阻碍和损害性的人与事物时，缺乏坚决而充分的拒绝和抵抗的能力。有许多因素会消解我们拒抗的勇气与能力，在需要拒抗的时候，致使人们选择了回避或妥协。直面疗法强调培育人们的拒抗能力，这是它最重要的特性。当这种拒抗能力达到最高境界，就可以做到鲁迅所说的"横眉冷对千夫指"。这是"直面"坚决、勇猛的一面。这种坚决与勇猛，跟存在主义心理学所提倡的本真与反叛精神具有相同的性质和意图。有时候，鲁迅身上的这一面让许多人很难接受，而这恰恰就是鲁迅之所以为鲁迅最重要的一面，也是直面精神中坚硬的一面，不仅坚硬，且有韧性，即鲁迅所说的"韧性的战斗"。

第二，许多人并不知道，或者看不见直面的另一面，也就是鲁迅身上的另一面，即关系的一面，也就是关爱、柔情的一面。这一面就是他的另半句诗里所表达的：俯首甘为孺子牛。从这里，我们又看到另一个鲁迅：一个关爱者，一个服务者，一个心肠慈柔、为人谦逊的人格。读下面这首诗，更可以看到一个对孩子充满怜爱、柔情似水的鲁迅："无情未必真豪杰，怜子如何不丈夫？知否兴风狂啸者，回眸时还看小於菟。"[①]

因此，直面的治疗不仅是关于拒绝与抵抗，还会通过爱与服务去建立关系。直面敢于说"不"，也愿意说"是"。直面是柔情的、关爱的，就像老虎对它的虎崽，就像一只温柔的羔羊，就像一头勤勉服务的耕牛。不管在更广泛的文化意义上，还是在具体的专业治疗意义上，直面医者就是这样，有时候，他会像勇士一样去敲打铁屋子，高声呐喊："醒来，不要沉睡下去！"有时候，他会像母亲一样去邀约，柔声呼唤："你在哪里？如果你愿意……"

（三）直面：面对现实的疗愈

直面疗法是一种从中国本土诞生出来的心理治疗方法，它在思考与实践上与存在治疗有许多感通。它的疗愈之道是通过探索现实和直面真相来实现的。探索现实需要冒险，面对真相需要勇气。人生的根本在于选择，只有当我们认清现实，面对真相，才可以做出真正的选择。

为什么要探索现实，面对真相？症状会采取各种形式，但其本质是对人生真相的回避。症状是由一系列逃避行为构成的，而逃避行为是受恐惧驱使的。过度的逃避背后有极度的恐惧，恐惧的根源又是深而未愈的创伤，而人生成长过程中有太多人为的伤害。人选择逃避，是因为怕受伤害。为了免于受伤，人会把安全保障作为最高的目标，甚至唯一的目标，因此会不顾一切地回避他人，回避自己，回避事物，回避环境，回避生活中一切潜在的会导致伤害的因素。

---

① 鲁迅. 鲁迅全集（7）[M]. 北京：人民文学出版社，1998：439.

这时，他就发展出一系列的回避行为，甚至形成了一套回避性的生活方式，结果陷入症状。然而，在直面心理学看来，人不可能获得他期待的那种绝对安全，相反，当一个人追求绝对的安全保障时，他会让自己陷入更深的不安全感之中。这样，他将为过度逃避付出代价：失掉生活中许多可以让自己成长的机会。换句话来说，只有当我们敢于直面人生的不确定性，我们才可能在直面的经验中获得相对的安全感。

这里请大家读两个寓言，便于理解我要表达的意思。

寓言之一：智者救了动物王国

从前，有只兔子坐在芒果树下睡着了。它突然听见一记声响，以为世界末日来了，遂惊跳而起，撒腿就跑。其他兔子看见了就问它："你为什么跑这么快？"它回答："世界末日来了。"它们听说后也加入了飞奔。鹿看见兔子们奔跑，就问："你们为什么跑这么快？"当鹿听说是因为世界末日来了，也开始了飞奔。这天在动物王国里，一种动物接一种动物先后奔逃，直到整个动物王国都在狂奔之中，而这将导致它们的死亡。

一位智者看见动物们狂奔，就问最后加入奔跑的动物为什么要跑这么快，他得到的回答是"世界末日来了"。智者心里说："这不是真的。世界并未到穷途末路。让我来看看它们为什么这样想。"

智者开始逐一调查，最终追溯到那只最开始传言的兔子。智者问它："你认为世界末日来临时，身在何处？在干什么？"兔子回答："我在芒果树下睡觉。"智者说："当时可能有芒果从树上掉下来，你被那声音惊醒了，便认为世界末日来临了。现在让我们一起回到你睡觉的地方，看看是不是这样。"

于是，智者跟动物们一起来到那棵芒果树下，在兔子睡觉的地方果真看到一只落下的芒果。因此，智者救了动物王国。

直面医者能够理解，在人性里有本能的恐惧与逃避。当人面对危险或威胁时，他感到恐惧，而他的初始反应是逃避。当人陷入过度的恐惧，他会陷入盲目的恐慌，在臆想中以为世界末日来了，开始疯狂地奔逃。他以为自己是在逃离世界末日，却不知道他正在奔向自己的末日。这就是"智者救了动物王国"这个寓言所描述的情形。

这个寓言呈现了一个直面治疗的范本：探索现实，面对真相。当真相被发现了，疗愈即刻发生。

直面现实并非那么容易。当人们陷入极度的恐慌，他们宁愿相信假象，把假象当成真相，然后开始不顾一切地奔逃，甚至不会回头看一眼自己到底在逃避什么，也不会有哪怕一点疑问：世界末日真的来了吗？

然而，寓言显示，一位智者出现了！他提醒狂奔不已的动物们，世界还远远没有到穷途末路。接着，他带领动物们走上探索现实、发现真相的直面之路。

直面医者正是这样的智者，他提醒在人生之路上恐慌不已、奔逃不止的人们，先停下来，再回头看看，结果会发现，并没有什么世界末日，不过是生活随时随地随意落下了一只"芒果"。直面医者的工作也是这样，他不仅作为"智者"去提醒人们停止奔逃，还帮助人们去探索和发现自己内部的"智者"，并让"智者"不断提醒自己，去探索现实，发现真相，完成疗愈，走向成熟。

寓言之二：黔驴技穷

黔地无驴。有一个人用船从北方运来一头驴。当地的人不知道这个动物有什么用，就把它放到山里去了。每天，驴无忧无虑在山坡上吃草。

有一天，一只老虎路过这里，遇到了驴。老虎看到这样一个庞然大物，以为遇到传说中吃老虎的神兽，惊恐万状地逃走了。

老虎逃到林子里，回头看驴，它并没有追来。老虎在林子里躲了一会儿，然后小心翼翼走到树林边缘，偷偷打量着驴，但不敢靠近它。

老虎壮胆在驴周围巡睃，突然，驴发出雷鸣般的叫声，那回音让整个山谷都震颤起来。老虎以为驴这下真的要来吃它了，又惊恐万状地逃开了。

过了一阵子，见没有什么动静，老虎才平静下来，远远打量着驴，驴仍旧在吃草。老虎来到驴身边，看来看去，也看不出驴到底有什么特别的本领。但是，驴时而发出的叫声依然令老虎心慌。渐渐，老虎听惯了驴的叫声，虽然还是有些害怕，却没有逃走，只是还缺少足够的勇气上前跟驴搏斗。

但是，老虎终于敢靠近驴一点，再靠近一点，跟驴有了身体的接触，还故意跟埋头吃草的驴挤一挤，撞一撞，它想试一试驴到底有什么真本领。

老虎一而再、再而三的冒犯终于把驴惹火了，只见驴抬起后腿，照着这个讨厌的家伙踢了一蹄子。老虎大喜过望："原来你的本领不过如此呀！"于是，老虎放心大胆地跳上驴背，把这头它本以为会吃掉自己的神兽变成了一顿美餐。

　　这是中国古代的一个寓言故事。在老虎身上，我们同时看到了逃避和直面，它每时每刻都在选择之中。最开始，它害怕，它就逃避，这是适当的逃避。不然的话，它承受不了那种剧烈的恐惧。但它没有一逃了之，而是再回头面对。这种情形持续很久，反复多次。但在持续与反复的过程中，直面的尝试也一直都在发生——老虎一次次鼓足勇气前去面对，经历了一个持续的探索、发现、了解、重新面对的过程，也是一个让恐惧渐渐消退、让勇气不断养成的过程。这个过程就是直面。

　　在人性里，我们也可以同时看到两种倾向：一个是逃避，一个是直面。人生选择就在逃避与直面之间，有时候我们需要逃避，为了保护自己的生存，有时候我们又要尽量直面，因为不直面我们就无法成长。在症状里，我们常常发现的麻烦是，人在需要直面的时候，却选择了逃避，而且一逃再逃。人生有许多时候也是如此，人总是选择逃避，延误了成长。直面的治疗是什么呢？基本来说，就是帮助人在不适当的逃避之中重新选择直面——我们永远需要适当地直面自己，直面生活。

　　在这个寓言中，老虎成了我们的直面之师，向我们展示了一个直面过程；在前面那个寓言中，智者便是直面医者的榜样，他向我们演示了怎样带领人类经历一场直面的疗愈。

（四）为什么我们不能面对现实/真相？

　　人生的遮蔽之一是，人常常以为事情显示出来的样子就是它本来的样子。这是我们还是小孩子的时候看事情的方式。人走向成熟，其标志就是越来越追求事物的真相，而不是驻留于事物的表象。症状显示，那些活在事物表面的人，倾向于回避生活的真相，甚至编造一个假象来取代生活的真相。他们不仅逃避现实的危险，还夸大某种危险因素，甚至通过臆想把现实的威胁变成一种虚幻的危险，试图在现实之外找到一种绝对的安全保障，结果把自己隔离于现实之外，生活在想当然里。这个把他们跟现实隔离开来的东西就叫症状。

回避现实的另一个原因是，现实有时候并不好看，难免有粗糙甚至粗暴的一面，这常常让人感到不太舒服，因为它不是我们想象和期待的样子，如此不如人意。因此，人们会逃避它。这时，人们会臆造一个世界，并一厢情愿地相信，"这才是真实的世界"。鲁迅曾批评这种粉饰现实的心理逃避，他用了一个鲜明的比喻："红肿之处，艳若桃花；溃烂之处，美如奶酪。"[1] 这就是鲁迅所说的精神逃避，也叫精神胜利法。

就这样，人们渐渐失掉了直面现实的能力。因为逃避现实，就不了解现实；又因为不了解现实，就更加逃避现实。人类有这样或那样的逃避行为，却不知道它们背后的动机。对于直面医者来说，培养觉察是心理治疗的核心，有了对现实的觉察，再培育出面对现实的勇气，才可能实现直面。这是最重要的，也是最艰难的。

然而，直面-存在模式的治疗并不是一种简单粗暴的处理。具体来说，直面医者不强求人们去面对现实，更多的时候，他会向来访者发出邀约、呼唤、劝勉，并且在推动来访者尝试直面的过程中，一路伴随、带领，像动物王国的寓言里那个带领动物去经历直面的智者。

作为直面-存在取向的医者，我们充分理解人受伤的情形、人内心的恐惧，以及选择直面的迟疑与艰难，伤害常常在人内心深处不停说"不""不要直面"。但当他们经历了直面的疗愈，内心里的"不"就在暗中转化成为一种新的语言——当他们听到现实的呼唤，听到直面医者的邀约，听到内心成长的渴望在提醒，他们会做出回应说

---

① 鲁迅. 鲁迅全集（1）[M]. 北京：人民文学出版社，1998：318.

"我愿意……"。直面是一条疗愈与成长之道，当我们去探索现实，面对真相，我们就在一个坚实的现实上走向成熟，变得整全。

在这条直面之路上，我们并不是在孤军奋斗，我们也有先行者在前面引导，也有同行者与我们相携，还有后来者为我们加油。回顾人类历史的整个进程，我们会发现很多现实被遮蔽、真相被掩藏的情况。但也有许多像鲁迅那样伟大的心灵或人格在那里奋斗，甚至在奋斗中献出了自己的生命，这是他们付出的代价，为了启发真理，为了让人获得真正的觉察，为了激励人去面对自己的现实。可惜且可悲的是，这样的人有时会被误解、被陷害，或者受到追捧并被加以利用，或者因其人性的缺点而被利用和糟蹋，甚至被弃置一旁，成了牺牲者，但所有这一切都不会有损于他们身上那种直面精神的意义和力量。他们是人性的典范，我们会沿着他们的足迹走来，还会一直走下去。

光影交错：直面心理学的人性观

第三届存在心理学国际会议工作坊主题发言（广州，2014）

不论何种取向的心理治疗，总会涉及一个怎样看待人性的问题，就是人性观。直面心理学有自己的人性观，我用一个词来概括直面对人性的看法，这个词叫光影交错。

为了理解光影交错的意义，我们先来看一个故事。

据一个传说，达·芬奇在绘制那幅名画《最后的晚餐》时，曾在米兰大教堂找来一个年轻潇洒的唱诗班男子，他有一双明亮的眼睛和一副温柔善良的面孔，达·芬奇以他为画耶稣像的模特儿。

多年后，这幅画迟迟没有完成。有一天，达·芬奇路过贫民区的一家小酒吧门口，看到一个人站在那里：那人的眼睛充满诡诈、狡猾，还有一脸的贪婪，满身都是酒味。达·芬奇暗自惊喜，终于找到了一个完全合他心意的模特儿，因为这人简直就是犹大的翻版。

达·芬奇过去跟他搭话，以给他好的报酬为条件，很快吸引那人来到画室，预备以那人为画犹大的模特儿。当那人摆好姿势时，达·芬奇好奇地问道："我们是否曾见过面？"一阵沉默后，那人扭捏不安地说："是的，我几年前就是你画耶稣时的模特儿……"

故事里的这个模特儿曾经闪耀着耶稣的光亮，后来却堕入犹大的阴影，这太令人惊讶了！怎么会这样呢？原来他身上的光亮和阴影不是相互交错的，而是绝然分开的——曾经完全是光亮，后来完全是阴影。光亮的他像耶稣，阴影的他像犹大，但他到底是谁呢？他似乎没有一个真实的自己，因为真实的人性是光影交错的。

在直面心理学看来，人性既有光亮，也有阴影，光亮与阴影都是自然的。凡是自然的，便是合理的；凡是合理的，便是健康的。光影交错才是健康。但人在文化中长大，被文化所塑造。许多文化里有一种倾向：赞赏光亮，排斥阴影。人在不知不觉中会追逐一个不可能实现的目标：消除阴影，让光亮永驻。迄今为止，人类用了大量的时间和精力进行一场光亮与黑暗的战斗，试图消除所有阴影，完全拥有光亮，成为一个完全光亮的自己，建立一个完全光亮的世界。但因为阴影是消除不了的，完全的光亮是不可能实现的，人性因此被置于光与影的撕扯与分裂之中。人性本有自然的美善，这就够了，但人却强求完美。人性也有合理的阴影，这是可以的，但人不喜欢阴影。因为人容不得自身的阴影，就会压抑自身的阴影，把阴影压抑到深处，看不到了，就以为阴影不存在了。其实，看不见的阴影最可怕，它在暗中累积，越积越多，直至弥漫而出，把这个一直追求光亮的人完全吞没了。这便是症状发生的情形。症状如心魔，是在被压抑下去的阴影里滋生的。当它从阴影里走出来，凝聚着巨大的破坏性能量，简直不可抵御。

20多年来，我接待了许多"受苦最多的人"，渐渐有了一个发现：这些"受苦的个体"，常常是"最容不得阴影的人"，也是"最追求光亮的人"——他们容不得自身有某个缺点、犯某种错误，也容不得自己有负面情绪，如害怕、低落等。人有不完美，生活有艰难，都在所难免，这些本来就是人生合理的受苦，他们不能接受，不肯承受，要拼命消除它们。为了消除人生合理的苦，他们反而要忍受许多不必要的苦，即症状的苦。我不由感慨：真是何苦！

许多类型的症状，本身就是这样一场光与影的战斗。强迫症是光与影战斗最激烈的状态，战斗的双方力量相等，一方不能克服另一方。焦虑症显示，战斗太过惨烈，战斗者已经惶惶不可终日，不知敌方何时来犯，简直防不胜防。抑郁症显示的情况是，战斗没有结果，也看不到希望所在，战斗者厌战了，打不下去了，又不肯放弃，或者放弃了，但心有不甘，虽然不甘，又感到无奈。还有所谓的躁郁症，那是两种交战状态的交替：时而胜利在握，斗志昂扬，投身战斗，势不可挡，突破人性所能承受的极限；时而陷入低落的状态，心灰意冷，一蹶不振，如同枯槁。

不管在生活中，还是在咨询室里，我都看到一种普遍的情形：那些最渴望光亮的人们，反而不顾一切地追逐阴影。他们的动机之一是试图消除阴影，以为把阴影完全消除了，他们就可以完美无缺了，也就得到了绝对的安全保障。为此，他们陷入一场无休止的挣扎：与阴影战斗，以致连最起码的人性的光亮也发挥不出来了。另一个动机就显得更加隐秘：他们喜欢阴影。看上去最光亮的人，最容易被阴影所吸引或诱惑，原因就在于，阴影对他们最陌生，而他们对阴影最好奇，有种遏制不住的喜欢。说起来，如果人性的自然是光影交错，阴影就是他们自身合理的部分，可它却被压抑和隔绝了，因此，人性对它就有渴望，而这渴望简直是非理性的。就像一个太好的女孩会被一个坏坏的男孩吸引一样，人性中太光亮的部分也会不管不顾地去寻找失掉的阴影，甚至厌倦光亮，要完全变成阴影。

因此，直面心理学对症状的根源考察发现，如果强求人性只能有光亮，成为神一般的存在，阴影就会在内部不断累积，最终在暗中培育出一个魔怪。不经意之间，魔怪会突然冒出来，把人裹挟而去。原来，一个光明天使的背后藏匿着一个黑色妖魔。有光无影是神性，有影无光是魔性，光影交错才是人性。一个人成了魔，那是因为他强求自己成为神。因此，那些在生活中把自己装扮成神的人，我们就得当心他背后的魔。庄子说"圣人不死，大盗不止"，是一个智慧的提醒。人性既有光亮也有阴影，能看到光亮，也能看到阴影，这就是直面；能活出自然的光亮，也不压抑自然的阴影，这就是健康。

一个人只追求光亮，不接受阴影，往往会造成两种结果：一种是责备自己有阴影，发展下去就成了神经症；另一种是掩藏自己的阴影，进而就看不到自身的阴影，就会把内部的阴影投射到别人身上，发展下去就成了人格障碍。《圣经》中有一种人格类型叫法利赛人，其人格特征就是把本是自己的阴影排斥掉了，以为自己是完全光亮而没有阴影的人，就去指责别人身上有阴影，这是他们不知道的为善，耶稣称之为"假冒为善"。

荣格讲过一个案例。在一个教会有一位执事，他向人呈现的是全然的光亮：谦卑、友善、帮助任何人、永远微笑、充满正能量，简直就是天使的化身，是所有人眼中的圣徒。他在完全的光亮里生活，全然不知道自己的阴影。在他50岁的一个夜晚，他突然醒来，阴影弥漫上来，把他席卷而去。这是他心灵的暗夜，他看到一个魔鬼的自己。这位执事再也无法面对他的会友，便悄悄离开了教会，到一个没有人认识他的地方去了，从此过上放荡堕落的生活。他就是那个达·芬奇请来做模特的人的翻版，在他身上既有一个"耶稣"，也有一个"犹大"，独独没有一个真实的自我。

我想到人类社会中一个个被推上至高的政治、道德和宗教位置上的人，他们可能是被众人劫持的人，也可能是劫持了众人的人；他们自己成了牺牲品，也可能让许多人成为牺牲品。他们的生活成了一场"防御"与"攻击"的挣扎，不能活出人性的真实和力量。许多人认为，圣人就是完全光亮的人，就是完美无缺的人。这完全光亮，这完美无缺，就成了劫持个体与众人的绳索。但在我看来，即使是圣人，他身上也有合理的阴影，圣人的境界是光与影达成了和解与协调，可以共处，归于本真。

我常常想，作为心理咨询师，我比来访者更好吗？我的回答是：我不比来访者更好。甚至情况常常正好相反：许多来访者比我更好。我身上的阴影并不比许多来访者少，许多来访者身上的光亮比我更多。那么，一个不比来访者更好的心理咨询师凭什么帮助一个个来访者呢？说起来，这算是我个人的一个奥秘：我不是用我的好来帮助来访者，也不是用我的光亮来帮助来访者。作为心理咨询师，我跟来访者一样有阴影，甚至我的阴影可能比许多来访者更多。但我跟他们有一点不同：我接受我的阴影，而他们中的许多人不接受他们的阴影。如果我能够对他们有一点助益，也大概就是因为这点不同。说到根本处，我的工作不是帮助他们变得更好，或者变得更光亮，而常常是帮助他们学习接受自己的不好，接受自己的阴影，变得更为真实。"好"不是他们缺的，"真"才是他们缺的。我的工作就是跟他们一起合作去实现一个目标，让他们成为光影交错的人——不以好抑真，更不以好废真，而是以真养好，以真护好。

说来人生有两条路：一条是旧路，是强求之路，即只求光亮，容不得阴影，这是致病之路；另一条是新路，叫自然之路，即光影交错，好真相得，这是疗愈之道。

直面心理学的治疗就是看明白强求与自然的本质，引导人走自然之路。那些前来寻求治疗的人们，他们不是病于缺乏，而是病于强求。他们对我说：请治疗我的"病"。我却对他们说：请放下你的强求。他们对我说：我不够好。我对他们说：你已经够好了，只是不够真。他们对我说：我的阴影太多了。我对他们说：你不必那么光亮。他们后来得到了疗愈，觉得很神奇。我说，这里没有什么秘密。老子早说过"道法自然"，因为自然是力量的源泉。孔子也说"欲速则不达"，是在提醒我们不要强求；还说到人生的一种境界叫"从心所欲不逾矩"，其实就是自然。

什么是自然？我们身上的阴影本来也是属于自然的东西。生命要变得整全，离不开阴影，阴影包括我们自身的负面情绪，它们是合理的，甚至是有益的、美丽的。只有当一个人拼命排斥自然的情绪，情绪才会变成病态的。

生命不健康的标志之一，就是人不相信自然，做不到自然，变得性急和强求。他们不信任自然有力量，不愿遵从自然的节律，他们认为自然太慢了，他们会说自然太可怕了，自然就是懒惰，自然就是上床睡大觉。因此，他们拔苗助长。恰恰因为强求太多，他们变得无奈，变得抑郁，躺在床上睡大觉，又睡不着，心里不甘，还想从床上起来继续强求，甚至一边躺在床上，一边强求自己。你看在自然里，一颗种子落到地上的任何一个缝隙里，都会去吸收力所能及的营养，让自己生长。生命本来就像一颗种子、一棵树，它有自然的奋勉，却不强求，也没有损伤，或者即使有自然的损伤，它也能健康地成长，甚至长得更加茁壮。大自然的状态本身就是光影交错，我们的生命也当如此。

20多年前开始做心理咨询时，我还不大明白这一点。看到许多来访者身上有那么多光亮，从小到大一直闪闪发光，他们聪明、成绩好、有知识、有才能、有钱、有美貌……他们那么好，怎么觉得自己一无是处呢？他们有条件活得快乐，怎么会这么累、这么丧气呢？他们有那么好的头脑，里面怎么充满思虑呢？他们一直被人羡慕和称赞，怎么还那么在意和担心别人的看法呢？他们受到这么多呵护，怎么还那么害怕犯错误，害怕负面的情绪呢？生活的路都走得那么顺，他们怎么还觉得这不对、那也不对呢？我渐渐发现：他们是一群太要光亮，不想要哪怕一丝阴影的人。他们想一切都好，不要有哪怕一点点不好。他们把所有光亮都呈现出来，把一切阴影都掩藏起来。他们从小到大都太好了，因而要在别人眼里一直好下去，不能有一点不好——他们如此害怕不好，只要有一点不好就不行了，于是试图掩盖那一点不好，洗掉那一点不好，删改那一点不好，哪怕是装，也要装着一切都好。我终于明白：他们是强求者，是完美主义者，要生活在安全的光亮里，容不得一丝阴影。他们无处安身，就是因为他们容不得阴影；他们失掉了健康，就是因为他们接受不了光影交错。

20多年前，我做文学研究，我的博士论文论及中国现代文学里的一个现象，用了一个比喻叫"光暗交错的伊甸园"。后来，我从事心理咨询，"光影交错"这个词反复出现在我的表述里。许多人没有注意，我自己也没有怎么注意，直到有一天，一位直面同事对我说："王老师，我很赞同你的观点：健康的人性是光影交错的。"这话一下子提醒了我：光影交错代表了直面心理学的人性观。

立 身 于 世

第三届存在主义心理学国际会议主题演讲（广州，2014）

　　中国文化强调"立身"，儒家里有"君子有三立"的说教，即立德、立功、立言。孔子也讲人生发展，其中有"三十而立"之说，还有"不学礼，无以立"之言。《黄帝内经》讲的是行医，也讲医者之立身，即医者须关注生命的品质。中国传统强调家教，可总结为"立身教育"。到了现代，鲁迅倡导"首在立人，人立而后凡事举"。直面心理学也讲立身、立人，意在帮助人走向独立，成为个体。

　　在西方，存在主义哲学家海德格尔提出一个概念，叫"存在于世"，直面心理学基于中国思想传统和心理咨询实践，提出一个概念叫"立身于世"。海德格尔的"存在于世"里的"存在"讲的是"我是谁"——我本来的样子，我与世界的关系；而"立身于世"里的"立身"，讲的是"我可以成为谁"——我可以成为的样子，活出我本来的样子。"存在于世"讲人通过反思来寻找自身存在的根据，"立身于世"讲人通过成长来实现自身存在的过程。总结我将近20年跟来访者一起工作的经验，我有这样一个发现：许多人在"我是谁"（存在）这个部分受到损伤，以致他们很难"成为自己"（立身）。所谓心理症状，便是以不同形式反映一个基本的情形：人不能立身于世的痛苦与挣扎。

　　人要立身于世，需要一些基本的条件。但一说到条件，人们会想到学历、金钱、证书、听话、忍受、跟人搞好关系、不得罪人，等等。但这些条件并不能让人真正立身于世，只是让人赖以生存的条件，而不能真正建立自己或成为自己。

我所说的立身于世的条件非常简单，概括起来就是在现有的条件下尽力而为。那么现有的条件是什么呢？便是人生的有限性，它包括三个最主要的方面：第一，人是不完美的；第二，世界是不确定的；第三，时间是不可逆转的。终其一生，人都在学习跟这三个条件达成和解。不然的话，我们的人生就成了一场症状性质的挣扎。下面，我分别来讲这三个条件。

第一个条件：人是不完美的，亦即，人会犯错误，会力所不及。

从认知上、道理上、概念上，我们都可以接受"人是不完美的"。但从情感上，特别是面临"我是不完美的"的各种具体情况时，我们就很难接受。比如，我们在生离死别的情感体验之中，太想自己是完美的、全能的。我们就在那些地方死磕到底，直到死磕出症状。这里所说的不完美，不仅是说我们会出错，也说我们能力有限，包括我们会受伤，会心有余而力不足。许多来访者的困难，追根溯源，就是无法接受自己是有限的、会出错，想做好而不达。有的来访者会在这里走到极端，认为任何人都可以是一般的，是普通的，但"我"是特别的，是非同一般的。发生好的事情，我是唯一；发生不好的事情，我会幸免。这种根深蒂固的特别感，导致人拒不接受自己的有限性，包括自己的普通性、脆弱性、会犯错、会受伤、会力有不逮等，这正是某些症状的本质。

举一个例子，我接待一个 16 岁的女孩，让她填写一个"完成句子"的问卷，其中有 50 个短语，包括"我想……""如果……就好了""有时候……"等，她完成后的句子是这样的："我想成为神""如果我是神就好了""有时候我真的觉得自己是神"。她的回答显示，她面对的是"立身于世"的困难——因为她走的是一条"成为神"的路，而不是"成为人"的路。立身于世说的是"人"之立身于世，而不是"神"之超绝于世。可惜的是，人很难接受自己的有限性，会一味追求完美，也就是说，他要成为神。结果是，他走上了一条虚妄的路。

症状有一个本质，就是虚妄。只有当一个人真正意识到自己是一个人，能够接受作为人生有限性条件之一的不完美性，他才开始面对真实的自己，才会努力成为真正的自己，才可能立身于世。但要做到这些是不容易的。因此，保罗·蒂利希谈到"接受自己的有限性的勇气"①，而这勇气是需要在成长过程中慢慢培养起来的。一个人追求立身于世，很重要的是要发展这种勇气。

我再讲第二个条件：世界是不确定的。

这个世界在本质上是不确定的，我们生存在其中，会发生各种不测，会跟好的事情不期而遇，而对于不好的事情，我们也无法避免。说起来，这也是每个人都知道的普遍事实，但为什么我要在这里专门提出来，并且把它作为立身于世的一个基本条件呢？原因很简单，心理症状显示出这样一个本质：人无法接受这个世界的不确定性，或者，无法接受这个充满了不确定性的世界。同样，关于这一点，我们从道理上说是可以接受的，但在情感上无法接受。当不好的事情发生在别人身上，我们能够理解，也可以接受，还会去劝勉别人，说人生总有不测。但当不好的事情发生在我们自己身上，我们就难以理解，也无法接受了。在许多来访者那里，不好的事情在他们身上发生了，他们会问"为什么"，一直问"为什么"，问三年五年、十年八年。他们问"为什么"，不是想了解事情的根源；他们问"为什么"，是表达拒不接受的情绪。当世界的不确定性以某种形式发

---

① [美] 罗洛·梅. 人的自我寻求 [M]. 郭本禹，方红，译，北京：中国人民大学出版社，2008：199.

生了，他们会抓住它不放，好像非要把它扭转过来才善罢甘休。他们觉得世界充满危险，必须处处设防，为了满足潜意识的安全需求，他们在安全问题上花费了太多的心思和精力，让自己失掉了许多尝试和成长的机会。说到底，他们不接受也不允许这个世界发生不测。

前文提到的那个 16 岁女孩，她想走一条"成为神"的路，也是为了免于跟这个世界的不确定性遭遇。在她的成长过程中，父母向她描述了一个太可怕的世界，会过度关注她的安全，对她有过度的保护。比如，她妈妈常对她说："走在路上要时时回头，看后面有没有坏人跟着。"这样一来，这个本来跟世界就缺少接触的孩子感到更不安全了，她的头脑里充满了各种非现实的恐怖臆想，要求世界必须有绝对保障，要求自己做事万无一失。结果是，她无法出门，不能上学了，因为不管怎样，她都无法确保生活中不会发生不测。

相比之下，那些在实际经验里长大的孩子，跟世界有充分的接触，对世界有真切的了解，就敢于去面对一个真实的世界。他们在一个充满不确定性的世界里发展出一种踏实的确定感。这种确定感会培育出这样一种人生态度：第一，当不好的事情发生时，他们知道这是生活的一部分，因而会尽力做出应对，减少不好的事情造成的损害，甚至，他们会争取哪怕一点点可能性，去把不好的变成好的；第二，在不好的事情没有发生的时候，他们就利用这种生活的空间，去尽量做得好、活得好；第三，在好的事情发生的时候，他们更是充分利用这些生活的条件，让生活更加丰盛，让生命更加蓬勃。

第三个条件：时间是不可逆转的。

人是时间性的存在，受限于时间。孔子曾对时间发出存在意味的感慨："逝者如斯夫！"而心理症状往往有一个基本特征：人无法接受时间是不可逆转的。许多来访者常常执着于时间：如果过去发生了某件美好的事，他们就要求这美好永驻。他们把某一种美好变成一种光环，让自己永远生活在光环里，而对现实无所用心。如果过去发生了不好的事情，他们就停在过去的时间里，一直在那里问"为什么"，拒不接受发生的事情，也拒绝与时间同行。他们不敢走进现实，也不肯向未来迈进，他们逗留在过去发生的事情里。那些活在"症状"里的人，是活在某个创伤事件里的人，也是拒绝在时间里向前移动的人。

我举一个例子，它来自我在生活中的一次偶遇。我受邀到一所大学去讲课。课间休息时，我站在教室外面的阳台上观赏校园。这时，有一个样貌大约 18 岁的女孩走过来跟我打招呼，说有人向她介绍了我，她对我的课很感兴趣。

我问："你是大一新生吗？"

她说："不是，我是大学心理学老师。"

她看到我满脸惊讶，解释说："大学毕业后，我读了研究生，然后在大学教书，我已经工作 8 年了。"

我无言以对。

她又补充说："我 35 岁了，已经结婚，有一个儿子，上小学五年级。"

这令人难以置信！站在我眼前的人，分明是一个 18 岁的大学生：相貌是 18 岁，说话的样子和神情举止全是 18 岁。

我回过神来，问她："你在等待什么？为什么一直停留在 18 岁？"

听了我的话，她一下子愣住了。半晌，我看见她眼里闪出泪光，然后，我听到她说："这些年，我一直都喜欢跟小孩子和老人在一起……"

我脑海里立刻出现一幅画面：那是一个圆，生命从开始到终结形成一个圆。在圆的开头部分和结尾部分，是小孩子和老人的世界。这个 35 岁的女子大多游走于这两个部分，不愿走向她的 35 岁，而那是成人的世界。

"她在等待什么呢？"这事过了很久，我偶尔想起来，还在问自己，或许在她 18 岁的时候发生了什么，她从此就在时间里驻留。

时间是不会停留的，是不可逆转的，但人类有一个最喜欢的幻想，便是让时间停下来，让时光倒流，可以删改曾经发生的某件不好的事情。就像《大话西游》里的那个月光宝盒，是人人都想拥有的宝贝。人类的童话和神话由此而来。童话和神话颠覆了现实，创造了一个幻想的世界，在那个世界，人是完美的，世界是稳定安全的，美好的时光可以永远停留，不好的事情发生了，可以用各种各样的魔法消除。

有一则大家耳熟能详的童话，叫《睡美人》。虽然这个童话世界一片美好，但也有一道阴影，而这个阴影的存在，只是为了证明一个童话的主题：阴影会被光明克服，美好可以永续。

故事说的是，在一个王国里，王后生下一个美丽的女儿。国王和王后邀请人类和仙子族的各方好友前来参加庆贺女儿出生的盛宴，但他们忘记邀请女巫卡拉波斯。这一天，心怀嫉妒和愤恨的女巫卡拉波斯不请自来，她送来的礼物是一个诅咒：公主会在 16 岁时被纺锤刺破手指而命丧。国王，即公主的父亲，下令在全国禁止使用纺锤。然而，在公主 16 岁的这一天，女巫扮成织布的老婆婆，在城堡里纺纱。公主很好奇，前去观看，被纺锤扎破手指。诅咒成真！按女巫的诅咒，公主会死去。但在这时，有一位仙女看到了发生的一切，便用法力缓解了女巫的毒咒，使公主不至死掉。但公主会沉睡不醒，直到一个真心爱慕她的王子前来深情一吻，公主才会在那时醒来。公主一直在林中沉睡，仙女用藤蔓、荆条把公主的睡床保护起来，还用法力把整个城堡封存起来。年复一年，直至 100 年后的一天，一个年轻的白马王子路过，看到沉睡的公主，并且深爱公主，吻醒了她。

从此之后，王子和公主过着幸福的生活。

这个童话颇有心理学的意味。我开始用这个童话的视角来看人生，看人的心理。我想到那位看上去只有18岁的大学老师，她遭遇了怎样的女巫的诅咒，然后又由怎样的仙女把她的内心用藤蔓封起来加以保护，封了10年、20年，时间与她无涉地流逝，而她在等待什么？等待她的王子吗？在过于年轻的面容背后，往往隐藏着悲情的故事。在生活中，在小说里，在童话里，人们看到不老女神、千年女妖、天山童姥、仙女、神仙，往往会心生羡慕，却不知道她们的心被封存起来了，她们等待的王子一直没有到来。甚至，在现实世界里，童话王子可能永远不会到来。在面谈室里，我时常碰到在时间里沉睡不醒的人，他们停留在过去的王子、公主时代，不愿意走进现实的生活。他们如此迷恋过去的自己——那是一个个小公主、小王子。他们一直在时间里等啊等，以为会等到可以回到过去的某一天，便一直停留在过去。他们又像希腊神话里的那个美少年，一直徘徊在水边，看着自己的水中倒影，在那里顾影自怜，很可能殉情于自己。

我理解了童话和神话，原来，它们是我们这个充满不确定性的大地上生长出来的精神花朵，给生活在有限性中的人类带来心灵的慰藉。它们映照的是这个真实世界的实情，这里有生命的创伤，有现实的遗憾，有情感的不舍，有心灵的渴望。然而，即使在童话里，国王也无法排除所有的不确定性，包括女巫不期而至并送来诅咒。他拥有至高的权力，下令没收全国所有的纺锤，以为有了最严密的保护和防御，就可以避免发生不测，却不能阻止女巫的预言在暗中实施。甚至，他没收纺锤这个行为本身，留下的是一个致命的盲点——小公主因为从来没有见过纺锤，反而对之产生不可抑制的好奇心，从而让自己走向受诅咒的命运。

人在时间里出生、长大、变老、生病、死去，这本是自然。那些不肯接受自身不完美的人们，那些不肯接受世界不确定性的人们，那些不肯接受时间不可逆的人们，在时间里驻留，其实是在症状里驻留。因为过去有未愈的伤痛，在他们内心留下"空缺"，成了"未完成的事务"（皮尔斯的词汇），让他们无法放下，不能割舍，要求重新再来一次，要求得到无限补偿。然而，他们注定会落空。人是时间的存在，人生是沿着时光的通道朝前行进。在时间的序列里，有一道道门。人每通过一道门，这道门就在其身后立刻关闭。但在前一道门和后一道门之间，总有一群人逗留在那里——他们敲打身后的门，想回到过去。他们泪眼相望，苦苦哀求，但身后的门绝不会为他们打开。每一道走过的门前都写着这样的字：过去已经过去！不论过去发生了什么，都无法回头重新开始。每一道通向现实和未来的门前也写着这样的字：你敲门，门即为你打开！通过这道门，你才可以向前走，才有可能填补过去的空缺，完成未竟的事务。这听起来让许多人无法想象，要完成一件过去的未竟之事，反而是要向前走，而不是在原地停留或往回退行。我又联想到亚当和夏娃的故事：亚当和夏娃被逐出伊甸园之后，伊甸园的门就在他们身后关闭了，还有天使在那里把守，天使的名字叫基路伯，手拿一把四面旋转的剑。每个人都要离开自己的伊甸园，只能向前走，无法回头。

有限性是人生无可避免的事实，心理症状反映的是，人心中有一种童话般的期待：人生可以变得完美；世界可以有绝对的安全保障；美好的时光可以永驻——不好的事情发生了，但时光可以倒流，一切都可以重新删改。我有时候问来访者："发生了这件可怕的事情，我们怎么办呢？你有没有月光宝盒？"这话是想提醒对方，我们无法让时光逆转。但来访者难以接受。

"为什么你一定要成为神？"我问那位 16 岁的来访者。

"如果我成为神了，我的爸爸妈妈就可以永远和我在一起，不会被毁灭了，他们会永远年轻，我们会永远幸福地生活下去。"她回答说。

"你在等待什么？难道在等待你的王子吗？"我问那位看上去只有18岁的大学心理老师。

她流下来泪来，没有说话。

"你要醒来！"我朝一位28岁的女子大声喊。

她在时间里已经沉睡了10年，如果没有唤醒，她会继续沉睡下去。她流连于幼年的时光，那时候她的名字就叫小公主。她太好看了、太可爱了、太聪明了、太乖巧了，成绩太好了……她生活在自己的童话世界里，四处都是光环。阿姨对她说："我们的小公主啊，将来要成为总经理！"谁也想不到，她后来竟发展出"症状"来，成了"病人"，而她的症状显示，她其实想成为宇宙的总经理——不仅要自己完美，还想掌控时间，取消世界的不确定性。在她小时候，妈妈对她说："我的女儿啊，将来要等着白马王子来迎娶！"她后来的生活就成了一场童话：她一直在等待她的"王子"到来，但她的"王子"一直没有到来。她闭上眼睛，一直不愿醒来。她的情感世界是一场延续的童话，而她的童话是一场持续的睡眠，这睡眠就成了她的症状。

但最终，她在我的呼喊中醒来，对我很生气，她对她的爸爸说："王老师在声讨我。"

她一次又一次在我的声讨中醒来，再也无法安睡下去。

在她内心里，有两个动机：一个是躲避现实，一个是直面真相。我呼喊一声，她醒来一次。我的"声讨"，让她无法躲避现实，只得面对真相。每"声讨"一次，我就在她眼里做了一次"恶人"，她也被迫成长了一点点。最终，她在"恶人"的"声讨"中醒了过来，

118

再也没有睡去。后来，她找到了自己的"王子"，与"王子"过着普通人的生活。

在我的许多工作中，我发现有许多父母害怕做孩子的"恶人"，他们一直都做"好人"，孩子就沉睡不醒，他们就来请我唤醒他们的孩子。我做心理咨询，有时就是做来访者的"恶人"——不是要损伤和破坏，而是带着深情和善意，让人醒来，从此存在于世，更加立身于世。

总结起来，直面心理学的目标是让来访者去直面自己，直面生活。从根本上说，我们要直面的是人生的三个基本事实：第一，人是不完美的；第二，世界是不确定的；第三，时间是不可逆转的。当我们理解了这三个基本事实并与之达成和解，我们才能充分成长，成为自己。这便是立身于世。

奋　争

在美国心理学会年会人本主义心理学分会授奖仪式上的讲话（夏威夷，
2013）

　　有一个中国妈妈，她是我遇到的最优秀的女性之一。她在美国一所大学做教授。她的儿子，在吃了 8 年药之后，自杀了。抑郁症！这不是我真正要说的。我想说的是，在这发生之后，这个妈妈是怎样活过来的，以及她会怎样活下去。

　　她没有接触过人本主义心理学，没有接触过存在主义心理学，但作为一个人，她最深地经历了自己的存在，体现了存在-人本主义心理学要回答的核心问题：作为一个人，这意味着什么？

　　她的回答是：奋争！

　　"奋争"这个词对她具有特别的意义，我们中间没有多少人对这个词的感受和理解会像她那么深。当儿子还在的时候，她像我们一样奋斗，在她的存在意义的核心处是"为了儿子"。儿子死了之后，她生命的意义似乎被抽空了，她的挣扎是：在一个已经没有了儿子的世界上，我为什么还要活下去？

　　为了回答这个问题，她又产生了一个新的追问：在我之前，人类中有不计其数的人经历了跟我一样的深痛，甚至比我更加深重的伤痛，他们是怎样活下来的？她要为自己找到一个活下来的理由。如果找到这个活下来的理由，她就可以活下来。就像在她之前的人类，他们一

120

定找到了自己的理由，才让自己活下来。

"那么，人类靠什么度过他们存在处境中的深创剧痛呢？"她问道。

"靠奋争！"她得到了自己的回答。

但这不是医生的视角，医生建议她吃药。但她不吃药，她不愿用药来消解她生命中那奋斗的本能。这本能，是存在的根本，需要唤醒，需要保护，只有这样，它才能焕发真正的疗愈的力量。

于是，经历了 2 年生与死的挣扎，她没有吃一颗药，活下来了。

我想到我的妻子，她得了严重的肾病，本来可以把自己交给透析机就行了。但她没有。她去探索各种治疗，她问："在没有透析机之前，人类是怎样治疗肾病的？"医生听了这个问题，很生气，说："那只有等死。"她不相信，她自己去寻找，其间她找到一位中医，在他的诊所墙上赫然写着几个大字：新生来自奋斗！

她决定了，不管结果怎样，她愿意去经历一场奋斗。

我想到，生命自始至终，就是一场奋斗。当奋斗到了激烈处，就成了一场挣扎、一场战斗、一场奋争。出生本身就是一场挣扎，我们奋力拼搏，争取生存的机会。接下来，我们的奋斗不只是为了生存，更是为了存在——不只是活下来，而且是活得有品质，活得有觉察，活得有意义。

现在，这个女教授，以及我的妻子，她们正在进行一场被赋予了意义的奋斗、挣扎、抗争。如何让自己活下来，如何活得觉察、活出意义、活出品质，这是一个决定。但要做出这个决定，需要直面现实的勇气，而这正是直面心理学的基本。

直面心理学的思想启发来自鲁迅所说的"真的猛士，敢于直面惨淡的人生"。有 10 年时间，鲁迅生活在抑郁之中，但这不是那种追求个人意义而导致的抑郁，而是扛着民族的使命，把自己压伤了。

但他最终没有选择药物，而是选择奋斗、挣扎、抗争。在这个世界上，除了战斗，我们没有别的选择。尼采似乎说过类似的话。

我之得奖，在我工作的直面心理咨询研究所，在我的生活周围，甚至在中国心理学界，有不少人为之感到高兴，说中国的心理学被世界关注了。但也有人感到很惊讶，暗中说出一些别的话：为什么是王学富？为什么是直面机构？是的，在中国，王学富算不上重要人物，又来自一个叫直面的小小机构，怎么会得这样一个重要的奖？有人为猜测这背后的原因而花了不少心思。其实说起来，我自己也不知道为什么是我。在这之前，我甚至不知道有这样一个奖。我也猜想了一下，大概是这些年来，我跟一批美国存在-人本主义心理学家开始对话与合作，在中国推动存在-人本主义心理学。他们发现，在中国有这样一个声音——有这样一个人以自己的方式追求着一种存在，进行着存在的思考，讲说着存在的话语，从事着存在的疗愈。这声音叫直面，是从自己的文化里发出来的，与来自西方的存在的声音发生了共鸣。这声音里有鲁迅文化心理学的启示，有在中国文化背景里实施心理医治的经验与情感，是关于个人的和民族的奋斗、挣扎、抗争……

我之得奖，对我个人来说，是一个莫大的肯定与鼓励，对直面心理咨询研究所的同事们也是，对许多年来一直关注和支持我和直面机构的人也是。得奖之后，我的生活与工作还将继续，一如既往地奋斗、挣扎、抗争。但也有所不同——从今以后，我的奋斗、挣扎、抗争，也是为了向你们证明一点：你们的选择是对的！

谢谢推荐者，谢谢评选委员会，当你们把这个消息告诉我的时候，我以为你们搞错了。但现在，我想对你们说：你们不会错的。

"铁屋子"的象征
——从"活着"到"存在"

第二届存在心理学国际会议主题演讲（上海，2012）

　　鲁迅的作品充满了象征，这些象征负载着伟大而丰富的思想内涵。我今天要讲的是鲁迅的一个喻象：铁屋子。"铁屋子"是一个象征，蕴含着丰富的文化的、心理的意义，它为我们提供了一个直面的、存在的视角，用来审视与反思人类的生活处境与生命品质。

立人的思想

　　鲁迅思想的核心是：立人与抗俗。这里谈立人。用他的话说："人立而后凡事举"①。在鲁迅很小的时候，他放弃科举之路，选择西学，这在当时是一条少有人走的路。他到南京水师学堂读书，接触西方科学、哲学、文学等。他弃武从医，到日本学习西医，目的是医治病弱的国人。后来，他弃医从文，也是为了唤醒国人，救治国人的心灵，改造国人的性格。但他经历了梦想的幻灭：他最初翻译的书并没有卖出几本，他创办的《新生》杂志很快就办不下去了。他的呼喊无人回应。他从日本回国之后，对国内的状态感到失望，感叹"家国荒矣"②，寂寞如蛇盘踞于心，遂在北京的绍兴会馆抄写古碑度日。

---

① 鲁迅．鲁迅全集（1）[M]．北京：人民文学出版社，1998：57.

② 鲁迅．鲁迅全集（1）[M]．北京：人民文学出版社，1998：100.

背 景 介 绍

在 100 多年前的某一天，北京的绍兴会馆里发生了这样一幕：回国以后数年之久，鲁迅在这里抄古碑，读野史，打发着日子。然而，这一天，有一个人来访，这人叫钱玄同，是他的朋友。钱玄同跟鲁迅之间有了这样一场对话——这场对话，对鲁迅本人很有意义，甚至对现代中国都是一个很有意义的事件。

钱："你钞了这些有什么用？"

鲁："没有什么用。"

钱："那么，你钞他是什么意思呢？"

鲁："没有什么意思。"

钱："我想，你可以做点文章……"

鲁："假如一间铁屋子，是绝无窗户而万难破毁的，里面有许多熟睡的人们，不久都要闷死了，然而是从昏睡入死灭，并不感到就死的悲哀。现在你大嚷起来，惊起了较为清醒的几个人，使这不幸的少数者来受无可挽救的临终的苦楚，你倒以为对得起他们么？"

钱："然而几个人既然起来，你不能说决没有毁坏这铁屋的希望。"①

鲁迅的呐喊

钱玄同的话，在鲁迅内心激起了这样的反思："是的，我虽然自有我的确信，然而说到希望，却是不能抹杀的，因为希望是在于将来，决不能以我之必无的证明，来折服了他之所谓可有，于是我终于答应他也做文章了，这便是最初的一篇《狂人日记》。"

《狂人日记》是鲁迅的第一声呐喊。此后，他一发不可收拾，呐喊至死。他的呐喊，成了现代中国最独特的、最具有启蒙意义的

① 鲁迅. 鲁迅全集（1）[M]. 北京：人民文学出版社，1998：418-419.

文化心理学思想。

直面的视角

受到鲁迅的文化心理学思想的启发，也基于我在中国背景从事心理治疗的经验，我渐渐发展出一种文化分析取向的心理学方法，可称之为直面心理学。

下面所讲，就是从直面心理学的视角所做的一个观察。

一、从象征的意义来看，心理症状是一个铁屋子，它封闭了人的自我，阻碍了人的成长。

二、直面的治疗是一种呼唤，也是呐喊，意在唤醒躲在铁屋子里的人，让他们觉察，愿意走出来，直面自己的现实，选择成长。

三、"活着"与"存在"将是我这场演讲中用到的最核心的词汇与概念。我真正想说的是，人不仅"活着"，人的本质是"存在"。"存在"就是活得觉察，活得有意义，活出真实的自己。如果只是活着，却不反思，不关注意义，甚至不断牺牲自己对意义的需求与寻求，人就不能充分活出自己的潜能与本性，就等于生活在一个铁屋子里面。铁屋子里的生活，是没有觉察的生活，因为人在里面沉睡。

铁屋子是什么?

"铁屋子"有各种各样的表现形式，但它的本质是不觉察，不愿觉察。因此，所有那些遮蔽我们、不让我们觉察和成长、不让我们成为自己、不让我们活出自身存在的因素，都可能形成我们的铁屋子。

"铁屋子"是一个躲避之所。因为受伤，人会害怕；因为害怕，人会寻找逃避之所；躲在里面，自以为安全，却不知道因此封闭了自己，让自己失掉了成长的机会。人躲进铁屋子里，可以活下来，却不知道，这样一来让自己渐渐失掉生活的意义。也就是说，在铁屋子里，人们"活着"，却没有"存在"。"存在"是什么？存在就是一个人觉察了，从此要选择去充分活出生命的意义。

不觉察的生活

在铁屋子里，人们不只在沉睡，还会做许多噩梦。这个世界上有许多残酷的事情，都是在铁屋子里发生或进行的……我们对之浑然不知。以直面的眼光来看，许多不好的事情之发生，常常不是出于邪恶本身，而是出于盲目，出于不觉察。

贯穿整个人类的历史，"铁屋子"无处不在。每一个个体、群体、民族，甚至整个人类，都在不同方面和不同程度上有自己的铁屋子。人类的根本问题在于：看不到自己的铁屋子。这也是症状的根源与性质。

每个人，随时随地都可能躲进自己的铁屋子；每个人，每时每刻都需要直面自己的铁屋子；每个人，或早或晚都必须走出自己的铁屋子，从此过觉察的生活。这便是直面。

觉察的生活

从"活着"走向"存在"，必经之路就是反思与觉察；而要在情绪上、思维上、行为上、生活整体上、生命根本上达到觉察，还需要勇气，即直面的勇气。鲁迅说："我的确时时解剖别人，然而更多的是更无情面地解剖我自己。"这就是"直面的勇气"。这"直面的勇气"与罗洛·梅的"创造的勇气"、蒂利希的"存在的勇气"属于同一种勇气，即敢于直面人生，走向独立与活出自己的勇气。

人类追求幸福的生活，这天经地义。但在直面看来，我们真正要过的，不只是幸福的生活，更是觉察的生活。觉察的生活可以是幸福的，也可能是痛苦的，但这痛苦不是无奈，而是选择，故而觉察的生活高于幸福的生活。如果没有觉察，幸福可能是没有存在品质的,甚至是一个幻影,或者走向赤裸裸的享乐主义。因此,存在主义心理学也认为,没有觉察的生活,是不值得的生活。

三 种 人

在鲁迅的铁屋子喻象里,我们可以看到三种人:

一、在铁屋子外面呼喊的人。

二、在铁屋子里听到呼喊并且醒来、想要有所作为的人。

三、在铁屋子里酣睡和装睡,听到喊声依然沉睡不醒或者不愿醒来的人。

我想问大家一个问题:你在哪里?你怎样看待这三种人?

每个人都在某一个地方,每个人都有自己的看法,每个人都可以做出自己的回答,而每个人的回答可能正好表明:你在哪里。

这也是每个人必须直面的问题。

直面分析:第一种人

如果你是第一种人,你会选择在铁屋子前呐喊,但在这之前,你的内心也会是矛盾的:喊,还是不喊?这是一个"to be or not to be"的问题。或者为了"活着"而不喊,这不容易,因为你"活着"的空间会被严重挤压;或者为了"存在"而呼喊,这也不容易,因为这可能导致你不忍心看到的后果,包括被你唤醒的人的怨恨。如果你选择喊,那铁屋子里的人醒来了,发现自己置身于铁屋子,又发现铁屋子是"万难破毁"的,就会陷入"醒了,却无路可走"的悲哀,甚至在清醒的痛苦中死去,你忍心看见这个结局吗?如果选择不喊,你又不忍看着人们在铁屋子里昏睡下去,以至于死。像鲁迅一样,你最终还是决定呼喊——虽然有各种各样的不确定,虽然只有微茫的希望,虽然你唤醒的人发现没有出路会恨你、骂你、掐死你——你还是选择呐喊。

当你呐喊时，你进入了直面的本质：在不确定中创造确定！在本来没有路的地方走出一条路来。

这样的人，有救人救世的心，也可能是最痛苦的灵魂，他们常常在希望与失望、梦想与幻灭之间彷徨，但他们又是坚定的。

这样的人，不只是为了自己"活着"。

这样的人，从"活着"走到了"存在"。

直面的医治者，是在"铁屋子"外面呼喊的人。

直面治疗的目标是"立人"，让人醒来，充分去活出自己的存在。

直面分析：第二种人

他们在铁屋子里，但他们并没有完全睡去，他们的心可以被唤醒，他们需要被唤醒，甚至等待被唤醒。

但是，如果你是第二种人，你可能面对这样的痛苦——醒来了，发现自己置身于铁屋子，又发现这铁屋子是"万难破毁"的，你会为此付出代价：面对真相，感到痛苦，但也不能再回头睡去了。

但也有一种可能，你在铁屋子里醒来，跟外面呼喊的人合力，最终破毁了这铁屋子。

这样的人，可能为了"活着"而睡去，也可能被唤醒，开始从"活着"走向"存在"。

直面咨询师，就像存在治疗师，也像古往今来那些伟大的心灵疗愈者，在铁屋子前呼喊，并想尽力唤醒的往往是这样的人。直面治疗的目的，就是跟这样的人共同合作，破毁他们人生中各种各样的铁屋子。

直面分析：第三种人

他们在铁屋子里沉睡，也不愿醒来。对铁屋子外呼喊的声音，他们或者听不见，或者听见了但无动于衷。不管发生什么，他们不知道，也不想知道，似乎一切都与他们无关。他们不喜欢有人在外面呼喊，因为那声音打扰了他们的梦，他们甚至觉得那声音是危险的，会打破他们想维持的平衡与安宁。因此，他们还会愤怒，威胁甚至攻击那个呼喊的人，也会阻止他们身边那些醒来的人，不让他们去回应呼喊的声音。

这样的人，只为了"活着"，无心于"存在"。他们是改革者最大的阻力。但也有一种可能，或者一些希望，他们中间也有人会被慢慢唤醒，开始睁开眼睛看"存在"。

面对这样的人，直面医者也会有无奈，但依然抱着希望，哪怕是微茫的希望，坚持在那里呼喊。

鲁迅自己的铁屋子

提到"活着"，我会联想到余华的同名小说。在这部作品里，余华用一种客观至冰冷的表现手法描述一个家庭经历的苦难与死亡，其中透露的是一种寻求基本生存而不得的悲哀与无奈。人生似乎是：除了活着本身，没有任何意义。生存都成了一种奢求，遑论意义。这种生存状态，本身就是一个铁屋子。意义不在铁屋子里面。如果铁屋子的外面是意义，铁屋子里的人不相信，就像在全然的黑暗里，没有透进一丝光亮和信息。

对于活着的意义，鲁迅自己也曾是有怀疑的。甚至，鲁迅也曾有自己的铁屋子。在北京绍兴会馆里幽居10年，那便是鲁迅的铁屋子。在此之前，他呼喊过，但没有回应。在极度失望中，他说"算了吧"，便给自己选择了一个"铁屋子"。这时，他也做事，抄抄古碑文，只是为了让自己活着，看不到生活的价值和意义。

因此，那一天钱玄同来访，问鲁迅：你抄这些有什么用？他的回答是：没有什么用。钱玄同又问：那有什么意思呢？他回答：没有什么意思。

这里，"没有什么用"，就是没有什么价值；"没有什么意思"，也就是没有任何意义。

鲁迅的选择

然而，鲁迅不是一个在铁屋子里沉睡不醒的人。他的心灵一角是醒着的，这醒着的一角在暗暗等待一种召唤、一声呼喊、一个机会、一种方式。这醒着的一角，会接纳希望、可能、热情……

这时，钱玄同出现了，他把一个选择放在鲁迅面前：我们的民族在铁屋子里，你要不要去敲打与呐喊，唤醒里面沉睡的人们？这敲与不敲，便是一个"to be or not to be"的问题，它关涉到，只是活着，还是为什么而活。

鲁迅做出了自己的选择：走出自己的铁屋子，前去敲打民族的铁屋子，一边敲打，一边呼喊。这其实是鲁迅自己的父亲死前的一幕，成了一个象征。按照家乡的文化，鲁迅作为长子，要一直在床上呼喊父亲：不要睡去！不要睡去！

鲁迅的生活与思想，有一种悖论的性质：他自己躲进铁屋子，但不甘于此，也在等待机会。他发出存在的追问，并不妄下结论，总保留一个空间：即使希望是微茫的，甚至几近于无，他也不完全否认希望的存在，总会从墙缝里看到一隙光亮。

鲁迅一直在探索之中，他说，如同行路，到了没路的时候，他会坐下来想一想，四处看一看，并不途穷而哭，也不途穷而返，总要找出一条路来探索着前行。

关注：活着与存在

我们可以说，人有两个基本关注：一是活着，二是存在。前者求生存，后者不仅求生存，更加求意义。前者关注生活的条件，也就是"怎样活下去",后者关注的是生活的意义或目的,即"为什么要活下去"。

"活着"与"存在"不是对立的,不是非此即彼的,而是共存的,是相辅相成的——人,不只是活着。活着本身并不构成"人"的全部生活,更不代表生活的品质。当人有了必要的生活条件,他活着;当人开始追问活着的意义,他进入了存在。活着不等于存在,存在也不只是活着。存在是人活着的本质,它基于活着,又高于活着。甚至,人可以失掉"活着"而"存在",却不可以失掉"存在"而"活着"。

条件与可能

弗兰克尔有一个基本命题:没有了意义,人就失掉了活着的动机。也就是说,人生于世,不只是为了活着,还必须回答一个"为什么活着"的问题。这个"为什么",就是活着的理由、活着的目的,也是活着的本质、活着的品质。

尼采说:"当一个人知道为什么活,他就可以承受任何一种生活。"

但是,反过来说,当生存长期受到严重的威胁、压抑、剥夺,或者在追求意义的过程中,受到太多的阻碍、打击、迫害,人可能搁置对意义的寻求,只追求生存,甚至把活着当成意义本身。这就成了我所说的"生存主义",即排除生存的意义,只求生存本身的活法。余华在《活着》里呈现的情形是:一个家庭所有的一切都被剥夺殆尽了,只剩下了"活着"。

值得反思的一个现象是:许多时候,我们如此看重活着,反而活得不好。我们越是求生存,我们的生存空间越是不断受到挤压,生存条件越是不断被剥夺,生存环境越是恶化,生存基础越是遭受破坏,以致鲁迅说,我们从来都没有为自己争取到"人"的地位,也就是说,我们无法活出存在的品质。

活着的条件

如果人只关心"活着"，不关注"为什么活"，就可能陷入两种极端的活法：第一，苟活于世，而不是"存在于世"（海德格尔的词汇），更不是"立身于世"（直面心理学的词汇）；第二，穷奢极欲，今朝有酒今朝醉，即一种极端的享受主义。前者看不到意义，后者把享乐当成意义。从历史看到当今，这两种极端的情况一直存在。一方面，我们如此追求"生存"，即活着的条件，却发现，许多人的生存条件被严重剥夺，以至于只剩下活着，甚至在生存与死亡线上挣扎着活下来；另一方面，我们如此害怕遭受生存剥夺，以至于拼命追求自己的生存条件，剥夺别人的生存条件，让自己在物欲横流里挥霍无度，填补潜意识里的生存恐慌。

"生存第一"常常会演变成"我的生存第一"，结果是，不管拥有多少生存条件，仍然会陷入生存焦虑，永远感到不安全，"自顾自"地活着，只为自己的利益而活，甚至剥夺别人的生存条件，让自己生存下去。

技术的时代

当"活着"成了根本的甚至唯一的理由，我们会不断在"存在"上做出妥协，直到把"存在"的理由妥协殆尽。结果，"存在"成了没有理由的存在，"活着"就成了唯一的存在理由。我们不再追问"为什么活着"，我们只管"怎样活着"——这个"怎样"，就是挖空心思、不择手段去活着，其他是不用管的。我们活着的意义被抽空了，只剩下活的技术——这就是"人"的异化：生活成了一系列不负载情感和意义的技术行为。甚至，心理学，包括心理咨询，正在成为一种技术，一种与生命没有多少关联的观察、评估与研究方法。

尼采当年曾经呼喊：太理性了！现在，我们需要呼喊：太技术了!

受伤与防御

在直面心理学看来，症状是一个铁屋子，象征着心理上的逃避之所。人之所以逃避，是因为受伤，是因为害怕。人躲进自己的铁屋子，还会把别人拉到铁屋子里躲起来，也是出于安全的缘故——因为害怕受伤，人寻求绝对的安全保障。

例如，一个女性在年幼时遭到性侵害，伤而未愈，她一直待在伤痛与恐惧里。这种伤痛里生出极深的不安全感与防御心理，延伸到她后来的恋爱与婚姻关系，进而影响了她对孩子的养育。她生了一个女儿，从女儿很小的时候开始，她就不断对女儿说：要防备男人。久而久之，她把一种莫名的恐惧培植在女儿的潜意识里。这种源自伤害的过度保护与防御，在女儿根本意识不到的情况下造成了一种很深的伤害。伤而未愈，伤即继续。

家庭铁屋子

在直面心理学的考察里，透过人类受伤的经验，我们会看到一个个铁屋子，以及在铁屋子里躲着的受伤的人。

有时，我看到一个家庭是一个铁屋子。在铁屋子里，家长用"为了你好"的名义给孩子造成压制与伤害，通过过度保护的方式，限制孩子与世界接触的经验，挤压孩子的成长空间。我又看到，一个孩子变得无奈、无助，最终躲在病中——这病，便是一个铁屋子，里面躲着一个孩子。我朝更远处观望，我看到孩子症状的根源：原来，孩子的父母也来自于一个铁屋子般的家庭，上一代的父母也用压制与伤害制造着家庭的铁屋子。而且，家庭的铁屋子总是装扮得很好看，看上去是一个美丽的"白房子"。在其中，本来束缚生命的枷锁，上面都贴着"爱"与"自由"。

人类建造了许多文化意义上的铁屋子——个人的铁屋子、家庭的铁屋子、村落的铁屋子、机构的铁屋子……对这些铁屋子，人们习焉不察。

疗　伤

直面的治疗，首先是"疗伤"，疗伤的第一步即觉察，知道自己有伤，然后产生疗愈的意愿。

在直面心理学的考察里，生命中任何一个敏感的部分，背后都可能藏有伤害。当情感受了伤，它会滋生一种强烈而盲目的欲望，要求得到无限的补偿。例如，如果一个人遭受过多的贬损，那他最想成为一个刀枪不入、完美无缺的超人；如果一个人在爱的需求上遭到严重剥夺，那他会要求集天下宠爱于一身。问题在于，他们内心那潜意识的空缺，不管用多高的地位、多少的金钱、多好的感情，都补偿不了。因为时过境迁，成了欲壑难平。因为得不到满足，人躲进了他的铁屋子。

安全与成长

同样是因为受伤，人的安全需求遭到严重剥夺，也就造成了空缺。人为了填补潜意识里的安全需求上的空缺，简直要把自己封闭在一个狭小的空间里，以为那里是安全的，却不知道那里没有成长的余地。症状在本质上是一种被过度压缩的心理空间，它只顾安全，不管成长。

我多次听到来访者类似的表达："从小时候起，我就想待在一个黑而小的地方，那里很窄、很黑，却很舒服，多安全呀！我可以蜷缩在那里，没有人来打扰我。我一直都梦想有这样一个小房子。"

这小房子，就是人心理上的铁屋子，它是一个安全的象征，但不是一个成长的意象。

症状的本质

对于心理症状的表现，人们看不大明白。表面上，一个神经症患者似乎是在为"生存"而战斗，实质上，他是因为没有发现活着的意义而挣扎。当一个人看不到活着的意义，他便觉得活不下去了。症状显示，一个人把生活的全部意义压缩到一个点上：似乎只是某一样东西正在威胁他的生存或存在。他自己看不明白，他并不缺乏生存的条件，他缺乏的是存在的意义。他不是不能"活着"，而是无法"存在"。他有"活着"的空间和条件，却没有找到一条成为自己的路。

在不确定中选择

在直面心理学看来，人生充满各种不确定性，成长是一场冒险，人需要具有直面的勇气，才能在各种不确定的因素中做出选择，才能建立内在的确认感。

症状的根源之一是，一个人拒不接受世界的不确定性，过于追求安全保障，害怕做出选择，躲在铁屋子里，失掉了许多成长的机会，不能成为自己。

直面的治疗，是呼唤一个人走出安全舒适区，离开自己的铁屋子，带着直面的勇气，面对世界各种各样的不确定性，同时向生活的许多可能性敞开，朝虽然模糊却更广阔的领域行进，获得丰富的经验，活出自己的存在。

直面的治疗，是让人通过觉察与选择"发展得好"，反对一味用药物或教条试图把人"抑制得好"（马斯洛的词汇）。一个"全面发展的人"（a fully functioning person）拓展了存在的意义，超越了"活着"的局限。

治疗的困难

但直面心理学充分意识到，治疗并不容易，因为需要面对来访者源自潜意识的阻抗，也可以说来自各种文化铁屋子的抵抗。

在铁屋子里，人们沉睡，害怕醒来，害怕面对人生不确定性。他们要求安全，习惯于防御。他们说："这里很好，我们虽然睡着，但我们却是活着的。"因而，直面医者的呼喊让他们很烦、很恼怒、很抗拒。

在铁屋子外面，也有人前来劝解，说许多妥协的话："算了，不要敲了，不要喊了，他们本来就是一些无望的人。"

甚至还有一些人，他们自称治疗者，但他们对人没信心，却有偏见，他们不相信人有存在的需求，也不关注人的存在本身。他们的"治疗"，不是基于对人的了解、理解和关心，而是对人性的盲目与忽略。他们只看到"症状"，看不到"人"。他们只看到生物的局限，看不到心理、道德、精神的力量。他们以为自己找到了唯一的法宝，如同绝对的真理，可以"解决"所有人的问题，或者人的所有问题。实际上，他们的治疗是强加的，是控制的，是消极的，是教条主义的，是威权主义的。他们的治疗不是让人走出铁屋子，而是在加固铁屋子，甚至是在制造新的铁屋子。他们自己也生活在铁屋子里，而且是铁屋子里难以唤醒的人。

发问：从来如此，便对么？

当年，鲁迅怀疑铁屋子是"万难破毁"的，并不只是说呼喊的人力量不够，更是指铁屋子里的人可能不愿醒来，不愿破毁这铁屋子，甚至要维护这铁屋子。他怀疑得有理。

要知道，直面医者眼里的"铁屋子"，常常以"真理"或"科学"

的面目出现，以权威的面目出现，以最多的维护人数出现，以更大的声音出现。仿佛它是真理，不可违背；仿佛它是"既定方针"，必须遵照执行；仿佛它是"祖宗之法"，从来如此，不可改变。当大家都相信铁屋子一直都是这样的，每个人都说"从来如此"的时候，铁屋子就真的变得"万难破毁"了。

但在《狂人日记》里，我们听到鲁迅借着"狂人"之口发出的质疑："从来如此，便对么？"

颇具讽刺意味的是，这是"狂人"的声音，而许多"正常人"却发不出这声音——"正常人"只要"活着"，"狂人"却关心"存在"，即活着的意义。

谷仓与伞

西方有一个"谷仓和伞"的故事，跟"铁屋子"的故事相仿：有一群人住在一个谷仓里，谷仓里很黑暗。但住在里面的人已经习惯了黑暗，就不再相信有光。有一个先知到谷仓里去，告诉里面的人说，外面有光。他们不相信。但也有人相信了，就跟先知走到谷仓外面。他们看到了光，但不能适应光。他们在所到之处打着一把伞，挡一挡对他们来说太刺眼的光。但他们的子孙会适应光，在有光的世界里生活。

我们也可以想见铁屋子里的情形：先知在奋力呼喊，讲到真相、希望和可能性，要求在里面沉睡的人醒来，做出改变，内外合力，破除铁屋子。先知的声音会在铁屋子里引起恐慌、烦躁，甚至愤怒，以至于有人出于本能，出于习惯，要来保护铁屋子。这样的人对铁屋子里的状况早已习惯，对铁屋子外新的东西心存恐惧。他们情愿留在铁屋子里，不要改变，不要冒险。他们甚至从先知的呼喊里听出了一丝危险，听到了一种威胁，这引起了他们的恐慌与防御。这恐慌与防御，便是医治的最大阻碍。

存在的追问

　　鲁迅有一些迟疑：要不要唤醒在铁屋子里睡着的人？这是先知的矛盾和痛苦。一般人会说：何必呢？但先知选择去敲打铁屋子，发出追问，发出呼喊。

　　存在的生活，就是从这追问与呼喊开始的，而且会一直追问下去，呼喊下去。

　　鲁迅讲了一个狂人的故事，问：从来如此，便对么？

　　亚隆讲了一个傻子的故事，问：我们为什么要搬砖？

　　他们的追问，也是他们的呼喊。

　　现在，我们也来追问与呼喊：古往今来，所有这些铁屋子是对的吗？我们要从中问出真相，问出可能性，问出希望，问出成长，问出意义……问出我们可以立身于世的存在。

　　有时候，我们被迫置身于铁屋子里，那里没有门窗，但我们不要忍受下去。我们说：开一个窗户吧，这里面太黑了。

　　当然会有反对的声音出来调和说：不要开窗，从来如此……

　　那么，我们就像鲁迅当年建议的那样喊：来，我们把房顶掀掉吧。

　　结果是，我们至少可以先开一个窗。然后，我们会再开一个门。最后，我们会破毁这个铁屋子。

克雷格讲的故事

　　最后，我引用克雷格讲的一个故事作为结束：有一个像所多玛或俄摩拉那样堕落的城市，人们沉溺于罪中之乐。在这个城市的广场上，有一个人每天都来这里演讲，他呼吁人们改变堕落的生活方式，选择过有意义的生活，并且警告说，这样下去会遭到毁灭。他开始演讲的时候，有许多人听，后来听的人渐渐少了，最后没有人听了。有一天，一个小孩子走到演讲者面前，说："你难道看不见吗？根本没有人听你演讲，你为什么还要讲呢？"这个演讲者回答说："最开始我来演讲，是因为我以为我可以改变别人；现在我继续还演讲，是为了不让我自己被别人改变！"

后来，这个演讲者老了，死去了。

广场上只有熙熙攘攘的人，却没有了那个演讲者。

一些年之后，在这个广场上来了一个新的演讲者。他就是当年那个向演讲者提问的少年。

症状：逃避合理受苦

在南京直面心理咨询研究所的讲座（南京，2010）

合理受苦的概念

直面取向的心理学与当今世界发展出来各个治疗取向的心理学颇有相通之处。

直面心理学的基本理解是：人生于世，会经历受伤、受苦、威胁、恐惧等，每个人都需要找到自己的方式去尽力直面，而不是找到一个又一个理由去随时逃避。当一个人试图逃避生活的苦，想让自己过一个免于受苦的人生，他最终会逃入病中——最后让自己受症状的苦。症状是逃避的理由！逃避什么？逃避人生的困难与由此产生的痛苦，以至于人在症状里失掉了自己的生活。这是直面心理学最核心的"病理观"："如果一个人没有自己的生活，他就会有症状。如果一个人不能成为自己，他就可能成为一个病人。"这里所说的"生活"，包括在人生中经历受苦和成长。这里所说的"自己"，就是一个敢于直面人生痛苦从而充分成长和实现的自己。荣格有一句话对此做了最好的总结："神经症是合理受苦的替代品。"这与直面心理学相通。还有斯科特·派克（Scott Peck）也曾表达类似的概念："人生苦难重重。""我们总是回避问题，而不是直接面对它们；我们只想远离问题，却不想承受解决问题带来的痛苦……回避问题和逃避痛苦的倾向，是人类心理疾病的根源。"这也与直面心理学相通。

荣格提出一个很重要的概念：合理受苦。所谓合理受苦，关涉人生的一个基本事实：受苦是人生中无法避免的，或者说，没有一种不受苦的人生。当我们明白这一点，我们就对人生有了一种预备：人生有值得的苦和不值得的苦，或者说，有合理的苦与不合理的苦。我们无法选择不受苦，但可以选择受怎样的苦。承受合理的苦叫成长，叫意义；忍受不合理的苦叫受虐，叫症状——不只是精神错乱的症状，也包括神经症状或心理症状。直面人生，合理受苦，或者选择去受值得的苦，是直面心理学的基本思想。

症状的根源与直面的疗愈

这是直面心理学的基本理解：症状是逃避生活困难与痛苦的理由。当然，这里所说的困难与痛苦，是合理的困难与合理的痛苦。这种逃避可能从很小的时候就开始了，甚至可能说，它根植于人的天性。这种天性的逃避又会受到文化恐惧——即一个人在成长过程中遭受的压抑、威胁的综合——的强化，被生活的艰难刺激出来，形成持续的逃避，越逃越深，直到逃入症状。

举一个例子。许多年前，我接待了一个少年，他的生活中出现了一系列的困难：成绩下降，跟同学关系不好，受到老师批评和父母的强求、责怪。有一天，他走在上学的路上，头脑里出现一个念头："你摸一下地，会给你带来好运！"又有另一个声音说："这怎么可能？"但那个念头很坚持："万一会灵呢？"但他还是没有做这个动作。现实的困难还在累积，一直没有找到有效的解决办法。头脑里的那个念头又来了。终于有一天，他弯腰摸了一下地，从中得到一种安慰的感觉。他在现实中碰巧遇到一件好事情，比如，老师对他的态度变得温和一些了，这就跟他头脑里那个念头形成了一种默契，好像老师的温和态度是他摸地带来的好运。还有一种情况，

141

这个念头在头脑里继续威胁着他：如果你不摸地，你会倒霉的。这一天，当他回到家里，在书桌前读书时，他不小心把一杯水泼在桌上，书被打湿了。他会怎样解释这件事？他的解释是：我今天没有摸地。这就是症状背后的动力。直到有一天，他的妈妈走进他的房间，看到他不停弯腰摸地。

分析起来，最开始，这个少年人想找到一个方法来解决他的生活难题与烦恼，但他没有找到一个现实的方法，他找到的是一个象征的方法。结果是，这个象征的方法（不断摸地）并不能解决他的现实难题，也不会真正解决他的痛苦，除了给他带来一点点安慰。但因为追随安慰，他陷入症状之中。接下来，当他形成了这一系列的症状行为，妈妈吓坏了，就会减少对他的强求，反而对他有更多的关心，他又得到了一层安慰。甚至，他还可以用"症状"来解释他的生活难题，那意思是说，因为无法控制地要做这个行为，才导致他的学业不振、与同学关系不睦，以及老师总是批评他。

逃避的理由不仅来自当事人的现实困难，也可以从过去的经验中找来，如遭遇的某次惊吓或创伤，皆可用来作为逃避的理由，而当事人试图逃避的，总是现实的困境。再举一例，一个女性与婆婆关系紧张，而丈夫也开始疏远她，当她生了孩子之后，她对养育孩子有很多的焦虑，又担心失掉工作。这种生活困难与痛苦似乎也没有解决之道，后来就发生了一次转移。有一天，记忆中的一件事情冒了出来。她想到幼时生活在农村，跟一个同伴有一次性游戏。自此，她陷入了一种新的担忧：每天害怕那个人会来找她，把她好不容易争取到的城市生活毁掉。

我在跟她面谈中曾问她："如果你到了50岁、60岁，回头观望你一路过来的生活，发现其中快乐无多，却满是愁苦与担忧。那时，你会怎么解释你的生活？"她回答："因为幼年时发生的一次性游戏，使我一生都陷入恐惧，我无法做任何事情，更无法活得快乐。"这时，她找到了一个回避生活困难与痛苦的理由。当她这样想，她就会这样做，最后她就真的把自己的生活变成了一场麻烦与无奈。这就是症状的力量。

但我们这样说，并不是责怪当事人，因为这背后有原因。再举例说，一个人有 10 年的强迫症史。我跟他妈妈谈话的时候，谈到他的童年。他小时候被放在南方的一个镇上，跟脾气很坏的爷爷生活在一起。妈妈在北方的一个城市工作。在他六七岁的时候，妈妈在假期里回来看他，跟他一起度过一段时光。假期很快就结束了，妈妈离开的这一天，带他去街上买一些东西，她发现孩子不停要小便。妈妈当时不明白，还生气，责怪孩子不懂事。许多年后，在面谈室里，这个妈妈跟我谈到这个事情，她明白了，流下了眼泪。她才知道，孩子不想让妈妈离开，想用这种方式挽留妈妈。他言语上表达不出来或者不敢表达这个意思，就用身体来表达。这便是所谓的"躯体化"症状。这位妈妈是一个教师，她有了这个教训，平时就会对年轻的同事说："你们不要总是工作，一定要多陪陪孩子，不要跟孩子分开，不要把孩子放在爷爷奶奶家或外公外婆家，不然你们会付出代价，而这代价太惨重。"因此，如果就症状论症状，我们没法真正帮助来访者，因为在症状背后有大量被压抑的愿望和没有满足的需求。

这是我 20 多年前的一个案例：有一个青年来访，主诉自己有皮肤病。他本来去了医院皮肤科，医生却建议他来寻求心理咨询。我在面谈中了解到他在生活中遭遇的困难和苦恼。因为没有找到对象，他每天回到家，就会面对父母的责备。他经营一个小卖部，生意惨淡，生活上依赖父母。他是个老好人，容易压抑自己，讨好别人，甚至有些幼稚，表达不够明确，没有什么朋友，女孩子也很容易忽略他。有一次，他生了病，父母不再责备他，反而关心他、照顾他。这是他在生活常态中难以得到的关照，他内心感受到一种极其美好的温暖。病好之后，父母的担忧与责怪又来了。他渴望得到的温暖似乎是伴随生病而来的。在他不知道的情况下，他的潜意识为他预备了一个病，可以免除父母对他的责怪，并换取他们的温暖。

我想起弗洛伊德所谓的"逃入病中"（flight into illness）和"因病获益"（gain by illness），才知道这是他作为心理治疗先行者的洞见。这也是直面心理学的一个最基本的观察。人因为害怕面对现实的困难与烦恼，又找不到可靠的出路，就会选择逃入病中。从根本上来说，在每一个人面前，不管遇到什么事情，他都有两个选择。一条是逃避的路：人寻求自我安慰，追求舒适，不愿面对现实困难，不愿承受艰难的过程，想求一种立刻得到满足的结果。这条路通向症状。另一条是直面的路：接受生活的艰难，直面合理的痛苦，去经历和承受它，并且相信，我们在现实中受的苦会有结果，因为直面与成长才会带来生活的幸福和生命的价值。这是一条成长和成为自己的路。

我问一个又一个当事人："为什么会这样（逃避）？"他们说："这样会使我舒服一点。"一路过来，他们那样做了，就会从中得到一点舒服的感觉；不做，就会觉得不舒服，甚至觉得会倒霉。结果，他们在不断得到舒服和担心不做会倒霉的过程中，沿着一条求安慰、求舒适、求安全的路，逃避合理的受苦，也回避了人生中一个个成长的机会。人生中的一个个回避累积起来，就形成了各种类型的症状，把自己包裹起来了。

选择承受合理的艰难与痛苦，寻求一条现实的解决之道，虽然这是痛苦的，却会带来问题的解决、生命的成长，并且发展出勇气与能力。选择一条回避的路，似乎是容易的，也会得到暂时的舒适与安全，却渐渐进入一场症状，从此要承受症状的苦，让生活变成了一场持续的挣扎。当你了解了这一切，你会怎样做出选择？

当事人的逃避是不是有意的呢？不是。这个选择往往是无意识的。这就是为什么症状带来痛苦的时候，人们会来寻求医治。许多人为了逃避受苦而进入症状，他本以为在症状里是轻松的。但他没有料到，神经症症状的痛苦非常大，而且危险，没有什么出路，只会是一条死路。他们本来以为这里是舒适的，但后来发现这里是更痛苦的，不仅是痛苦的，而且是危险的，不仅是危险的，而且是无意义的，不管你怎样挣扎，都是徒劳无获的。一个人在真实的土地上劳动，才有具体的收获。但一个人找到一个替代品，他在进行一种象征性的劳动，他的工作没有成效，如同建立空中楼阁，如同在野草上施肥，终归是白忙活一场。他在症状里挣扎得越厉害，他越没有结果，只会陷入更深的症状。

直面的治疗，就是跟一个人探索他在逃避什么，找到生活中的受苦部分，然后帮助他回去面对那受苦的部分，勇敢地承担它。

疗愈：直面合理受苦

在万生心语的讲座（北京，2011）

对少年荣格的一个直面分析

我先讲一个荣格的故事：荣格 11 岁的一天，他走在上学的路上，与一个比他大一些的孩子发生了冲突。那个孩子把他推倒在地，他的头撞在路边石上，便昏厥过去了。这是一般意义上的生活叙事，许多人以为事情就是这样的。

但在许多年后，荣格回忆这件事，他做了这样的叙述：在我 11 岁那年的一天，我走在上学的路上。有一个比我大的孩子把我推倒了，我的头撞到了路边的石头上，就在我的头碰到石头的那一瞬间，脑子里闪现了一个念头："从此，我再也不用去上学了……"然后，我就昏厥过去了。

荣格回到家里，没有再去上学。他过着轻松自在的生活，时而也会昏厥一次。父亲带他去医院看病，但看不好他的病，医生有各种各样的诊断。时间流逝着，一天又一天，荣格待在家里，一晃 7 个月过去了。

7 个月后的某一天，荣格经过父亲的客厅，看见父亲正接待一位来访的朋友，他听见父亲在说话，声音低沉，充满了忧愁："我的儿子，也不知道他得了什么病，医生都说不明白，这样下去，这个孩子的一生恐怕就完了，只能在家里度过了。"

荣格从房门边默默走开了，从这一刻起，他在心里做了一个决定：明天我要去上学了。

第二天，荣格的父母惊讶地看到，他背着书包去上学了。

据荣格回忆，从那以后，他的人生中再也没有发生过昏厥。

大家听了少年荣格的故事，下面我对之做一个直面分析，让我们了解症状背后的原因与动机。我用荣格的一句著名的话来分析荣格的故事。这句话前面说过："神经症是合理受苦的替代品。"这句话与直面心理学相通。荣格现身说法，也与当今世界心理治疗领域的现象相通。许多有创造力的心理治疗学家在年轻的时候，也曾有过身心症状。在荣格身上有，在弗洛伊德身上也有，其他著名的例子还有埃利斯、森田正马、艾瑞克森（Milton Erickson）等。他们经受过身心症状的苦痛与挣扎，并基于亲身体验和自我疗愈创造出独具一格的心理治疗理论和方法。

首先，我们需要弄明白，什么是少年荣格的"合理受苦"？

我们已经知道，合理受苦是指一个人在成长过程中自然要经历一些艰难和痛苦，不管是人际的冲突、被人误解、人生丧失，还是生活的艰难、奋斗的辛苦、成长的创痛，对这一切我们无法回避，只有前去面对，尝试应对，我们才能获得成长，实现自己的人生。

那么，具体来说，荣格的合理受苦是指什么呢？便是他在学校遇到的困难。这里，我们需要了解一下荣格的生活背景。荣格自幼喜欢阅读，他在很小的时候就已经在父亲书房里博览群书了。他是一个内在世界很丰富的孩子，而且敏感、善思，甚至是一个孤独的孩子。他不喜欢跟人交往，常常沉溺在自己的幻想之中。他有时候会跟自己说话，跟小玩具人说话。在他的自传里，有这样一些描述。他常常坐在山坡的石头上，陷入冥想，物我之间的界限都变得模糊了。恍恍惚惚之中，他对自己产生了惶惑：我到底是一个叫荣格的少年坐在一块石头上，还是我是一块石头，上面坐着一个叫荣格的少年？这样的情形也发生在中国古代的庄子身上，大家都知道庄周梦蝶的故事，与此相类。这可能是心灵冥思达到的一个境界，但按现在的精神病诊断，可能被认为是一种症状性的精神恍惚。不管怎么说，少年荣格的这种精神特质，一定会影响到人际沟通，给他带来现实的烦恼。还有，荣格写的论文远远超越他那个年龄所能达到的境界，以致老师怀疑他抄袭，这也让他相当愤懑。也是在这个阶段，他对数学产生一种强迫性的思考，总要去追溯数字的本源，这也让他陷入苦恼。说到这里，我们就知道了，上学成了荣格少年时期的一件苦差事，成了他暂时逃避的"合理受苦"。

面对这样的合理受苦，荣格最终会怎样做？

我们知道，所谓合理受苦，就是一个人在生活中必须承担一些苦。当一个人感到他受的苦到了难以承受的程度，他就会试图逃避它。如果他不愿承受它，又找不到途径逃避它，他就陷入焦虑与冲突之中。也就是说，荣格想回避上学的困难，但找不到一条现实可行的途径。假如荣格对父亲说："我不想上学了。"父亲会问："为什么不想上学了？"假如荣格说了他在现实中遇到的困难，父亲会说："你去想办法解决它们啊。"因此，选择不上学是行不通的。

症状是怎样发生的？

一个"偶然"事件的发生，加上潜意识的配合，帮助棠格找到了一个途径：晕厥。这就是直面心理学所说的"逃避的理由"，也就是荣格所说的"替代品"。晕厥就成了最有说服力的理由，帮助他达成逃避合理受苦的目的。这是一个很隐秘的事实，它如此隐秘，以至于当事人本人不知道，他的父亲不知道，为他提供治疗的医生也不知道。到如今，在我们的生活周围，依然有许多人在这种"不知道"里发展出心理症状，他们因为找到了这样一个"替代品"，让他们的人生成了症状的牺牲品。当它发生之时，荣格并不明白。当荣格成了一个心理学家，他回忆起这件事的时候，他明白了，原来他的晕厥背后有一个很深的潜意识动机，反映在他的头撞在石头上的那一瞬间——他的头脑里闪现一个念头：好了，从此，我再也不用去上学了。于是，他晕厥过去了。到了这里，我们才理解了荣格的概念：神经症是合理受苦的替代品。

那么，疗愈是怎么发生的呢？或者说，是什么让荣格决定"明天我要去上学了"？

从直面心理学的角度来看，从"合理受苦"到"心理症状"，我们看到的是一条逃避的路。因为荣格找到了合理化的理由，他得以成功地逃避合理受苦。他以为逃避了合理受苦，他就会获得心理的安慰与舒适，从此可以永远待在他的舒适区。但为了享受这一时的舒适，他陷入了一种症状性的冲突。人性里有两种渴望或倾向：一种是直面的，一种是逃避的。当人经历直面，他获得了成长，但也要承受压力与焦虑；当人选择逃避，他会得到一时的安慰与舒适，但也有惶惑与担忧。就在这时，荣格无意间听到了父亲的那句话："这样下去，这个孩子的一生恐怕就完了，只能在家里度过了。"这话发出了一个强烈的信号，就像一道闪电，一下子点亮了荣格的意识，刺激到他的动机深处，让他一下子看到：他从学校逃避到家里是危险的，这里不可久待！

非常有意思的是，许多人认为人生是艰苦的，他们以为逃避到一个地方，就可以轻松而舒适；许多人以为现实是危险的，他们以为逃到一个地方，就可以安全而有保障了。岂不知道，当他们长期逃避到一个地方，那个地方就成了症状，而症状里也有苦，也有危险，且是无意义的苦，让人丧失成长的危险。症状里包括着一个本质，就是"完了"。当事人往往意识不到，或者不愿意去看到这个"完了"，就会一直在症状里待下去，直到他们的一生真的完了。然而，在荣格身上发生了奇妙的事。那天，荣格的父亲无意之间把症状的本质（"完了"）揭示出来，并且触动了少年荣格的心。在症状里度过一生，这不是荣格想要的生活！在那个时刻，荣格意识到，他必须离开这个地方，回到生活中去。不是逃避"合理受苦"，而是去"合理受苦"。就是那一刻，他的内心又出现了一个声音：明天我要去上学了。可以想象的是，第二天，当父母看到他背着书包去上学，他们一定张大嘴巴，满脸的惊愕！

说起来，这也是许多神经症患者前来寻求疗愈的真正动机。

把荣格案例应用到直面疗愈

在直面取向的心理治疗中，荣格关于"合理受苦"的概念以及他少年时期的故事，成了我一度在心理咨询中使用的辅导方法，也是直面分析的一部分。在跟来访者建立关系并且了解他的心理症状及其根源之后，我会把荣格的这个概念提出来，请来访者做出解释。一般情况下，来访者是解释不了的，但可能由此产生对这句话的兴趣。然后，我给来访者讲这个少年荣格的故事。再后来，我请来访者结合荣格的故事，对那个"合理受苦"的概念进行阐释。我的真正目的，是以少年荣格案例为镜鉴，来反映当事人的生活，让他发现自己的"合理受苦"和他的"替代品"。我的工作程序大致如下：

（1）给来访者讲这个故事，或让来访者阅读这个故事，然后向来访者提问并与之探索、讨论。

（2）荣格回忆他少年时期的故事时，说了这样一句话："神经症是合理受苦的替代品。"对这句话，你结合荣格的故事，会有怎样的理解？

（3）在你的理解里，荣格生活中的"合理受苦"是指什么？

（4）如果把荣格的故事作为一面镜子，用来反映你的生活，你看一看自己生活中有没有"合理受苦"？它是什么？

（5）你怎样理解你的"合理受苦"，对它持有什么态度？

（6）荣格试图逃避他的"合理受苦"，但他必须找到一个"替代品"，这个"替代品"是什么？

（7）你怎么理解这个"替代品"？它是一个"通行证"？一个"合理化的理由"？

（8）我们为什么要使用这个"替代品"？或者说，我们使用它是为了达到什么目的？

（9）我们真的能够达到自己的目的吗？比如，荣格最终达到了他的目的吗？

（10）荣格躲回家里，成功躲避了他的"合理受苦"，为什么他后来又决定"明天我要去上学了"？

（11）你怎么理解荣格父亲说的"这样下去，这个孩子一生恐怕就完了"这句话？

（12）比较一下荣格的父亲与你的父亲（母亲），你会有什么发现？

（13）荣格做出了自己的选择，你会做出怎样的选择？为什么？

（14）好，现在回头再来看一看荣格说的那句话：神经症是合理受苦的替代品。结合你自己的故事，你有什么新的理解？

举例来说。有一个女子，我叫她潇。潇从大学休学在家已经3年了。在这3年期间，父母给她找了各种各样的治疗，就像荣格，不同的治疗者给她下了不同的诊断，她吃了许多药，并一直待在家里。有一天，潇来向我求助，开始接受直面文化分析取向的心理治疗。我给她讲了荣格的故事，这个故事就像在她面前竖了一面镜子，她从里面看到了自己。

我问：如果用荣格的故事来看你的生活，你的"合理受苦"是什么？

潇意识到，她从小到大只顾学习，听话，成绩好，被认为是最优秀的学生。但她缺少跟人打交道的经验，没有发展出交际的能力。到了大学，她跟同学交往时被认为太幼稚，失去了往日被家长、老师和同学捧到最高处的光环或荣耀。她受不了这个落差的冲击，情绪跌入低谷，甚至觉得自己一无是处，就逃回家里，而且一躲就是3年。3年里，她经历了许多内心的冲突与挣扎，也尝试过走出来，但还是躲回家里去了。当她反思自己的生活时，她发现了自己的"合理受苦"——读大学遇到的各种困难。

我问：你妈妈怎么会允许你躲回来呢？

潇回忆说：一到大学，我的身体就出现各种症状。最后，妈妈只好让我躲回家里来了。然后，潇意识到，原来这些身体症状是她的"替代品"，是帮助她逃避合理受苦的"合理化理由"。

接下来，涉及选择。

我问：荣格为什么决定返校读书？

潇从荣格的故事看到，症状是一种选择。当初她选择躲回家里的时候，她并不真正知道原因，她以为是躯体症状所致，她自己也没有办法，只好躲回家。她也以为，躲到家里，一切都好，回到学校就完了。像荣格一样，潇面对的是：是选择合理受苦，还是选择某一个替代品来逃避合理受苦？她明白了，合理受苦代表着人生成长必须经历一些艰难，选择它需要有直面的勇气。虽然很难，会经历恐惧，但最终会让她发展出应对生活的能力，获得自我的成长与实现。如果继续选择一个"替代品"作为合理化的理由，逃避合理受苦，似乎可以换来安逸的生活，却在躲避中不断丧失成长的机会与资源，最终换来的是心理的症状。当潇意识到心理症状是一种选择，她决定做出新的选择。

我问潇："如果荣格在家里不是待 7 个月，而是 7 年，或是 17 年，他的情况会怎样？"

潇说："那么，荣格就会只是欧洲的一个病人，不能成为一个伟大的心理学家了。"

我问："对你来说呢？"

潇没有回答，但她已经看到了自己的现实：她在家里已经待了 3 年了。如果在家里一直躲下去，再躲个 13 年、23 年，她就"完了"。原来，不是她承受生活中合理的痛苦会"完了"，而是她继续待在家里才会"完了"。

每个人都有自己的合理受苦，有些人不愿面对和承受这合理的痛苦，不愿在现实中寻找应对困难的途径，反而寻找一条求安慰、求舒适的逃避之路，却不知道这是一条危险的路，在逃避中暗暗削弱和消解了直面生活和自我成长的能力。为了推动当事人去直面，我还会帮助他们建立一种直面的态度：把"因为害怕，所以逃避"变成"虽然害怕，依然面对"。逃避合理受苦，获得了一时的安慰，最终却发展出症状。当我们尝试直面，不断获得经验，增进勇气，就发展出应对生活的能力。我提醒潇，我们生活在选择中，每时每刻，面对一件事情、一种关系，我们都在选择中。说到底，所有的选择都集中在这一点上：我们可以选择症状，也可以选择成长。

我问潇："荣格做出自己的决定——'明天我要去上学了'，你呢，会做出怎样的选择？"

潇的回答是："我要回到学校去。"

后来，潇返回了她的大学，经历了充满"合理受苦"的大学生活，然后在毕业之后进入一个公司。后来，潇就像一条鱼，游入了生活的大海，我从此再也没有潇的消息。但我知道，不管她到哪里，她都会在"合理受苦"方面尽力而为，不会逃回到她的"家里"，也不会逃入症状中。

　　我非常清晰地记得一个场景，在有一次面谈中，潇一直哭泣，不断用纸巾擦眼泪，带着她眼泪的纸巾装满了废纸篓，然后我听到她对我说："王老师，你是我遇到的最好的心理学家！"其实，我只是给她讲了一个少年荣格的故事。

成为心理咨询师

郑州市心理咨询师协会年会主题发言（郑州，2011）

选择：为什么要做心理咨询师?

我是一名心理咨询师，在这个领域做了一些年，有一些经验。现在，我就像一个老兵，从前线下来，跟年轻的同行分享我的经验。

许多年前出现了一个词，叫"谈话治疗"，据说来自弗洛伊德的第一个病人：安娜·O（非真名），她把弗洛伊德对她的治疗称为"谈话治疗"。

在那个时候，说起"谈话治疗"，人们觉得很奇怪。现在都知道了，这叫心理咨询。

在我小的时候，常常听村庄老人说一句俗语：话匙开心锁。我当时也不明白，后来做心理咨询，就明白了，觉得这话多有文化啊！

我是一个心理咨询师，每天的工作就是跟人谈话，就是做谈话治疗，帮助人打开心锁。

为什么选择做一个心理咨询师? 我猜想，在座每个人都曾这样问过自己。而且，我们每个人都必须做出回答。

在我们之前，有许多人都问过自己："我为什么要选择做一个心理咨询师或心理治疗师？"问过之后，有人做了，有人没做。有一位精神分析师叫赖克，他问自己："我要不要成为一个心理治疗师？"但他无法做决定。他就去问弗洛伊德，弗洛伊德便对他说，去听一听

自己内在天性的声音！（参见徐钧的《心理咨询师的部落传说》）

我们知道，赖克做出了自己的选择，他后来也成了一位著名的精神分析师。

又一幕场景发生在美国，有一个年轻人叫罗杰斯，他很想从事心理咨询，但他对此也不大确定。有一天，他向一位心理学家请教，他得到的回答是："不要做这个，这没有什么意思。"罗杰斯后来并没有听从这个意见，还是选择从事心理咨询，成了当事人中心疗法的创立者。（参见罗杰斯的《个人形成论》）

埃利斯的选择是从这里开始的：他在年轻时有严重的心理困扰，他问自己："我为什么如此烦恼？""我的烦恼从何而来？"他一直问自己，又自己去探索答案：我的烦恼不是"起于事"，而是"起于对事情的看法"。后来，从这个答案里延伸出一套心理治疗方法，叫理性情绪疗法。

森田正马的情况也大致如此。他自幼患有身心症状，又在症状的痛苦里有了基本的发现：苦闷至极即解脱，放弃治疗乃治疗。这就是他创立的森田疗法的核心理念。

心理咨询的观念一直都在发展之中。亨利·卢云（Henry Nouwen）提出一个词语："受伤的疗愈者"（The Wounded Healer），成为一个具有划时代意义的疗愈概念。

欧文·亚隆强调心理咨询是在生命深处与人"相遇"（encounter），也在许多人心里产生了深切的认同。

任何一个人选择从事心理咨询，总与他的生命经验有关，与他对人的理解有关，也与他对心理咨询的理解有关。

相遇：我竟然成了心理咨询师

我为什么选择心理咨询？这来自一种"相遇"的经验。

首先，我遇到了它，它震撼了我。

说起来，我最早了解人遭受心理困扰的经验来自一个朋友，他叫郭海平。他本是一个画家，却在 20 世纪 80 年代末尝试心理咨询。当时，南京团市委开通了一条"心理热线"，便是他主持的。他主持的热线一开通，便接到来自全国各地的许多求助信件。我当时与他过从甚密，读到他在报纸上写的文字，跟他谈这个方面的话题，特别是我一度在他那里读了许多求助信件，我自己的内心经历了一种很深的震惊：原来在阳光之下的生活，并不是生活的全部，在我们所不知道的地方，有许多人正在经历一种一般人根本无法了解也无法理解的痛苦，这便是我后来从事心理咨询之后亲身接触到的心理症状。

到了 20 世纪 90 年代初，我到北方一所大学教书，在我任课的一个班上，有一个优秀的女大学生跳楼自杀了。我曾看出她正在经历某种心理的困惑与挣扎，也曾向学校报告过她的情况，但人们终究不了解什么是心理问题，反而觉得她是最好的学生，不会有任何危险。谁也不会料到她会选择自杀。她的父亲是一位老教授，失掉爱女，他陷入了极度的哀伤，我曾经陪护他经历丧亲之痛。我不知道，这是不是也成为我后来选择做心理咨询的一个动因。我想，如果有人早一点知道她内心正在经历的痛苦，并且给予特别的关照，她不会用那样的方式去结束青春的生命。

其次，我经历了它，它让我看到了自己。

20 世纪 90 年代中期，即 1996 年，我到南方一所大学教书，接触并参与了一个由新加坡人创办的心理咨询中心。我在这里对心理咨询有了最初的学习与尝试。在最初的经验里，我听到一种来自我内在天性的声音，它让我对自己有了一个发现和确认：原来我可以做这个！这时，我开始体会到心理咨询对我这个人意味着什么，我意识到我需要做出一个重要的决定。这时，心理咨询对我来说，它的意义不是一份工作或职业（我有工作，在大学教书），也不只是一个专业（我有专业，即文学），而是一种呼召、一种使命。这时，我已经 30 多岁。以前找来找去，找到了文学，学习了英语，修读了神学，又在大学讲授文化，现在却发现，有一种东西叫心理咨询，说简单一点，就是每天坐在那里跟人谈话。而我十分惊讶，世界上竟然有这样一件事情，它最符合我，最能激发我、调动我，仿佛它为我而设，或者我愿意让自己为它所用——它可以充分使用我，我愿意全心跟随它。原来，我以前所追求的文学、英语、神学、文化，最终成了我从事心理咨询的预备。它们铺设了一条路，我沿着这条路走到这里，遇到了心理咨询。

心理咨询是一个专业，要从事心理咨询，就需要接受专业训练。心理咨询师不是天生的，而是在训练与实践里造就出来的。接下来的人生，可以总结为我的几个重要决定：（一）20 世纪 90 年代末，我到美国去修读心理咨询；（二）2002 年，我从美国回到南京，创办南京直面心理咨询研究所；（三）此后，我一直潜心从事心理咨询，并周期性出国接受专业训练。我如此迷恋于此，不知老之将至。

训练：怎样成为心理咨询师

人生是一场旅行，人在旅途中会有磨难，会受伤，会走进一个个流泪谷。欧文·亚隆用了一个词叫"旅途伙伴"（fellow traveler），意思是说，心理咨询师就是那个陪伴来访者走过一段艰难的人生旅途的人。他走进来访者的生命深处，体谅来访者的感受与处境，与之产生深度的互动，这就是"在生命最深处与人相遇"（亚隆的用语）。

心理咨询的效果从何而来？直面心理学最强调的不是"怎样"

医治，而是"谁"在医治。这个"谁"就是心理咨询师。中国古代有一句话，叫"工欲善其事，必先利其器"。对心理咨询这件"事"来说，"器"是什么？便是心理咨询师这个"人"。心理咨询是生命影响生命，心理咨询师用自己的生命去工作。当他做好了心理咨询，即"善其事"也。如何把这个工作做得有效呢？心理咨询师就得不断学习，不断磨炼自己，即"利其器"也。一个真正的心理咨询师，就是一个"利器"。按韩国专门心理治疗院院长沈相权博士的说法，如果你想成为真正的心理咨询师，你需要去寻找三个"人"。第一个人是教授或理论家，他教你心理咨询的理论方法；第二个人是督导，他指导你从事专业心理咨询实践；第三个人是心理咨询师。这听起来有些奇怪：你要成为一个心理咨询师，为什么还要去寻找心理咨询师呢？简单说来，你需要接受治疗，处理你生命中那些意识到的和没有意识到的伤痛或缺失。你接受心理咨询师的治疗，同时也在这个过程中学习怎样做治疗。

当一个人真正成了心理咨询师，他便基于自己的生命品质与专业素养，帮助来访者经历自我分析，获得自我觉察，做出新的选择，采取新的行动，不断做出改变，最终成为自己。

心理咨询师"利器"之一：善的敏察

我曾在《读者》上读到这个故事：在英国有一个马戏团，马戏团的主角是一头来自印度的大象，这个马戏团到处巡回演出，大象的表演赢得所有人的喜爱。但有一段时间，这头大象再也不愿登台演出。马戏团团长想了许多办法，都不能让它登台表演。大象卧在铁笼子里，不吃不喝，神情忧郁。马戏团团长气急败坏，觉得大象成了累赘，决定把它杀掉算了。正在这时，马戏团来了一个小老头，他声称能够治好大象，马戏团团长哪里会相信他，但他愿意跟马戏团团长立下军令状。于是，在众目睽睽之下，这个小老头走进了关大象的铁笼子，开始跟大象说话。一段时间之后，当他从铁笼子里走出来，那头大象跟着他走了出来，从此重返舞台。

看到这个情形，许多人目瞪口呆，不明白发生了什么。后来人们才知道，这个小老头叫吉卜林，后来成了大名鼎鼎的诺贝尔文学奖获得者。吉卜林是怎么治好了这头抑郁的大象呢？许多人不太理解，但心理咨询师能理解。

原来，吉卜林年轻的时候，曾经在印度生活过许多年。吉卜林喜欢动物，尤其喜欢大象，对大象的习性十分熟悉。当他听说马戏团里有一头大象拒绝表演，他一下子就明白这是怎么回事，并前来治疗这头大象。这背后原因是：这头大象离开印度很久了，得了思乡病。而吉卜林跟大象在一起的时候，他用印度语跟大象交谈，立刻治愈了这头大象的思乡病。

我把吉卜林的这种品质或能力称为"善的敏察"，他既有一颗良善的心，又有一双敏察的眼睛。而心理咨询需要具备这种"善的敏察"。在人类中有这样一些人，他们像大象一样"病了"，在他们周围，人们根本不知道这是怎么回事，就说这些人"懒""变态""不正常"……这样的评价让这些人感到内疚，并且放弃了治疗。但在人类中总有一些人，他们知道是怎么回事，他们就成了人类心灵的疗愈者，其中包括那些真正的心理咨询师或心理治疗师。像吉卜林走进铁笼子跟大象交谈一样，心理咨询师跟那一个个因禁在症状里的人交谈。心理咨询师最懂"病人"的语言，就用"病人"能够听得懂的语言跟他们说话。那些语言传递着一种情感，既能了解困难的根源，也能理解症状的本质；既能体谅他们的需要，也能激发他们改变的动机或意愿；既能赢得他们的信任，也能唤醒他们的觉知。最后，这些被认为"病了的人"一个个走出了症状的铁笼子。

简而言之，为什么吉卜林能够治愈关在铁笼子里的大象？为什么心理咨询师能够治愈陷入"症状"的人？因为他们都有一种共同的能力，叫"善的敏察"。

心理咨询师"利器"之二：独立的善意

特蕾莎修女所行善事，许多人并不明白，甚至会有误解，有非议，但她仍然做下去。为什么特蕾莎能做下去？因为她身上保持着一种独立的善意。简单来说，当我们行善不是为了得到赞扬，也不是害怕不做会被人批评，这时我们就开始有了独立的善意。

做心理咨询师也是如此，我们需要有这种独立的善意。我们必须做好这样一个准备：我们所做的事情，不会有许多人真正知道。来访者的家人不大知道，甚至来访者本人都不大知道。在咨询室里发生的一切，如果公开出来给人观看，也不会有多少人知道，甚至许多人看不明白，还觉得这很无聊。正如吉卜林在铁笼子里跟大象说话，围在那里观望的人实在不明白，为什么大象竟跟在吉卜林身后走出了铁笼子，重新登台表演。在此之前，精明的马戏团团长用尽了办法，甚至要杀死大象，大象都不为所动，而吉卜林与大象做了一场简单的交谈，竟然起到这般神奇的作用。人们惊讶，因为不明白。

从事心理咨询许多年来，我的一茬又一茬同事时而这样表达他们的惊讶："我看到一个人走进了面谈室，走出来的时候，他已经不一样了。本来是同一个人，一进一出，却不一样了。这太神奇了！"当我们成为一个好的心理咨询师，这样的事情时常会发生。但也切记，改变常常是在一个相当长的过程中发生的。

欧文·亚隆有过同样的经历，他的学生们很想知道在面谈室里发生了什么，以至于有人对亚隆说："我真想变成一只苍蝇，飞进你的面谈室，落在墙上，亲眼看看那里发生的一切。"

对于不明白的事情，人们常常会有两种反应：一是很羡慕，想来学习，弄明白它；二是很惶惑，觉得危险，想否定它。作为心理咨询师，我们一方面要把心理咨询做好，并且培育和支持那些跟我们学习的人；另一方面，我们要面对人们对我们的不解，甚至指责。保持独立的善意，意思是说，我们做这件事，是因为我们认定它是好的。但我们并不能保证别人也认为它好，甚至我们还会遇到别人认为它不好的情况。这并不是说它真的不好，而是总会有人觉得它不好，因为人的立场不同，人的认知水平也不同。

举例来说。我在咨询中时而会遇到这样的父母，他们跟孩子之间建立的是一种彼此依赖的关系，严重到形成一种"共生体"。说到这里，我就想起崔健的歌词："你离不开我，我也离不开你，谁都不知到底是爱还是赖。"彼此无法分离，是许多亲子关系中的麻烦。这麻烦就是，孩子到了一定的年龄，不能适应社会，就会发展出某种"症状"，退回到家里来了。父母带孩子来寻求心理咨询的时候，他们在意识上是想让孩子变得独立，走向社会。但在潜意识里，他们又担心孩子，离不开孩子。他们一边为孩子的现实状况而焦虑，一边又享受孩子对他们的依赖，从中获得一种满足。这时，心理咨询师就被置于一种相当为难的境况，他的工作是为了让孩子跟父母适当分开，发展出独立的能力，最终成为自己，过自己的生活。这本来就是艰难的。更大的艰难来自于父母，当心理咨询师在帮助孩子走向独立时，父母会出来阻拦，至少不能跟心理咨询师合作。有的父母不能做到跟孩子分开，他们内心也有对孩子的依赖。这样看来，作为养育者的父母本身也不是独立的个体。这时，心理咨询师就得带着独立的善意去工作，继续奋力帮助来访者实现独立，哪怕从其父母那里得到的不是支持，不是感谢，而是不满，甚至怨愤。

这种独立的善意，是一种对价值的认定，也是一种坚持的态度。心理咨询师可以承接花团锦簇的感谢与赞扬，更要学习承受萧然独立的寂寞与冷眼。我至今记得读研究生时一位导师的话：板凳宁坐十年冷，文章不写一字空。

关系的疗愈

涉及心理咨询，许多人关心的是：它的效果从何而来？对此，人们有不同的看法。有人以为，心理咨询的效果来自方法，因此很关心心理咨询师使用什么方法。有人在乎程序，因此要求心理咨询师列出治疗方案。有人在乎名声，因此到处去找头衔很响的心理咨询师。有人相信药的作用，就带孩子去医院开药。甚至有人相信手术，以为通过手术的靶向治疗，把头脑中某个导致烦恼的"病灶"切除掉，就可以万事大吉了。但也有人相信成长，去寻找可以帮助自己或孩子成长的心理咨询师。在不同的寻求里，可以窥见"命运"的玄机——有的选择带来生命的转机，有的选择可能走向一条不归路。

前面我讲过一句话：不是"怎么"治疗，而是"谁"在治疗。我强调的不是方法，而是人，也就是说，从事治疗的人是怎样的，这很重要。因为心理咨询是人的治疗，不是技术的治疗。首先，要看这个治疗的人是不是一个真正有生命品质和专业素质的心理咨询师，其次，才看这个心理咨询师在怎样做治疗。

现在，我要讲的另一句话是：治疗效果是从关系里产生的。因此，不管是人本主义心理学，还是存在主义心理学，都强调关系的疗愈。直面心理学也是如此。

要理解这一点，我们要提出一个反向的追问：症状何以产生？我的回答是：症状是从受损害的关系里发展出来的。我考察各种各样的心理症状，发现它的背后是各种各样的伤害。不管是怎样的伤害，我们都可以说是关系的伤害，是一个人与他人的关系里有伤害，也是一个人与自己的关系里有伤害。了解了这一点，我们就更容易理解：真正的治疗是关系的疗愈。

这种疗愈性的关系是怎样的呢？罗杰斯讲共情与接纳，亚隆讲深度相遇，直面心理学讲真诚与勇气，认为这是关系的本质。我用科胡特的一句话来做一些解释：不含诱惑的深情，不带敌意的坚决。这关系是有深情的，其中包含对生命的怜惜之情。一个心理咨询师会真诚关心人的幸福，体谅人的有限，体恤人的生存境况的悲苦。但这深情是"不含诱惑的"，也就是说，这种关系是非占有性的、非控制性的，不是从高处施予的，不会刺激别人的内疚感，不导致依赖，不损伤自尊，不让对方产生虚弱感、无能感。

关系的另一面是"不带敌意的坚决"。真正的关系里有深情，也有规则，二者相辅相成，相得益彰。爱并不只是一味满足对方，在必要的时候也可以拒绝对方，这也是爱，是更不容易做到的爱，甚至是更有必要的爱。满足对方是爱，这容易理解，也容易做到；不予满足也是爱，这就难以理解，也难以做到。不管是父母养育孩子，还是心理咨询师帮助来访者，我们需要把握的是，在我们坚决执行规则的时候，不是出于"敌意"，而是基于爱。

医治的勇气

蒂利希（Paul Tillich）有一个说法，叫"存在的勇气"，这本是他的一本书的名字。罗洛·梅也有一个说法，叫"创造的勇气"，这也是他的一本书的名字。我这里提出一个观点，叫"医治的勇气"，也许也可以写出一本书来。勇气是心理咨询师的重要品质。若只有治疗的能力，却没有治疗的勇气，治疗就不会真正发生。

前面讲到"大象的乡愁"，我们从这个故事中可以体会到，吉卜林身上就有这样一种医治的勇气。一个真正的心理咨询师，不惮于走进别人的内心深处，跟对方探讨根本的问题，也敢于去触碰事情的本质，而不是在细琐之处绕圈子。他不只出于关心去安慰对方，还敢出于关心与对方面质。

我曾为一个新手心理咨询师做督导。这位心理咨询师接待了一个受伤很深的来访者，并因此受到惊骇。在整个咨询过程中，他一直小心翼翼，在对方的创伤周围绕来绕去，不敢切近，不敢触碰一点点，生怕会给对方造成更深的伤害。他不知道，这样的态度和方式反而让对方觉得自己简直被伤害注定了，觉得没有希望。当我更深了解这位心理咨询师的个人经历，才知道他在原生家庭里也遭遇过类似的伤害，而那伤害在深处，一直没有得到真正处理。现在，当他成为一个心理咨询师，那隐而未愈的伤害在暗中消解了他的勇气，使他不敢前去实施救治。

许多来访者因为曾经遭受的伤害，长期徘徊在伤害的阴影里，害怕再度受伤，好不容易前来接受咨询。而作为一个心理咨询师，需要具有一种医治的勇气，也让他们有勇气前去直面自己的生活。这本身就是医治。

不断成长的心理咨询师

没有完美的心理咨询师，只有不断成长的心理咨询师。心理咨询师的成长包括许多方面，因为时间关系，我在这里做一个简要的列举，它们来自我从事心理咨询的经验与感受，大致可以让我们了解，一个不断成长的心理咨询师是这样的：

他不断增进自我觉察，从而让自己保持对来访者有更好的觉察。

他接纳自己，也能够接纳来访者，并且帮助来访者学习接纳自己。

他赞赏他人，也有适当的自我欣赏。他会犯错，但不会文过饰非，总是尝试从错误中学习，随时做出改变。

他帮助别人解决问题，但不会不管自己的问题，他知道，那些被忽略的自身的问题会在暗中阻碍他帮助别人解决问题。

他有耐心，能够忍受事情的暧昧状态，而不要求立刻水落石出。他知道生命的改变是一个过程，因此他不急于求成。

他重视文化的影响，对自己和来访者都保持着良好的文化敏感度。

他善于自我调节，让自己每天都是不一样的。

他对生命有兴趣，喜欢跟人相处，珍惜跟来访者在一起的时光，让这样的时光充满医治的品质。

在他眼中，生命是一个奥秘，因此他对生命充满敬畏。他认同施奈德所说的生命的基础是敬畏。他也像马斯洛一样，在孩子出生的那一瞬间，捧着自己的孩子，惊叹生命是一个奇迹。

他对人有信心，相信人会改变。

他相信经验，认同罗杰斯的说法：经验是最高的权威。他也赞同荣格的话："尽你所能去学习你的理论，但当你接触到人活的灵魂的奇迹时，就要把它放下。除了你自己的创造性的个人经验，没有任何理论可以决定一切。"

他强调智谋。因为他知道，他不仅基于爱工作，还会用真正的智谋帮助来访者，并且帮助来访者发展自己的智谋。

他有明确的角色意识，这个角色意识的核心是："我不是真理。"也就是说，他知道自己是一个助人者，不是一个救星。他的工作不是树立自己，而是树立来访者，帮助求助者发展出"我能行"的体验，然后让自己成为对来访者"不再必要的人"。

他珍惜自己的工作，把心理咨询当作来访者赋予心理咨询师的一种幸运或特权。

他谦逊、谨慎，但同时对自己的治疗能力充满自信。

他重视自己的工作，会认真负责，知道自己在工作中稍有不慎，就会给来访者造成阻碍甚至伤害，也知道自己做得好，就会给对方带来幸福甚至命运的转机。

他呈现真实的自己，不戴面具，并且相信，一个真实的心理咨询师，会帮助来访者放下面具，活出真实的自己。

他知道心理咨询是语言的艺术，他尽力让自己的表达是具体的、简洁的、明确的。他不说模棱两可的话，不用专业术语。他的话语是普通的、朴实的，却是恰当的，能触及微妙之处。他的话语是轻柔的、体谅的、深情的，能够渗透对方的身心，带去温暖与安慰。在必要的时候，他的话语又是坚定而有力的，能够提醒、感染和激发对方。有时候，他的话里有一种幽默，能够迅速化解刻板与纠结。

他不会强求，而是因势利导。他不会拔苗助长，而是春风化雨。

以死观生：直面死亡的态度

在美国斯威策研究所工作坊（与霍夫曼、杨吉膺合办）的演讲（斯普林斯，2011）

知 生 死

西方有一个对哲学的理解：探讨哲学是学习死亡。甚至有话说：没有死亡，就没有哲学。古希腊斯多葛学派把哲学称为学习如何去死，它的目的是学习如何好好活。伊壁鸠鲁也经常谈死，说："死不足惧，我在它不在，它在我不在。"①柏拉图认为灵魂不死，伊壁鸠鲁认为灵魂也必有一死。伊壁鸠鲁对宗教领袖很不满意，认为他们为了扩大自己的权势，用惩罚和威胁让信仰者产生死亡焦虑。伊壁鸠鲁是一个把人与事看到本质处的人，看到让人不忍去看的地步。这一点很像鲁迅，这叫剖析。伊壁鸠鲁因为观点迥异，常常遭到其他学派的围攻，但他舌战群儒。

还有西塞罗，他说思考哲学就是为死亡做好准备。

奥古斯丁也曾说："唯有面对死亡之时，一个人的自我才真正诞生。"②

① [美] 朱瑟琳·乔塞尔森. 在生命最深处与人相遇：欧文·亚隆思想传记 [M]. 王学富，王学成，译，北京：机械工业出版社，2016：106.

② [美] 欧文·亚隆. 直视骄阳：征服死亡恐惧 [M]. 张亚，译，北京：中国轻工业出版社，2015：36.

据说，中世纪的修士会在房间挂骷髅头，以提醒、警示自己人生不免于死，要注意此生的修为、品行。

哲学家蒙田甚至建议，买房子最好买在墓地旁边，居住的房间应该有一扇窗户可以随时俯瞰墓地，这样可以让一个人头脑保持清醒，提醒自己不要傲慢。

存在主义哲学是一种以死观生的哲学，它探索人生最根本的话题，称为存在议题，其中包括对死亡的探讨。

在中国古代，孔子的说法是："未知生，焉知死？"意思是说，对生尚且了解不了，怎么要去了解死呢？孔子的意思不是让人不去了解死，而是说，首先要对生有足够的了解。按他的思路，一个人生得其所，才会死得其所，因此死不必多谈。但不必说孔子是回避死亡的。从他的人生经历看，他有一种百折不挠的精神，他的人生态度可以概括为"知其不可而为之"。他不大直接谈死，但也感慨人生有限，说："逝者如斯夫，不舍昼夜。"鉴于人生短暂，时不我待，人更要真实去活，活得充分。对于实现的人生来说，死亡是瓜熟蒂落的自然结果，不用害怕，也不用多谈。

在对生与死的理解上，孔子的视角是"未知生，焉知死"，存在主义哲学的视角是"不知死，焉知生"。可见，儒家思想是观生以知死，存在主义思想是观死而知生。

而在中国古代，有一位哲学家叫庄子，他不但不回避谈论死亡，还谈得很多，他有一种思想叫"齐生死"，把生与死同样看待，生不足喜，死不足悲。他不仅说到，还能做到，在妻子死后，他鼓盆而歌，这种超越死亡的态度为常人所不及。

死 亡 焦 虑

人类文化中渗透着对死亡的恐惧与回避。从古至今，人类害怕死，想出各种方式来回避死，但死又是人类永远回避不了的事。如果生命是一个形体，死亡就是它的影子。在人的一生中，死亡如影随形。你假装看不到它，但它一直都在你身边。你到哪里，它就跟到哪里，从来没有离开过你。你一出生，死与生俱来。在死亡的眼中，没有男女老少，没有贫富贵贱，没有智愚妍媸。从这一点来看，死才是真正公平的。在人的一生中，死是不速之客，随时都会来访。有时候，死的名字叫不确定性，或叫不测，或叫无常。一般来说，人类跟死亡一打照面，立刻就惊呆了："怎么是你？""为什么是我？""怎么这么快？"

人常常生活在假象里，对死亡没有理解，也没有预备。当死亡来访，人拒不开门，用身体顶在门后，说我不要见你。人生的假象包括财富、权力、名声以及各类成功，人以为它们强大、牢固，可以用来抵御死亡，但它们并非牢不可破。死亡来时，一切崩塌。人生还有一些假象，比如，人会沉迷在一种幸运感里，以为死亡不会找他，或者，人会迷恋一种特别感，以为其他人都会死，而自己不会死。但总有那么一刻，死亡来到人的面前，所有假象即时破灭。

在存在主义哲学看来，人之所以被称为"存在"，是因为人可以感受和反思自己的存在。也就是说，存在的本质在于，存在者可以意识到自己的存在，并且对自己的存在进行追问。一张桌子和一棵树对自己没有意识，也不会追问。人的自我意识也包括，他意识到自己必有一死。然而，人的存在意识又是有限的，他意识到自己会死，但对死亡并没有真正的了解和理解，因此容易产生死亡焦虑。人对死亡的恐惧是自然的，但当人陷入死亡焦虑时，就有了神经症的性质。害怕与焦虑是有区别的。人在害怕时，知道自己在害怕什么。但当人陷入焦虑时，就成了人害怕着，但不知道自己在害怕什么，它的损害性会更大。比如人害怕死亡，可以有意识地去了解死亡，可以在一定程度上克服对死亡的恐惧，或者超越对死亡的恐惧，或者与之和解并共处，如伊壁鸠鲁、孔子、庄子等。

但有一种情形是，人害怕死亡，却不了解死亡，只想回避死亡，以为自己看不见死亡，死亡就不存在了。这会导致死亡焦虑。死亡焦虑的意思是，你本来害怕死亡，却假装在害怕别的什么。你一直逃避死亡，却以为在逃避别的什么。你拼命做某一件事，不停做，时时刻刻都在做，但不是你喜欢做。你之所以做，只是为了让自己不要闲下来。因为只要有一刻闲暇，死亡就会露出它狰狞的面目。原来，你不停做是出于对死亡的恐惧和回避。本来，当死亡露面时，你可以上前跟它打招呼，谈一谈，熟悉一下，缓解一下过于紧张的关系，甚至跟死亡达成和解，但你不敢。你一路奔逃，死亡紧追不放。你越是逃避死亡，就越没有机会了解死亡。因为不了解死亡，死亡更加阴森可怖。不见到它，你惶惶不安；一见到它，你心惊肉跳。死亡焦虑是回避死亡的结果。

我这里举一个死亡焦虑的例子，是门林格尔（Karl Menninger）讲的一个与死神约会的寓言：一个仆人惊慌失措地跑到主人面前禀告，说他在市场上见到了死神；死神不停地推挤他、恐吓他。他请求主人准他的假，以便尽快赶到撒玛拉去，因为只有在那里，死神才永远找不到他。主人应准仆人的假，自己却跑到市场上去见死神，责问他为什么要恐吓、威胁自己的仆人。死神回答说："我并没有恐吓、威胁他，我只是感到十分惊奇，没想到居然在市场上见到他，因为我们原本约定今天晚上在撒玛拉见面。"

显然，在这个寓言里，死神并没有直接威胁仆人。按门林格尔的意思是，这个仆人受到死亡本能的驱赶，迫不及待地要赶往撒玛拉与死神见面。这种潜意识中迫不及待的求死欲望，在意识层面却表现为不顾一切要逃离死神的求生欲望，撒玛拉本来是仆人与死神约见的地方，仆人却向主人报告说，那是死神找不到他的地方。但在我看来，这个寓言中的仆人陷入了死亡焦虑，导致了他南辕北辙的行为：本为求生而避死，却成了驱身以赴死。

死亡与情感

谈论死亡，也会触碰我们生命之中一个敏感、容易受伤的部分，这个部分叫情感。情感是人性的核心，它最脆弱，也最有力量。当你想到生命中有那么多可爱的人和事，又想到生命的有限性，死亡终将来到，你终将跟你爱的一切告别，情感上就会因不舍而悲伤。在你的人生中，那些越是让你爱的部分，越是让你不忍交给死亡。

马斯洛说，当他儿子出生的时候，他就在那一刻从一个行为主义者变成了一个人本主义者。他甚至说，任何一个有了孩子的人，都不可能是一个行为主义者。20多年前，当我儿子生下来之后，我也经历了这样一个情感意义上的转变。儿子睡觉的时候，我每每坐在那里端详着他，我的内心升起无限的爱意：那么稚嫩的生命！那么可爱的睡态！他的灵魂是什么样子的？他将有一个怎样的人生？但有一天，我又坐在那里端详睡梦中的儿子，心里陡然升起一丝寒意：这么美的一个小生命，他也将长大、变老和死去？这让我吓了一大跳，赶紧清除这番联想，那时我的心被一种不忍占满了。

在我后来的工作中，我遇到一些陷入很深的家庭共生休文化的父母，他们害怕孩子长大，害怕孩子离开，害怕世界的不测，害怕孩子会受伤、受苦，他们不自觉地过度保护孩子。我便明白了，这大概也是源自这样一种情感。有些孩子长大了，害怕离开父母，不肯到世界上去闯，大概也是太执着于这种情感。对于许多类型的心理症状，追溯其根源的核心，也是一种情感上的不舍，一种对自身有限性和世界不确定性的惧怕与逃避。让我印象很深的一个案例，是一个患了强迫症的女性，她一直担心她的儿子在出生时会不会被护士弄错了，也担心孩子身上会发生各种不测。因此，看到了死亡，我就看到了人生的有限，看到世界的不确定性，看到了症状的根源，也看到了人类情感的不舍与悲伤。

在我父亲最后的日子里，我们做儿女的从全国各地回到他的身边，有这样一个机会照料他。父亲一直躺在病床上，有时候需要翻个身，但他身材高大，翻个身并不容易。我们兄弟三个，老二强壮一些，力气更大，每次都是他帮父亲翻身。有一次我想帮父亲翻身，他对我说："哥，我来。"但我说了声"我来"，就尽力帮父亲翻了个身。父亲一边配合一边说："是我的儿子，都有劲。"现在回想起来，这是父亲对我说的最后一句话。父亲年轻时喜欢摔跤，是一个很有劲的人，父亲也觉得自己的儿子有劲，也让他的儿子们都觉得自己有劲。父亲最后的话里，有一种欣赏、一种祝福、一种情感，让我有力量奋力前行。

父亲走了，我的内心盘旋着一个念头：父亲的一生是幸福的吗？父亲离开的时候是幸福的吗？那么幸福是什么呢？我的回答是：幸福是情感。父亲爱我们，我们爱父亲，父亲看到我们成长得好，就像这爱有了结果。我愿意相信，父亲的一生是幸福的。父亲离开的时候，也是幸福的。幸福这个话题在古希腊哲学里早就探讨过，甚至古希腊哲学给幸福下过这样一个定义：幸福就是有人送终。我父亲去世之前，他感到非常欣慰，看到自己的儿女都带着他们的孩子回到他身边，他一定有一种圆满的感觉，因为他看到他的生命在一代又一代人身上延续。人出生的时候需要迎接，这表明他是被欢迎的，是珍贵的，是将被珍惜的。人成长的时候需要被爱，也渐渐发展出爱别人的能力。人长大了需要用爱去培育别人，也被他培育的人所爱。人死亡的时候需要送别，这表明他这一生是值得的，因为他爱别人，因此他也被爱，他活出了自己的意义，因为他的人生对别人有意义。人这一生，是一段关系，是一场情感，死亡无法带走这份情感。父亲走了，我对父亲的情感一直留存在心里，死亡带不走它。

人生最后阶段

埃里克森（Eric Erikson）把人生发展分为 8 个阶段，每一个阶段都是一场正负两方的比赛，正方代表人生顺利发展，负方代表人生出现危机。在生命最后的阶段，比赛的双方是：圆满与绝望。基本上说，人在前面 7 个阶段发展顺遂、充分实现，就会在最后这个阶段乐享其成，活得圆满。如果前面 7 个阶段发展不顺，就会累积许多"未完成的事务"，有许多的缺憾和悔恨，让人在这个阶段陷入绝望。

圆满者的感觉是，因为以往的发展是完满的、有成就的、幸福的，所以在这个人生阶段可以享受成果，心理上有圆满的感觉，无悔过往之作为，反而感到满足与自豪。活得圆满的人，能够坦然接受死亡，因为他们在活着的时候，尽力地活，真诚地活，深情地活，全面地活，丰盛地活。这种人不惧怕死亡，在回忆过去的一生时，他们的自我是整合的，他们对死亡怀有超然的态度，会怀着充实的感情向人间告别。圆满者会在生命的最后阶段做有利于他人的事情，把一生积累的财富（物质的、文化的、精神的）传承下去。还有一些人，他们在世界上因为各种局限，没有充分实现自己的人生，他们却相信，死亡不是生命的结束，而是生命新的轮回，人要通过死亡的门户，进入一种生命的新形态。这样的人也会安然接受死亡。《拒斥死亡》的作者贝克尔（Ernest Becker）在临终接受采访时说，把自己交托出去，交给宇宙中那善的力量，让它继续使用自己。这也是一种坦然接受死亡的态度。

　　绝望者的感觉与此相反，回顾以往的人生经验，其中充满失落、挫败、伤痛。本来想成就一番事业，总结起来竟一无所成。本想交朋友，也只是泛泛之交，甚至一直回避与人交往。本有情感的渴望，却未能得到满足，反而让关系充满了伤害——或受伤，或伤人，或二者交互发生——人生大多时间是孤独的。走到人生的终点，死亡接近了，这样的人内心充满怅恨，却是无可奈何花落去。他们对死亡没有做好准备，不愿匆匆跟人生告别。在人生最后阶段陷入绝望的人，对死亡的反应也是绝望的，他们或因无奈而放弃，或像发脾气的小孩子，面对死亡哭闹、乞求、争吵不休，不愿跟人生匆匆告别。

　　人生发展不如愿，背后有各种各样的原因，如个人选择的不当、机会的错失、心智不成熟、能力不足等。还有原生家庭的根源，如自幼受到压制、剥夺、威胁，一个人携带着一个麻烦的人生蓝本或心灵地图，他无法信任别人，也不肯修改自己的蓝本或地图，直到把人生过得一团糟，至死不悟，或悔之晚矣。也可能有时代的原因，如生不逢时，失掉人生发展的好时光。当纷乱时代结束，发现时间无多，机会不再，年轻时候的壮志皆付东流，便在人生最后阶段悔恨不已。

　　死亡也是人生态度和生命品质的试金石。当死亡来临，有人发现一生无所成就，剩下时日无多，想尽最后的力气大捞一把，倚老卖老，自私自利，可谓为老不尊。也有人在年幼无知时，跟着一个胡闹的时代大闹一通，时代过去了，人也变老了，还是不想实实在在做人，又不管不顾胡闹起来，这就是人们所说的，不是老人变坏了，而是坏人变老了。还有一种情况是"好人"变坏了。有些人打小重面子，重关系，强调忍，害怕得罪人，害怕别人评价，在一生发展中凡事能忍则忍，做了人们眼中的"好人"。但这是"多年的媳妇熬成婆"的"好人"，他们忍耐太久，积怨太深，发现自己老了，时光不多了，便豁出去了，能坏则坏，连做人起码的尊严和对人起码的宽容都没有了。"忍"在暗中损害了个人的宽容心。一个最能忍的人，最后可能失掉宽容精神，变得气量偏狭，睚眦必报。因此，说到养育与生命成长，按人性的规律，一个社会需要为小孩子保留一个空间，让他们有一种自然的"坏"，因为这"坏"里可以长出自然的"好"。如果社会强求小孩子表现为不适当的"忍""乖""好"，到了后来，他们身上就会长出不适当的"坏""怪""邪"。俗话说，少来荒唐，老来稳当，是颇有道理的。其实，我们真正要说的不是"好"，也不是"坏"，而是自然，而是真实。对于按照自己真实意愿而活的人，他们会对人生无悔，对死亡无惧。

只有个体才能承接死亡

在面谈室里，时而会有来访者跟我谈到死亡。大多不是因为他们愿意谈论死亡，而是他们害怕死亡，被死亡追得不堪，不得不来面对死亡这件事。我有一个发现，只有个体才能承接死亡。

我做心理咨询20余年，一直关注一个现象，我称之为：共生体家庭文化。在共生体家庭里，家庭成员之间是彼此依赖的关系，这种看起来很亲密的关系是没有个人空间的，不大允许成员发展自己独立的思想、情感、情绪、经验、能力等。共生体家庭文化不能造就个体，只会造成依存体。一个没有长成个体的人，会更加害怕死亡。为什么呢？死亡是一件个体的事情，没有成为个体的人不能承担死亡，就像他不能承担生活一样。共生体是一种彼此替代的关系，但生与死都不是别人可以代替的，一个人只能活自己的活，死自己的死。没有活出自己的生命的人，也不能去迎接自己的死亡。也正是在这个意义里，他不算是一个个体。死并不只是死掉，活并不只是活着。活与死都是一种态度，也是一种能力。真正的活，是努力成长与充分实现自己；真正的死，是生命饱满、瓜熟蒂落。真正的活和死，都必须是个体独立完成的事情。没有成为个体的人，既不能活，也不能死。

英文中有一个词叫 being，意思是"生命，存在"。还有一个词语叫 nonbeing，就是"非生命，不存在"，说得通俗一点，就是什么也不是。人到这个世界上来，本是要活出自己来，而一个活出来的自我，才是生命，才是存在。就好像在一个东西上面刻上一个印记，表明他做出了点什么，活出了点什么，让人记住了什么，那才叫价值、意义、情感，是这些东西证明他不是一个什么都不是的 nonbeing（非存在）。如果你从未真实地活过，从来不是按自己的心愿在活，你就会活得空空荡荡，你的生命就像大地上漂浮的影子——你根本不存在，没有人在意你，你对别人也没有意义，没有人会想起你。你来了，你就来了，你走了，你就走了，像一片影子飘过，像一片叶子落下，来去无影踪，雪泥鸿爪也不留下。这种状态就叫死。虽然活着，也是死了。这是一种非存在的状态：活着的时候，其实"死"了。在死之前，都未曾活过。

心理症状有一种情形：因为活不出来，就不想活了，但也没有办法去死，因为死是一个没有活出来的人完成不了的事。我接待过一个来访者，他来自一个共生体家庭，从小到大，他的母亲跟他联成"一体"，彼此无法分离。整个成长过程中，他几乎在所有的方面都依赖妈妈，他的生活几乎都是妈妈替代的。后来，他考上大学，到另一个城市读书。他的母亲提前退休，在儿子读的大学附近租房而居，以便随时给儿子帮忙。这个年轻人很痛苦，因为他没有自己的生活，他不是生活的主体，他像别人的影子，无法感受到实实在在的乐趣和价值，也体会不到爱的品质，更得不到情感的满足。他心有不甘，但也无奈。虽然他有活的条件，但失掉了活的动机，最后他觉得活下去没有意义了。他想死，但他自己做不到。有一天，他对母亲说："我想死，但我一个人没法做到，你能不能陪我死？"母亲惊呆了，但也不明白是怎么回事。

　　共生体家庭培育不出自然的爱，只能培植恐惧。真正的爱是个体才有的情感。共生体是一种生死相依的关系，其中任何一方的死就意味着对方的死，因此彼此担心对方会死。孩子担心父母会死，不大是出于情感，而是出于恐惧，怕一旦失掉依赖的对象，自己就活不下去了。没有独立的人只能依存。有一个女性，自幼生活在一个条件优裕的家庭里，生活在父亲的靠山之下。父亲对女儿疼爱有加，百般呵护，以为女儿可以永远依靠他，而女儿也以为一生都可以生活在父亲的庇护之下。然而，父亲在一场车祸中死掉了，女儿再也没有从这场灾祸中活过来，她的心灵永远都是一个没有长大的小女孩，她的生活成了一个四处找爸爸却找不到的过程。接下来，她的两场婚姻毁掉了，因为对方不是她的爸爸。她也成了一个承担不起养育责任的妈妈，因为她自己一直都没有长大。最后，她的工作能力也丧失了，生活在混乱的情绪里。她的生命是父亲的殉葬品。她几乎不存在。

学 习 死 亡

　　学习死亡的第一步是发现死亡。发现死亡有早有晚。当你发现了死亡，你就发现了爱；当你发现了爱，你就发现了丧失；当你发现了丧失，你就发现了珍惜。我们的确可以从死亡那里学习许多。有时候，甚至会在很幼稚的年龄，我们的眼睛就看到死亡的影子。在我儿子四五岁的一天，他问了我一个问题："爸爸，我死了之后，眼睛没有了，我的灵魂用什么看这个世界？"我惊呆了，这是一个四五岁的孩子问的问题吗？它太复杂了、太深了，我回答不了啊！

　　我儿子是怎么发现死亡的呢？那时候，我家住在莫愁湖边的一个小区。我家住的楼房下面有一个草坪，草坪上有一片小树林。我家住5楼。儿子养了2只小鸡，装在一个纸箱子里。有时，他把纸箱子搬到楼下来，让小鸡在草地上跑一跑、玩一玩，他在旁边看着。但那一次，他一不留神，有只野猫把他的一只小鸡咬死了，另一只猫把他的另一只小鸡叼着跑了。他拿着一块砖头跟在后面追。那只野猫就把小鸡丢下来，自己跑掉了。这只小鸡开始还活着，后来也死了。他把2只被咬死的小鸡放在一起，一直在那里看着它们，他的眼睛噙泪，眼神里有愤怒。这时，他发现了死亡。

　　死亡给他带来这样一些东西：（一）他丧失了小鸡，他感到难过。（二）野猫咬死了他的小鸡，他充满愤怒。有那么一段时间，只要他在小区遇到猫，他都会追着打。（三）他只好接受小鸡死了这样一个事实，为小鸡举办了一个埋葬的仪式。在那个小树林里，他把小鸡埋了，还在埋小鸡的地方插了一根树枝，似乎是说，这是埋了我的小鸡的地方，还站在那里静默了一会儿。这个仪式从头到尾都是他在操办的。我呢，一直没有说话，站在一旁陪他完成了这个仪式。我当时还奇怪，没有谁教过他，他怎么会自然而熟练地完成一个葬礼的操作流程呢？我后来想到，这是人的本能，这是文化借着无意识进行着自然传承，不需人教。从古至今，人类丧失了心爱的人和物，都在经历这种纪念的仪式。

　　在一些文化里，有不少死亡的禁忌，反映了人们对死亡的回避。因为恐惧死亡，就会回避这个话题，一谈死亡似乎就有种不祥的感觉，觉得死亡带着晦气，会以某种方式暗暗影响人，使人不觉沾上晦气。其实不是死亡本身让人害怕，而是人们对死亡的回避态度让死亡显得阴森可怕。我们需要学习死亡，包括允许我们的孩子询问死亡，谈论死亡，发现死亡，经历人世间正在发生的死亡。丧失喜爱的亲人、动物和物品，会让我们的孩子悲伤，也让他们学会了珍惜，让他们的情感经历成长，让他们的人性变得成熟、饱满。我们可以跟孩子谈一谈死亡，而不是回避，而不是把死亡遮挡起来，以为可以不让孩子看见。是的，我们没办法让孩子不看到死亡，死亡的事就在我们周围发生——人的死、动物的死，点点滴滴都在提醒我们的孩子有死亡存在，我们不能把孩子的眼睛蒙起来，以为不让孩子看到死亡，就是对他的一种保护。

如果孩子一直被蒙着眼睛不看死亡，某一天，他的眼罩被拿下来之后，当他一下子看到死亡，他会被死亡吓呆，可能无法承受这种冲击，会产生死亡焦虑，会陷入虚无主义。死亡是人生的重要部分，我们可以去探索它，去了解它，而不是回避它，更不可能消除它。我儿子在四五岁时发现了死，经历了他的小鸡的死，还向我询问关于死，并把死亡跟自身联系起来，发现他自己有一天也会死。在他读初中的时候，我们一家人去给亲人扫墓，我们发现他在墓丛中流泪。问他为何，他的手朝周围一指，说："为了他们……"这时，他看到了人类的死亡事实，内心产生了一种悲悯的情感。

我有一个画家朋友，他的儿子读初中时，老师布置了一个命题作文，题目为"……我对你说"。同学们写的都是"老师，我对你说""春天，我对你说"等，朋友的儿子写的是"死亡，我对你说"，这引起老师和家长的紧张和担忧。有一段时间，老师和家长纷纷找这个孩子谈心，问他为什么不写"阳光，我对你说""妈妈，我对你说"？有那么多可写的主题，为什么偏偏要写"死亡，我对你说"？他们就觉得这个孩子的心态太幽暗了，思想太负面了。其实不然。他当然可以写人生的其他主题，但他也不必回避死亡这个主题，因为死亡是人生的一部分，对死亡的思考，也是对人生的思考。在我看来，这个孩子早早就是一个存在主义者，像我的儿子一样。

被搁置的哀伤

一些年前，我为一份报纸写专栏，接到一个高中生的来信：

亲爱的老师：您好！

我是一名高中生，有一个问题困扰我1年了。

在我考进重点高中的同时，我的奶奶患病了，是肝癌晚期。她在去年11月11日去世了，我因此受到很大的打击。我发现原来每一个人都是要死的。因为我还要上学，父母不愿我陪在奶奶身边，所以当我见到她的时候，她已经无法说话了，我也没有看到她咽下最后一口气。我也没能参加奶奶的葬礼，因为妈妈说，我要努力学习，这更重要。我非常懊悔，非常难过。我一度在想学习成绩有那么重要吗，以至于我连陪在奶奶身边都不可以？有时候，我觉得生活真的很无趣。我开始荒废学业。

我常常会想，当一个人死的时候，咽下最后一口气的时候，一定会很难过，我越想越害怕，因为我知道我终究是要死的。我告诉我最好的朋友，她却对我说，我们的路还很长，但是我觉得漫漫人生不过是过眼烟云罢了。还有，如果看到高大的建筑，发现自己的渺小，我的这种念头会更加强烈。有时候，几个同学在体育馆玩，我就会想也许曾经像我这样在这片土地上玩过的人早已逝去了吧，而我也会迎来那一天，也就更加畏惧。每每曲终人散后，我就会有一种莫名的失落感……每当我一个人时，我就会很害怕。希望老师能够帮助我解决这个难题。我会非常感谢您。

读到这个高中生的信，我就想到曾经学过的一门课，叫哀伤辅导。人类会经历丧失，就会有伤痛，就需要表达伤痛之情，这就是哀伤。

所谓哀伤辅导，就是帮助那些正在经历丧失亲人之痛的人把哀伤之情表达出来。如果一个人经历了丧失，却没有办法表达，就成了被搁置的哀伤，就会给他造成一种一直持续下去的伤痛，会对他的心理和生活造成影响，包括导致死亡焦虑、抑郁等。

从这封信里可以看到，这个高中生因为未能陪伴奶奶和表达哀伤，他陷入一种焦虑和抑郁的状态。他发现了死亡，发现了自己会死，这本是一件好的事情。奶奶的死给他造成如此大的冲击，那是因为父母为了他的学业，切断了他跟奶奶的情感联结，也阻止了他参与一个哀伤的过程，让他未能合理地表达自己的哀伤。他对奶奶有深情，却不能去看望奶奶。奶奶死了，他本来可以有机会表达哀伤之情，却没有表达出来，由此产生了一种愧疚之情和对死亡的极度恐惧。他联想到自己的死，感到害怕，也可能担心在自己死的时候，亲人也被隔开，自己只能在孤独中死去。他害怕死亡，害怕活得没价值，害怕自己经历病痛和死亡，别人却根本不在意，害怕人生的一切最终被死亡带走，那么人生有什么价值？如果有人愿意跟他谈一谈死亡，体谅他的哀伤之情，而不是回避，而不是用人生的大道理把这个压制下去，他就会在情感上慢慢经历疗愈。我给这个高中生写了一封长长的回信。

在我年轻时，每每想到死亡这件事，我都会感到恐惧，会产生疑问，想去追问，想弄明白到底是怎么回事。我写过一本书叫《花渐落去》，其中有不少篇章写的是我年轻时对死亡的困惑与追问。当死亡侵扰我的时候，情感也弥漫开来。我之所问乍看关乎死亡，其实都是追问人生：眼前这一切最终都会归于死亡吗？生命是麦子，死亡是收割的镰刀吗？死亡像一个天平，人生中的许多你看重的东西，放在这个天平上都失掉了分量。如果某样东西放在死亡的镜子前依然能够显出它的意义，那它一定是真的意义，是高于死亡的意义。

这意义就如同在死亡的坟墓上跳的舞蹈。

我曾经读到李泽厚的一个回忆，讲他在中学时期一度想到死亡，陷入困扰，无心学习，连续一些日子在学校周围的山冈上晃悠，想找到死亡的答案。对于青少年来说，这种对死亡的发现、困扰、思考，并不是一件可怕的事，相反，它们可能是我们情感成长的一部分，甚至会累积成我们人生思考的资源。李泽厚后来的哲学思考，与他少年时期的死亡困惑与反思不无关联。我做心理治疗，也有一个基本的发现：死亡本身具有疗愈的意义。一方面，死亡像一面镜子，不管照到哪里，哪里就变得苍白无力，条件不足为据，它让人疑惑：活着的意义何在？这种疑问可能带来对人生意义的寻求。另一方面，人常常执着于某一件事，以为它就是唯一的意义，有这个意义，人生一切都好，没有这个意义，人生全部完了。但是，当我们把这样一个东西拿到死亡的镜子前面照一照，我们就有机会看到自己的执着——比如，死亡来了，成绩还那么重要吗？工作还那么重要吗？症状便是一种执着，以死对之做一个观照，反而会给人带来一种自由。这便是疗愈。

以死观生的治疗

人类在心理症状研究与治疗上花费了无限的精力，对症状做了最细致的分类，对其生物根源、心理根源、文化根源进行了不遗余力的探索，在药物治疗上不惜血本，还发展出各种结构化、策略性的治疗方法，但不管怎样努力，似乎不可能实现预想的目标。有一种存在主义取向的治疗，把对人类的理解与疗愈扩展到更大的关注范围，探讨人类存在的根本议题，包括对死亡的反思，通过以死观生这样一个视角来提醒人们，让人意识到，在人的一生中，死亡是一直伴随的。人类面对终有一死，面对随时会死，只有尽量充分地活。

真正的生活是，一边对死亡保持觉察，一边充分活出自己。

曾经有一个高中生来访者，他患上一种视线接触恐惧的症状。有一天，他对我说："太痛苦了，我活不下去了，天天都想死。"我问他："有没有具体想过怎样死？"他说："想过很多方法，都觉得不好，最后想到跳河是最好的死法。"我开始跟他谈论死亡，其中发生了一场颇具直面强度的对话。

谈话结束后，这个高中生很高兴自己重新获得了一次活的机会。后来，我们又做了几次面谈。再后来，他完成了高中学业，参加了高考，进入了大学。此后，我们再未见面。

这便是以死观生的治疗，它在一场面谈中发生。

这样的事也会在生活中发生。比如，我曾经有一个同事，他的妻子自幼跟妈妈长大，妈妈有焦虑症，就把大量的焦虑传递给了女儿。女儿长大了，离开了妈妈，在另一个城市过上独立的生活，而她的焦虑也渐渐变轻了。但她结婚了，生了孩子，把妈妈接来帮她带孩子。妈妈又把焦虑症带来了，她也重新变得焦虑起来。不管遇到什么事情，她都很焦虑，即使没有什么事情，她也会到处寻找焦虑。有一天，她丈夫（就是我的这个年轻同事）跟她开了一个玩笑："将来你死了，我会在你的墓碑上写下一个墓志铭：'这个人活着的时候，天天为各种事情焦虑，最后她死了，埋在这里。'"这种以死观生的方式，对他的妻子起到了一种提醒的作用。

存在主义治疗师会用以死观生的视角帮助来访者，其中也会让来访者给自己写一个墓志铭。以死观生的方式有很多，包括一种存在性质的设问方式。记得在 2008 年，杨吉膺在直面跟我共同带领一场工作坊，其中他使用了一个设问："地震发生了，你有 24 秒从你的房子里抢救出 2 件东西，它们会是什么？"结果很快就出来了，每个人的选择都不一样。分析起来发现，每个人的选择都代表自己在人生中最看重的价值或意义。其他的存在设问包括："假设你得了绝症，剩下的时日无多，你会以怎样的态度和方式度过余生？"通过这种设问可以让人看到，我们生活的时光并不像我们想象的那么多，我们距离死亡的路程并不像我们想象的那么长，绝症也不过是这个世界不确定性的一种表现方式，它随时可能发生，而不只是假设。这也提醒我们，人生短暂，而且无常，不要把生命耗在没有意义的地方。

亚隆在《直视骄阳》里谈到他的一个观察："我曾与濒临死亡的晚期癌症患者密切接触，长达10余年，我发现他们中的许多人，非但没有陷入麻木的绝望，反而产生了积极而深远的改变。这些人放弃了生活中无关紧要的琐屑之事，重新安排了人生的重心；他们主动选择不做违背心意的事情；他们花时间与至亲至爱更深地交流；他们对生命中原本平常的事物，比如变幻的四季、美丽的大自然，以及节日或是新年的来临，充满感恩。"①

死亡与生趣

死亡也是直面心理学的话题。对人生，我会谈到两个基本态度：是直面还是逃避？对死亡，也涉及这两个基本态度：是直面还是逃避？只有面对死亡，我们才能理解死亡，只有理解死亡，我们才不被死亡控制，获得自由，活出生趣。

死亡对我们有一个基本的提醒：活得惨，会死得惨；活得好，会死得好。我们害怕死亡，往往是因为我们没有充分活出自己的存在，我们害怕死亡会证明我们一路过来活成了什么都不是的样子，我们不是害怕死，而是害怕白白死了——还没来得及好好活，死就来了。

---

① [美] 欧文·亚隆. 直视骄阳：征服死亡恐惧 [M]. 张亚，译，北京：中国轻工业出版社，2015：37.

米兰·昆德拉说："死亡最可怕的不在于让你丢失了未来，而在于让你没有了过去，实际上遗忘是死亡的一种形式，贯穿于整个人生，我们每时每刻都在死亡。"

关于死，还有一个方面也很有趣：死映衬了活，让活显得更加珍贵，就好像黑暗映衬了光亮。如果没有死亡，我们有生命吗？希腊神话的有趣就在这里：神会羡慕人。在希腊神话里，常常有神会对人说：你们人类不是永生的，这多好啊！你们过去有丧失，内心有保留下来的记忆，有失去珍爱之人时的伤感与不舍……我们神没有这一切。其实不只在希腊神话里有这样的表达，在中国神话中也有类似的情况，如神仙恋慕人间，要下凡为人，为了情感的缘故，宁愿放弃永生——选择做人，就意味着会死，但在所不惜。假设人类永远活着，就不会珍惜自己的生活。当我们可以永远拥有一样东西，我们就不会在意它。在希腊神话里，有一个有趣的故事：阿波罗爱上西彼拉，给她一个礼物——永远不死。然而，西彼拉忘了向阿波罗要永恒的青春，所以她日渐憔悴，最后几乎缩成了空躯，却依然不死，她无法忍受这一点，巴不得自己死，但求死不得。艾略特在《荒原》的题词里这样描述："是的，我自己亲眼看见古米的西彼拉（女先知）吊在一个笼子里。孩子们在问她'西彼拉，你要什么'的时候，她回答说'我要死'。"① 对西彼拉来说，这种永生实在是一种无限绵延的对死的体验。

尼采有一个著名的存在主义设问："如果你的人生，从出生到现在，一切都将原封不动地重复一次，你愿意重来一遍吗？"我问自己，回答是不愿意。人活一生足矣，该告别的时候就告别。冰心在一次接受采访中也曾这样说："假如说我这一生是幸福的，这一

---

① [英]T.S.艾略特.荒原[M].赵萝蕤，译，北京：人民文学出版社，2016：56.

生已经足够了；假如说我这一生是不幸的，我何必要去再过一遍呢？"这似乎是她对尼采存在主义设问的回答。

庄子也有一个存在主义设问，通过一个生动有趣的故事表达出来：有一天，庄子在路上走，遇到一个骷髅，他跟骷髅做了一场对话。他问骷髅："你生前是自杀的还是他杀的？是饿死的还是冻死的？"显然，庄子很关心骷髅的身世。庄子睡着之后，骷髅托梦给他，对他说："你问的这些问题都是人生的累赘啊，死后就没有这些问题了。"庄子在梦里又问他："把生命还给你好不好？"骷髅断然拒绝："不要！"骷髅的回答，便是对尼采的那个存在主义设问的回答——我不要重复。庄子的态度相当酣畅淋漓：以生为附赘县疣，以死为决疣溃痈。意思是说，生是长了一个脓包并带着这个脓包生活，死是这个脓包破了，脓一下子就流了出来。人生哪里还用重复？在我眼里，庄子是一个存在主义者。

存在主义者会追问死亡，有时会把一些东西剥离到常人不忍目睹、细思极恐的地步，显出一种赤裸裸的真相。亚隆讲到他的一个案例，其中把死亡描述成"虫子钻进去，虫子爬出来"。庄子也把死看得透彻，讲得透彻。有故事说，庄子在死之前，他的弟子们对他说："老师死后，我们要厚葬老师。"庄子拒绝道："天地是我的棺材墓穴，日月星辰及万物都是随葬的珠宝，难道这些还不够吗？"弟子劝道："就怕老鹰吃你的肉。"庄子答道："在上被老鹰所食，在下被蚂蚁所食，不是一样吗！"这种直面死亡的态度，真有点像鲁迅说的"真的猛士，敢于直面惨淡的人生，敢于正视淋漓的鲜血"。

在中国文化史上，也不乏看破生死的放达之人。《晋书·刘伶传》讲刘伶的故事："（伶）常乘鹿车，携一壶酒，使人荷锸而随之，谓曰：'死便埋我。'其遗形骸如此。"鲁迅去世前，写了一篇文章，名字就叫《死》。在这篇文章里，鲁迅立了"七条遗嘱"，其中第二条是："赶快收殓，埋掉，拉倒。"这种表达里透露出一种对死亡的嘲谑态度。

民间文化里也有这样嘲谑死亡的习惯，比如老人们知道自己临死亡不远了，常常会拿死亡开玩笑。一个很有意思的场景一直留在我的记忆里：有一天，我爷爷跟一个老熟人见面，彼此打招呼：一个说："不早听说你死了吗？"另一个回答："我还以为你是鬼呢。"现在想来，我不觉感慨：真牛啊，这恐怕是我听到的最直面死亡的对话了！还有一件更离奇的事：一位老先生在活着的时候给自己办了一场葬礼。有一天，他把儿女们召集在一起，对他们说："趁我还活着，你们给我办一场葬礼吧，这样呢，我还能看见。等我死了，你们就不用办了，那时我看不见了，有什么用呢？"儿女们听了，个个瞠目结舌。但结果还是按父亲的意愿为他办了一个葬礼，这成了我家乡的一个美谈。原来一个人可以活得有趣，也可以死得有趣！

直面与存在

第一届存在主义心理学国际会议主题演讲（南京，2010）

有两个词对我最有意义，一个是直面，一个是存在。

"存在"的来源

自 20 世纪 70 年代末改革开放以来，西方思潮大量涌入中国，其中有一个哲学思潮，叫存在主义。还有一个文学流派也进入中国，可称之为存在主义文学。当时，存在主义在中国知识界影响很大，人们读到了这样一些西方存在主义领域的人物：克尔凯郭尔、尼采、萨特、波伏娃、帕斯卡尔，以及卡夫卡、加缪……自此，"存在"进入中国学术语言系统。在中国，人们开始了解，"存在"不是指一张桌子的存在、一棵树的存在。按其定义，存在者对自身的存在有反思和追问，才具有"存在"的性质。那么，"存在"是指人的存在。在人类中有这样一些哲学家、作家、艺术家，他们被称为存在主义者，是因为他们对人类及其生存境况做出了深度的反思，关注人生最根本的议题，如苦难、死亡、焦虑、自由、选择、意义、责任等。

紧随其后，存在主义心理学也进入中国，人们又了解到这个领域的一些重要人物：路德维希·宾斯旺格、梅达尔·博斯、R. D. 莱因、维克多·弗兰克尔、罗洛·梅、詹姆斯·布根塔尔、欧文·亚隆、科克·施奈德等。这首先归功于中国最早的一批心理学教育者、翻译者和研究者，如其中贡献卓著者如郭本禹、杨韶刚等。接着，存在主义治疗也开始进入中国，如美中心理学院引进亚隆团体治疗，开展了卓有成效的系统培训。南京直面心理咨询研究所最近几年也在开办一系列的存在主义治疗的工作坊、研讨会，并从事存在主义治疗实践，还发展出中国本土的心理治疗方法，即直面疗法。

"存在"与"直面"

可以这样说，"直面"代表了正在探索与发展中的中国本土"存在"治疗模式，其中贯穿着我们对中国人生存状况的体察、理解与回应，其中有创伤与苦痛、情感的挣扎、价值的寻求、恐惧与逃避、直面的勇气，等等。我讲直面心理学，常常会问一个问题："直面"是什么意思？中国人都知道"直面"。许多人会立刻想到鲁迅的一句话："真的猛士，敢于直面惨淡的人生，敢于正视淋漓的鲜血。"[①]复旦大学孙时进教授看过我介绍"直面"的文章，他曾在电话里对我说："'存在'是西方的词汇，许多中国人还不大懂，但中国人肯定懂得'直面'。因此，中国人可以通过'直面'去理解'存在'。"我进而说："是的，西方人也可以通过'存在'来理解'直面'。""存在"与"直面"在本质上是相通的，这种相通，在我最近读到路易斯的一篇文章时，更加能够体会并且确认这一点。

外国心理学同行也很有兴趣，问我："直面"是什么意思？我在回答时面对两个困难：一、发音；二、在英语中找不到一个完全表达"直面"意思的对应词。我把"直面"直译为"Zhi Mian"，就像许多年前李小龙把"功夫"翻译成"Kung Fu"（或许不是他翻译的，但他讲得最多）。时至今日，"功夫"成了每个西方人都理解和使用的词汇。希望在一些年后，更多的西方人也能够理解和使用"直面"。

---

① 鲁迅.鲁迅全集（3）[M].北京：人民文学出版社，1998：274.

现在，路易斯开始向美国心理学界介绍"直面"。我们共同的理解是："存在"是西方的，也可以是中国的；"直面"是中国的，也可以是西方的。"直面"和"存在"，同时可以是世界的。

从逃避到直面

讲"直面"之前，我先讲一讲"逃避"。这个词，是"直面"的出发点，也是"存在"的出发点。

在人性里有两个基本的倾向：一个是"直面"，一个是"逃避"。逃避具有求生存的性质，不管在生物的意义上，还是在文化的意义上，逃避都具有维护生命安全的功能，在面对危险的时候，人与动物都需要做出逃避的反应。但在直面心理学里所说的逃避，常常是指人在心理上和行为上过度的逃避与防御。这种过度逃避的根源不只是生物的，更是文化的。人显示为一种生理的存在，却具备各种各样的生命潜能。人的成长就是把自己的潜能充分发挥出来，而成长是通过人与文化的互动来实现的。当一个人在其文化经历中受到过度的威胁、剥夺、伤害，内部就会累积大量的恐惧，这便是文化施加或文化置入的恐惧，它让人产生一种极深的不安全感，当他在生活环境中受到一事一物的刺激，就会产生过度的逃避，直至逃入病中。

有一则寓言叫"智者救了动物王国"，我常常用它来阐释恐惧与逃避。故事说在一个动物王国里，有一只兔子在一棵芒果树下睡觉，它被一只芒果落地的声音惊醒了，以为世界末日来了，便开始奔逃。它在奔逃的过程中，一路告诉别的动物：世界末日来了！结果，整个动物王国里的动物都加入了狂奔，而这将导致它们的灭亡。在这个寓言里，芒果只是一个小小事件，却诱发了兔子内心的恐惧源，导致过度的逃避行为。这种过度的逃避看似求生，实则趋死。以此为鉴，人类的症状行为何其相似！在人的内心，文化植入了大量的恐惧，生活中任何一个事件（如同芒果落地的声音）都可能引发过度的逃避。在症状里的人们，以为自己在逃避可怕的世界末日，却看不到那是一颗再普通不过的小小芒果。

这里，如果要我用一个词来概括心理治疗的本质，我选择的词便是"直面"，或者"存在"。不管是直面还是存在，都是面对与反思人生的真相。在心理治疗中，一个直面取向的治疗师，就是带领来访者寻找真相，就像寓言中的那位智者带领动物们来到那棵芒果树下，在那里看到一棵落下来的芒果，这个真相就消解了那个臆想中的世界末日。

对受苦的追问

存在主义者关注人类受苦的事实，并且发出追问。弗兰克尔的意义疗法，就是对苦难进行追问的结果，被称为集中营里产生的心理疗法。鲁迅是中国现代最为深邃的反思者，他的思想是直面的，也是存在的，他洞察国民性中的恐惧与逃避，对这个民族苦难深重的历史进行追问，要求对传统做出价值重估，寻找新的意义、新的文化、新的人格。在鲁迅的观察里，中国人有这么深的逃避，是因为遭受的压制与剥夺太多。但逃避并不能让我们免于痛苦，而是让我们白白受苦。因此，陀思妥耶夫斯基说："我只害怕一件事：我怕我配不上自己所受的苦难。"人生无法免于受苦，但可以选择为意义受苦。

在直面心理咨询研究所的墙上有一句诗，它来自一位叫卡斯特罗的诗人："我们这些受苦最多的人，最终会成为胜利者！"这不只是一句鼓励的话，也是在提醒我们的每一位来访者去反思：一个受苦最多的人，怎样才能成为一个胜利者？这里有一个奥秘：那最终的胜利者，必须是一个能够发现受苦的意义的人。如果没有发现受苦的意义，却又不得不受苦，便是白白受苦。症状的苦，常常是白白受苦。心理治疗就是在受苦中发现意义，让受苦成为选择，而不是无奈。鲁迅看到的便是中国人白白受苦的事实和因循守旧的无奈，他发出质问："从来如此，便对么？"尼采也曾说过一句话："当一个人知道为什么而活，他就可以承受任何一种生活。"直面-存在的治疗，是让人反思和追问自己受苦的事实，并寻找受苦的意义，把白白受苦变成有意义的受苦。我们每个人，都需要这样追问：我之受苦，意义何在？

关系与勇气

直面和存在，都强调勇气。鲁迅说的"真的猛士，敢于直面惨淡的人生"，讲的是直面的勇气，这让我想到蒂利希所说的"存在的勇气"和罗洛·梅所追求的"创造的勇气"。鲁迅说的"猛士"，是指敢于直面生活的人。这里的勇气，是指直面人生的勇气。逃避是容易的，直面很难，所以需要勇气。人的逃避，是出于无意识的恐惧，我们追求直面，却是一种有意识的行为。直面也是一种可以培养的能力。每个人都会遭遇人生惨淡的时刻，有时甚至鲜血淋漓，那些有勇气面对的人，可以称为"真的猛士"，也是直面现实的存在主义者。

人是关系的存在，人在关系里成长。好的关系让人获得成长资源，产生幸福感和价值感；不好的关系损伤了人的自我价值感。我常常会回想起这样一位来访者，她有让所有人都羡慕的条件：好的容貌、高的受教育程度、好的工作、富有的家庭。但她在关系里受了伤害，便觉得自己毫无价值。在面谈里，她泪流满面，对我说："我不过是一只臭虫……"在直面的考察里，心理症状的根源是受损的关系。关系有两个方面：一是联结，二是拒抗。二者发展得好，才形成健康的关系，才养成健康的人格。鲁迅的一句诗——横眉冷对千夫指，俯首甘为孺子牛——描写的正是这种健康人格所达致的关系境界。前半句诗讲的是拒抗，后半句诗讲的是联结。要实现关系，需要有联结与拒抗的能力，要发展出关系的能力，需要有直面的勇气。

人首先是被文化塑造的，然后长成文化的塑造者，也可以说，人首先在文化中得到培育，然后又用文化去培育人。我们生于文化，长于文化，文化构成了我们生活与成长的环境。在这个文化里，那些好的文化支持我们成长，那些不好的文化阻碍我们成长。我们在成长中学会了辨识，学会了选择。当我们选择好的文化资源，让我得到更好的成长，我们就在发展一种联结的能力。这时，我们不仅可以自己成长得好，还可以帮助别人成长得好。用鲁迅的诗句来表达就是，俯首甘为孺子牛，其中有关怀的能力，有服务的意愿。

生命成长的目标是成为自己，要成为自己，我们还需要发展一种拒抗的能力。所谓拒抗，就是拒绝和反抗文化环境中那些阻碍和损害生命成长的势力或因素。成长不容易，成为自己更难。我考察心理症状的根源与本质，常常会发现一个人因为拒抗能力太弱，不能做到横眉冷对千夫指，让自己遭受太多的损伤与削弱，以致不能充分成为自己，持续生活在痛苦、不甘与挣扎之中。他最需要的是直面的勇气。

真诚与觉察

直面强调真诚与觉察。真诚者才会反省，反省者才有觉察。心理症状的本质，便是一种不觉察的状态，便是鲁迅所说的生活在"铁屋子"里。的确，在症状里我们很少看到真诚与反省，却看到大量的情绪敏感与认知遮蔽。真诚与觉察之所以重要，在于它们反映的是直面与存在的品质。因此，我非常赞赏苏格拉底的话："没有省察的生活，是不值得过的生活。"

真诚与觉察具体表现在一个人的辨识力上。如前所述，世界是成长的环境，其中充满了各种各样的文化因素，大概可分为促进和支持成长的因素、阻碍和损害成长的因素。问题在于，所有的文化因素并没有分别贴上明确的标签，或者即使贴有标签，也常常名不副实，甚至名实相反。因此，成长的人需要不断发展一种文化的辨识力，才能做出好的文化选择。辨识力大多是从经验里长出来的。可惜的是，养育常常会损害孩子的辨识力发展，因为它们把一套道理强加给孩子，会压抑和削弱孩子的分辨能力；把一套知识和标准答案灌输给孩子，会让孩子天性中的辨识力受到阻碍，从而难以进一步发展和发挥。症状显示，一些人失掉了基本的辨识力，陷入一种不觉察，或者失掉了一种真诚，让自己装糊涂，以此回避在生活中做出选择，避免承担选择的后果或责任。

超越的能力

人需要发展出一种超越的能力。正是因为超越的能力太弱，人才会陷入盲目的症状。在症状里，我们看到人失掉了开阔的视野，陷入认知的狭隘之处，囿于事件、经验、情绪、认知，把一时当成永久，把一事当成一切，把此时此地当成生活全部，看不到更多的可能性，也看不到意义，不相信更不会抓住机遇。

鉴于此，直面的治疗意在帮助人拓宽视野，让人看到更大的意义、更多的可能，而不陷入琐碎与盲目，这就是一种超越的能力。当人有了超越的能力，他可以看到更远大的目标，产生更强劲的动力，会从人生的各种困境中解放自己，不做生活的被动者。人生是要发展出一种主动的精神，但如果没有超越的能力，可能会滥用自己的资源，在不值得的事情上努力，如同在野草上施肥，是没有收获的，也没有真正的发展。超越的能力让我们把精力花在值得的事情上，如同在自己的土地上种庄稼，最后迎来人生的丰收。超越的能力也会帮助我们坚持做对的事情，不被他人的怀疑和评价所阻拦，最终有所作为。超越的能力让我们有境界，有格局，成为自由者，在自由中做真正的选择。

穿越与转化

现在我们再讲过程与穿越，从而实现转化。当我们真诚地看待自己和生活时，就会发现自身的局限和生活的困难。直面是在充分了解人生真相的基础上做出选择。人生充满选择，人生本是选择，从根本上来说，我们的人生选择可以归结为一点：是直面还是逃避？是选择面对自身的有限和生活的困难，还是选择绕开它们？

讲到直面，我常常会引用一个寓言，它来自中国古代，叫"黔驴技穷"。这个寓言讲的是一个人把一头驴从北方运到南方，南方的人不知道驴有什么用，就把它放在山里。一只老虎路过，看到这头驴，就很害怕。老虎经历了一个从害怕驴、逃避驴到接近驴、了解驴的过程，最终克服了对驴的恐惧。老虎经历了一个直面的过程，实现了对恐惧的突破。人生也是这样一个过程，会遭遇各种各样的恐惧，直面就是经历一次又一次对恐惧的穿越（外在的和内在的），最终实现一种从"恐惧–逃避"到"了解–直面"的转化。直面不是一个简单的过程，也不是在过程里一味勇往直前，而是一个循序渐进的穿越过程，其中有"恐惧—逃避—直面—了解—又恐惧—再直面"的多次循环往复，直到实现突破与转化。我们的人生，就是在生活的经验中穿越，穿越充分威胁的场景，穿越内心的恐惧。当我们经过了这个直面的过程，我们就实现了生活的转化。

选 择 直 面

直面是一个不断选择的过程，选择直面就是我们的态度。可以说，直面是选择的治疗，也是态度的治疗。在我们的考察里，心理症状之发生，从根本而言，不是方式出了问题，而是态度出了问题，这个态度就是，在可以选择直面的时候，我们选择了逃避。在症状里，我们看到许多恐惧与逃避；在成长里，我们看到更多勇气与直面。伯恩斯（J. M. Burns）认为，一个自由社会的试金石在于它具备的直面能力，其表现是，在面对重要选择时，它选择直面，而不是选择逃避。对于一个人来说也是如此，要享受充分的自由，我们需要选择直面。人生是选择，每时每刻，每事每物，我们都要做出选择，我们是无法逃避的选择者。

一个中国心理治疗师的文化敏感

亚太心理咨询三方会议（首尔，2008）

一

在中国，几乎每个人都听过一个来自印度的故事，叫盲人摸象。故事说，在印度的一个村庄上住着六个盲人。一天，他们听说有人要赶一头大象从这里经过，就坐在路边的一棵大树下等待，想知道大象是什么样子的——当然，他们是盲人，不能用眼睛看，但可以用手摸一摸。当赶象人过来的时候，他们要求他停一会儿，让他们摸一摸大象是什么样子的。第一个盲人摸到大象的肚子，说大象是一堵墙。第二个盲人摸到大象的牙，说大象是一支长矛。第三个盲人摸到大象的鼻子，说大象是一条蛇。第四个盲人摸到大象的腿，说大象是一棵树。第五个盲人摸到大象的耳朵，说大象是一把扇子。第六个盲人摸到大象的尾巴，说大象是一根绳子。接下来，赶象人赶着大象离开了，六个盲人坐在那里争论不休，每个人都说别人是错的，自己是对的。

听到这个故事，我觉得很有意思。我想，如果把六个盲人所说的东西堆在一起，那绝对不是一头大象，而是一堆杂物。如果把他们各自所摸到的部分组合起来呢？那就是一头大象了。通过这个故事，我们了解到，每个人都有局限性，都是从各自的角度去看一件事物，所看到的只是部分，而不是全部。

今天，我们来到首尔，在这里开一个会议，这情景就像一群盲人，从亚洲的各个村庄来，聚集在首尔这棵大树下，要在这里"摸象"——这头大象叫心理治疗。

说得远一点，心理治疗在不同的文化里都有，而且早就存在；说近一点，作为一种专业，它只有100多年的历史。我们这些来自不同文化的人，对心理治疗有不同的理解。是不是我们要像那几个盲人一样各执己见，并且说对方"真是瞎得太厉害"呢？我们是心理治疗师，心理治疗师也有局限，但不同的是，心理治疗师对自己的局限性有所觉察，不自以为是，不以真理自居，总去倾听他人的看法，每个人讲出自己摸到的那一部分，然后把它们组合起来，便可构成一个完整的"大象"。

我从中国来，这是亚洲的一个大村庄，但不见得我这个"盲人"比其他盲人瞎得轻一些，摸得准一些。像在座的每一位"盲人"一样，我也是来摸象的，我讲述我摸到的那一部分。

关于心理治疗，我要讲的话题是：一个中国心理治疗师的文化敏感。

二

20世纪初，西方心理学传入中国，有一批中国人到西方去学习心理学，他们回国之后，成了中国心理学领域最早的译介者和教育者，这批开拓者从一开始就有建立中国心理学的意愿，并模仿西方模式在中国建立心理学实验室，推动心理学教育，但对中国文化中的心理学资源探索不足。在心理咨询与治疗领域，人们大量学习和吸收西方心理学的理论方法，也没有充分探索和应用中国文化中的心理学资源，这情景有点像王阳明所说的："抛却自家无尽藏，沿门托钵效贫儿。"但幸运的是，中国心理学领域的本土文化意识始终存在，不断有人关注和探索中国的文化资源，最近有学者提出这样的疑问：如果不谈中国文化，我们能谈心理治疗吗？如果没有了西方心理学，中国心理学还剩下什么？我们能否整理与使用本土的文化资源，建立中国的心理学？

作为一位中国的心理治疗师，我是在中国文化的氛围中成长起来的，对中国文化因素，我具有一种敏感的意识。在治疗实践里，我洞察自己文化的弊端，也整合自己文化的资源，在个人的治疗经验中探索符合中国人的治疗观念与方法。现在，我们每个人携带着各自的文化经验和专业经验，通过彼此分享，来丰富人类心理治疗的资源。

三

一个心理治疗师的文化敏感，包括他对塑造自己的那些文化因素的敏感和觉察，他带着这些形成"我之为我"的文化进入治疗过程之中，进入与来访者的互动之中。这个过程包括心理治疗师对来访者的文化有怎样的敏察、来访者有怎样的回应、二者之间进行的文化互动，以及所有这一切意味着什么。有一个普遍的说法是，心理治疗师不是天生的，而是被造就出来的。造就一个心理治疗师的因素大体来自三个方面：（一）他接受的教育（正规的和非正规的）及其人生经验；（二）他接受的专业训练（包括心理学理论方法、专业实践、督导）；（三）他的自我觉察（包括个人的觉察，以及通过接受训练、治疗和督导获得的觉察）。

下面几个方面，基本反映了我自己的文化敏感：

（一）文化不是指一个人的受教育程度，而是指在他的生活中所有对他发生影响的因素。因此，每个人都有自己的文化，都是在与文化的互动中成为自己。所谓成长，就是每一位人类个体用自己的基本生命条件（生物的、智力的、精神的）与环境因素发生互动，有意识和无意识地接受影响和施加影响。一个文化敏感的心理治疗师，能够了解自身的基本条件及其与环境因素发生互动的情形，也了解来访者的基本条件及其与文化因素发生互动的情形，并且了解在咨询室里，双方的文化互动在怎样发生以及有什么意味。

（二）一个人不仅有其自身的潜能或基本生命条件，他还属于家庭、村落、社区、城市、社会、民族，而所有这些部分都有自己的文化，在这些文化的深处，是荣格所说的集体无意识。人类文化在整体上被习惯地划分为西方文化和东方文化，并显示出各自的语言、习俗、行为、价值系统等因素对人的影响。我们同属亚洲文化，拥有共同的文化因素，但也有不同之处。共同的文化让我们彼此理解，不同的文化并不等于分歧和冲突，而意味着多样化和丰富性。心理治疗中有一个词，叫同理心，就是从不同走向共同——不因不同而拒绝共同，也不因共同而抹杀不同。每一个人都是独特的，这种独特性在心理治疗中需要被充分意识到，并得到充分的尊重，这就是同理，这就是心理治疗师的文化敏感。文化敏感还包括，来访者的问题是独特的，为之提供的心理治疗也需要是独特的，而不是千人一方。

（三）作为一个文化敏感的心理治疗师，我对个体的创伤有敏感的觉察，还对我们民族遭受的创伤有深切的意识，如长期的封建专制和西方列强侵略给中国人造成的伤害。在个体那里，创伤的经验可以潜藏在内部，在暗中产生破坏力；对于一个民族而言也是如此。那些创伤经验并不随着时过境迁而消逝，它们留存在我们民族的集体无意识里，依然在通过一些隐晦或明显的方式影响着每一位个体，影响着整个群体。文化敏感的心理治疗师也是文化创伤的疗愈者，我相信，每一种创伤都需要得到医治，成长则在疗愈中发生。

（四）作为一个文化敏感的心理治疗师，我不断反思自己的文化经验，尝试去理解它们在怎样影响我，怎样塑造我，形成了我生命中的哪些部分，这些部分又在怎样对我说话，怎样对周围的人和对发生的事做出反应。我一直以为，一个心理疗师对自我敏感的程度，就是他对来访者敏感的程度，这决定着他从事心理治疗的深度和效果。

（五）作为一个文化敏感的心理治疗师，我不断反思本民族的文化，探索其中的致病因素和医治资源。我在中国从事心理治疗的经验告诉我，许多问题的背后有文化的致生因素和维持条件。这是事情的一面。事情的另一面是，我不断去探索和发现本民族文化系统里丰富的医治资源——它们贮存于我们的哲学、文学、医学、宗教、民俗、日常生活中，它们也被每一位活生生的来访者带到我的咨询室里来。一个文化敏感的心理治疗师，善于把文化的医治资源调制成让生命健康成长的药方。

（六）带着这种文化敏感，我让自己融入每一位来访者的个体文化中。当这种文化敏感让我知道自己是谁，我就知道他们是谁；当这种文化敏感让我知道自己在哪里，我就知道他们在哪里；当这种文化敏感让我把自己融进他们，我就成了他们中间的任何一位。作为文化敏感的心理治疗师，我把自己全身心投入治疗，包括我的感觉（但不打扰对方）、我的深情（但不带任何诱惑）、我的理解（但不是强加）、我的价值（但不是用来评判他人）。文化敏感的治疗是流动的，技术融会在生命自然的流露之中。

（七）作为文化敏感的心理治疗师，我有一个非常明确的自我意识：我永远都不会成为一个完美的心理治疗师，但我会把自己的每一个弱点和失误当作成长的空间或机会，让自己一直变得更好。

四

在专业训练和实践之外，我时时回顾自己成为心理治疗师的生命之旅，也是我的文化之旅。我出生在一个乡村，后来到了城市，后来到了美国，后来回到中国。但乡村的文化经验留存在我的生命底层，时而会不自觉地进入我的心理治疗师角色里。在一些来访者的眼中，我是一个村落的长老。对于他们的这个看法或评价，我内心的文化反应是：欣然接受。在我记忆中的乡村文化里，有许多充满生活智慧的长者——我的外婆、我的爷爷，还有长海爷、长绵爷、长江爷、老祖奶，他们给我讲了许多故事，他们也成了我生命中的故事，他们的故事里有成长和医治的因素，他们是那个村落里自然生长出来的民间治疗师，他们教会我用故事的方式跟人相遇、助人成长。许多年后，当我成为一个专业心理治疗师的时候，我实际上传承了他们的角色。

我的教育也有助于塑造我生命中的那个"心理治疗师"。教育给我提供了丰富和多样的资源，包括文学、神学、心理学，以及由此延伸的对各个学科的兴趣与涉猎。我受教育的过程中遇到许多老师，他们用自己的生命和思想塑造我内心的那位"心理治疗师"。

我的自我觉察还包括个人的精神成长，这成为我从事心理治疗的内在精神动力。对我来说，心理治疗不只是一种职业，不只是一种兴趣，而是源自内在的一种呼召，它的背后有从生命信仰而来的动力，它跟我生命的许多潜质或资源是接通的，并且可以让它们尽量充分地发挥出来。

带着这种文化敏感，我在中国文化背景里坚持探索一条心理治疗的道路，这条路叫"直面"。这条路缘自我内心对生命的爱与怜惜，沿着这条路，我经历着个体与民族的伤痛与医治、恐惧与成长、逃避与直面、潜意识的幽暗与觉知的光明。特别是近年来，我遇到一些跟我一起探索的同路人，他们是具有文化意识的心理学实践者、教育者、研究者，大家都在通过不同的途径探索和应用中国文化的心理学资源，有意建立中国本土的心理学。可以预见，中国会产生优秀的心理学家，在生命资质上，他们具有"中魂西才"，既深谙中国文化精髓，又具有西方专业才智；在文化态度上，他们志虑忠纯，遵循孔子之"毋意，毋必，毋固，毋我"；在行动上，他们投身于东西方文化的对话，整合心理学资源，立足于中国文化处境，通过心理治疗实践与研究，建立中国本土的心理学。

直面存在的理由

亚洲心理咨询三方会议（南京，2007）

亚洲心理咨询与治疗联合会第二届研讨会在南京直面心理咨询研究所召开，这是直面的荣耀，是南京的荣耀。因为这个会议，许多人了解了直面，了解了南京，喜欢上直面，喜欢上南京。

我们这次研讨会的主题是：心理咨询在亚洲的生存与发展，心理咨询机构的生存与发展、资源整合与利用。有了这样一个机会，我们可以坦诚探讨我们面对的困难与应对的策略。直面心理咨询研究所专门为这次研讨会编印了一本《直面的路》，它大体反映了直面5年来生存与发展的基本情况。

中国的心理咨询大致是从20世纪80年代初开始稀稀落落出现，主要是在医院、大学和心理咨询社会服务机构中进行，在发展上一直比较零散和缓慢。2003年，国家心理咨询师认证培训系统启动，开始对心理咨询在中国社会发展产生推波助澜的作用。我个人是在20世纪80年代末听说心理咨询的，1996年开始接触心理咨询，1998年开始涉足心理咨询。在厦门大学教书期间，我参与了厦门关怀心理辅导咨询中心的培训与实践。1999年年底，我辞掉厦门大学教职，赴美国接受心理咨询教育。2002年，我回到南京，创办了南京直面心理咨询中心（后更名为南京直面心理咨询研究所）。记得我在美国读书期间，某天从网上看到一个报道，说南京有一个现代心理研究所因为从事色情服务被查封，我心里颇黯然，看来在中国心理咨询行业鱼龙混杂。2002年直面成立的时候，社会上还存在把心理咨询与陪聊混为一谈的情况，时而会有人打电话寻找年轻漂亮的女心理咨询师，甚至我们招聘工作人员时，竟有陪聊小姐前来应聘，声称自己就是专业人员。

从直面成立之日起，我们就立下一个志愿，要以专业立身，在社会上树立心理咨询的专业形象。5年来，我们一直坚持这样去做。社会上陆续反馈的信息让我们备受鼓舞：直面被认为是一个专业的心理咨询机构，在推动南京地区，乃至中国社会的心理咨询专业化方面起到一些作用。

在中国社会，独立从业的心理咨询机构在生存上是艰难的，这个领域一直存在着"前仆后继"的情况，不断有心理咨询机构成立和关闭，存活期很短。在心理咨询机构中，能够度过3年的占比并不多。但直面度过了，迎来了发展的第5个年头。在最开始的时候，直面颇感寂寞，尽力在专业上推动这个行业。到现在，心理咨询开始在社会上形成气候，产生影响，越来越多的人开始寻求心理咨询。不久前，南京心理学会在直面举办心理咨询行业交流会，有20多家心理咨询机构前来参加。但是，我们面对的问题依然是：生存与发展。

任何一件事物的存在，都有它的理由。就像一个人，只有当他意识到自己存在的理由，他才会尽力按这个理由去活出自己的存在——哪怕阻碍重重。曹敏敬博士在一次演讲中讲到荣格的一个基本命题：没有意义，人不可能活着。这也是弗兰克尔"意义疗法"的基本命题。在他们看来，生命最深的动机不是追求快乐，不是追求权力，而是追求存在的意义。弗兰克尔引用过尼采的一句话：当一个人有自己存在的理由，他几乎可以承受任何生存的境遇。

直面是一个机构，在我眼中，它是一个生命。在《直面的路》封面上，你们会看到有这样一段话：

关涉一个机构，

关涉一个生命，

关涉在中国文化背景里正在探索的一条路。

源自对生活的爱和怜惜，

经历伤痛与医治，

恐惧与成长，

逃避与直面，

潜意识的幽暗与觉知的光明……

我有时会问，直面的存在理由是什么？现在，我能想到的答案是：直面的存在理由是追求存在的意义，下面我会对之做一些阐释。

我们总想建立一种面面俱到、完美无缺、无懈可击、人见人爱的心理学，生怕别人会看到一点漏洞，发现一点不足，提出一点疑问。因为这种求全心理，我们什么都建立不起来，这就是所谓的求全之毁。有所建树的心理学前辈不是这样的。从弗洛伊德开始，他们就在探索和建立自己的心理学，提出各种各样的理论方法，产生了一个个重要的心理学派。同样，这与他们的思维方式有关——不是追求完美，而是追求独特。他们建立起来的心理学并非无懈可击，各有各的局限，甚至是很明显的局限，但每一套心理学都是独特的，甚至一派治疗方法是在批判另一派治疗方法的基础上建立起来的。你可以说每一个治疗学派都是片面的，但这些独特的片面构成了丰富而完备的治疗体系。

想到这里，我们直面心理机构就鼓足了勇气，说出一个独特的名字："直面疗法"，还有一个名字叫"直面心理学"，它是我们在中国从事心理学实践的过程中探索出来的心理咨询方法。

直面心理学方法具有以下这些特征：

第一，直面是一种关系。

关系是生命成长的资源，在关系里，我们发现了自我成长和助人成长的丰富资源。在你们手里有一本《直面的路》，你们从中会发现，直面背后有许多人在支持着我们，他们是直面存在与发展的重要原因，他们是我们的关系。有一句话叫：人对了，世界就对了。直面正是这样：我们是对的人，我们找对了人，与之建立了对的关系，直面就在这种对的关系里发生和成长。直面真实，因此有真朋友，建立了真关系，直面是一个由真的关系编织起来的平台，在这个平台上，医治和成长的事情每天都在发生。我曾经说过一句话：是许多人"托起"了直面。

从心理咨询的角度来看，直面是一种治疗关系。李淑娴博士对"直面"一词做出这样的回应："直面的路是一条在中国文化背景里从事心理治疗与咨询的路。这是一个非常好的词汇，它表达了求助者与治疗者之间信任而开放的关系，显示心理咨询过程中直接的、面对面的相遇，互相展示自己的内心世界，共同寻求医治与更新。我期待直面之道成为中国土地上一套行之有效的处境化方法。"这是对"直面"多好的阐释啊！

第二，直面是一种挑战。

昨天，沈相权博士问我："直面是不是'对抗'（confrontation）？"我说有这层意思，但不止于此。今天早晨，我跟金仁哲博士共进早餐，在我们的交谈中也谈及"直面"，他提到一个很重要的词：courage to challenge（勇于挑战）。这正是直面的一个基本内涵。我们前面说到，直面强调关系，因为关系里有成长的资源，但这个资源并不一定能让一个人真正成为自己。一个人要成为自己，他还需要真实与勇气，他必须基于真实，勇于挑战。在这个世界上，有许多支持和维护生命成长的因素，我们需要与之建立关联，获得成长的资源；但也有许多阻碍和损害生命成长的因素，我们就需要勇于挑战，拒绝之，抵抗之，坚持自己的独特性，才能真正成为自己。这种挑战精神反映在鲁迅的"横眉冷对千夫指"这半句诗里。我们讲的关系，又体现在鲁迅的另半句诗里——"俯首甘为孺子牛"。这一句诗构成了"直面"的基本内涵。关系与挑战是彼此支持、相互补充、相得益彰的。通过关系，获得成长的资源，让自己充分成长；通过挑战，坚持自己的独特性，最终成为自己。

第三，直面强调真实。

在直面心理学看来，心理症状的本质是从过度恐惧里产生出来的过度防御，其中有许多的文过饰非，人自觉与不自觉地戴着一个虚假的面具。我这样说并不是做道德的评价，而是在陈述一个事实或真相：心理症状是由一系列心理逃避的倾向与行为构成的。在许多情况下，逃避是无意识的，被长期形成的习惯性力量所强化，当事人几乎不知不觉也不管不顾地一仍逃避下去，直到形成症状，并且沉溺于症状，从症状中得益，获得一种短暂的、安慰性质的、虚幻的安全感，经验变得越来越稀少，自我变得越来越虚弱。因此，我非常赞同卡尔·罗杰斯所说的：心理咨询的目的是让人"从面具后面走出来"，"活出真实的自己"。活得真实让人有力量，追求完美是一种逃避、一种防御，人在逃避与防御中变得虚弱，直至失掉自己。

从这个角度来理解直面咨询机构，我们可以说，直面是注重关系的，但它不接受任何与直面理念不相符合的利益，因为它也勇于挑战，坚持自己。在关系与挑战的背后，我们还看到，直面是真实的——直面者知道自己是谁，知道自己在做什么。

第四，直面重视觉察。

直面的治疗取向是觉察，首先面对自己，了解自己，知道自己是谁，在做什么，从哪里来，要到哪里去，目前正走在什么地方。其实，在治疗过程中，我们要做的便是：了解来访者内在的恐惧，了解一个人在需要面对的时候，为什么选择了逃避；了解他到底在害怕什么，为什么要逃跑，要逃到什么地方去；了解来访者苛求完美的行为背后的根源是什么，隐藏的动机是什么；了解创伤的本质，以及创伤在怎样对人说话，说什么；等等。这是一个渐渐觉察的过程。

觉察的治疗也包括让人对事件、问题、他人、自我重新进行探索，有新的发现，产生新的理解与阐释，做出新的选择。因为这选择是基于觉察的，是好的选择，人就在一系列好的选择中建立了自己。

第五，直面是一种穿越。

人生是一个不断面对危险和应对恐惧的过程，现实中有各种各样的威胁，我们内心里有各种各样的恐惧，都需要我们去面对和穿越。直面就是带着勇气，经历人生冒险，穿越一个又一个充满危险与危机的场景，同时一点一点克服我们内心的恐惧。直面治疗师需要在生命上有这样的预备，也帮助来访者做好预备，去面对人生中各种各样的困难与痛苦，让自己去实现一次又一次的穿越——从发生的负面事件中穿越，从内心的负面情绪中穿越，从充满冒险的关系中穿越，从充满威胁的环境中穿越。我们没有办法绕开人生中的每一个艰难地带，我们也不能一直活在内心的恐惧里，我们每时每刻都要做出选择，选择直面，而不是选择逃避或绕开。有朋友送给直面一面锦旗，上面写着：辅导生命，直面人生。这反映了直面的宗旨：我们自己在人生中实现穿越，我们帮助我们的来访者实现穿越。我们经历了无数次的穿越，才逐步实现自己的人生。

第六，直面是一种超越。

在人生之中，有许多艰难险阻是需要直接面对和从中穿越的，也有许多局限是需要人去超越的。心理症状有一个本质，显示为人陷入了狭处，生活在一个封闭的、破坏性的自我体验里，如同置身于一个囚牢。人会陷入各式各样的囚牢——认知的、情绪的、关系的、欲望的、行为习惯的、潜意识的，不计其数的囚牢，如同鲁迅所说的铁屋子。所谓超越，就是有一个更大的眼界，看到囚禁之所的本质，并从中解放自己。直面的心理治疗师，从象征的意义来说，就是心灵意义上的解放者，他首先解放自己，也帮助那些被困在各种心灵囚牢里的人们解放自己。

第七，直面是有目的的。

最后，我来引用鲁迅的一句话——"真的猛士，敢于直面惨淡的人生"。在这句话里，我们看到了"直面"一词，这便是"直面"的来源。"直面"的意义很丰富，包括面对、关系、真实、勇气、智慧、爱、服务、自我确认与坚持、敢于对抗、勇于挑战。我们在逃避里失掉自己，我们在直面中成为自己。逃避代表着一种发展症状的倾向，直面代表着一种成长与疗愈的取向，它是改变的、更新的，它释放每一个人内心英雄般的力量，让人成为"真的猛士"。

心理咨询在中国的发展及其文化资源

在亚太心理咨询三方会议上的主题报告（首尔，2006）

2005 年，我的生活中发生了一件最令人激动的事情：我与沈相权博士、曹敏敬博士的相遇。我们三人分别来自三个心理机构：沈博士来自韩国专门心理治疗院，曹博士来自中国香港辅导与调解机构，我来自中国南京直面心理咨询研究所。我们三人志同道合，经过商讨，决定组成一个亚洲地区心理咨询机构联合会，并每年举办年会。

首先要感谢沈相权博士及其同事的热忱与努力，让我们三人的梦想成了现实。现在，我们有机会来到首尔，跟大家坐在一起探讨心理咨询与治疗在亚洲地区的发展。

下面，我将对心理咨询在中国的发展状况做一个大概的描述，也会讲到中国文化中的心理治疗资源，并简略介绍一种正在探索中的直面疗法。

心理咨询在中国的出现与发展

心理学作为一门学科，是在西方建立起来，后来传到中国的。中国从清末开始派学生到欧美接受教育，其中有人回国后传播西方哲学心理学和实验心理学。还有中国学者翻译过西方心理学著作，如王国维。中国的教育家蔡元培曾留学德国，并聆听过冯特讲授心理学。蔡元培任北京大学校长期间，支持陈大齐在北大建立了我国第一个心理学实验室。陈大齐于1918年出版《心理学大纲》，这是中国第一本大学心理学教材，反映了冯特时代心理学的主要内容和科学水平。这标志着中国科学心理学的诞生。

1920年前后，又一批中国人赴美留学，其中修读心理学的有唐钺、陆志韦、陈鹤琴和张耀翔等，他们回国之后分别在北京大学、南京高等师范学校、北京高等师范学校等校教授心理学，成为中国现代心理学教育最早的开拓者之一。中国现代心理学建立的大事件有：1920年，南京高等师范学校教育科建立了中国第一个心理学系；1921年，中华心理学会成立，即中国心理学会的前身；1922年1月，中华心理学会会刊《心理》杂志出版，这是中国最初的心理学杂志。但心理治疗未成规模，只有一些零散的探索。

另外，一些教会学校开设心理学课程，对心理健康在中国的传播起了一定推动作用。教会医院在心理治疗实践上也有尝试，发为先声。

"五四"新文化运动期间，弗洛伊德的精神分析作为西方思潮被介绍到中国，似乎对心理治疗并没有产生什么推动作用，却对中国的文学创作与学术思想产生了促进、激发作用。与此同时，威廉·詹姆斯的宗教心理学也被介绍进来，如其著作《宗教经验种种》。

渐渐地，中国开始有了现代心理健康的观念，有一些刊物，如《西风》，时而刊文介绍心理学在西方发生、发展的情况，其中还有文章对中国文化传统中的心理学因素进行粗浅但可贵的探讨，如对杯弓蛇影的心理分析。

新中国成立后，一度受苏联影响很深，心理学教育模式基本照搬苏联，对心理异常的治疗主要采用行为主义模式，基于巴甫洛夫的条件反射理论。到"文革"时期，心理学研究基本成了禁区。但也有人悄悄在心理治疗上进行尝试，如钟友彬开创了认知领悟疗法。

　　"文革"结束后，中国迎来改革开放新时期，但社会也在各个方面发生急剧转型：生活节奏加快，竞争压力骤增，心理问题频发，这也催生了中国心理咨询行业的发展。首先是大城市的有些医院开始有了心理门诊，大学开始建立为大学生服务的心理咨询中心，社会上开始出现私人开业的心理咨询机构。心理咨询行业发展出现了一些标志性事件，比如，1985年中国心理卫生协会成立，1990年中国心理咨询与治疗专业委员会成立，1997年中国大学生心理咨询专业委员会成立。

　　伴随改革开放，西方心理学理论方法大量引进中国，并应用于治疗实践之中，著名的心理治疗学派包括精神分析疗法、认知行为疗法、以人为中心疗法等。这些方法在中国得到应用的同时，中国的心理咨询师对之进行了适应性的改造，让它们变得更加直接、简化、处境化，更加切合中国文化与中国人的习惯与需求。

　　到2000年前后，中国心理咨询进入一个快速发展期。心理咨询从业者一边在实践中探索，一边接受各心理学派的理论方法训练，再把它们应用于实践，不断积累和总结自己的临床经验。与此同时，也有一些实践者开始探索中国本土文化中的心理学资源，尝试创立中国本土的治疗方法。还有一些在国外接受心理咨询与治疗系统教育的人回国，他们参与大学心理学教育，在大学心理咨询中心工作，进入医院心理治疗系统，在社会上建立心理咨询中心，其基本贡献是壮大了心理咨询专业队伍，提升了心理咨询专业性。

　　在这个时期，心理咨询领域发生了一个重要事件：2002年，国家劳动部启动心理咨询师认证系统，吸引数以万计的人参加，简直在中国发动了一场心理咨询运动，这反映了中国政府有意识把心理咨询作为应对社会问题的一种策略。虽然有人反映，这个认证系统属于应急性质，门槛太低，训练粗浅，但它的意义不可忽略。它推动了中国人对心理咨询的观念和意识，培养了大批心理咨询师，而他们是这个行业的生力军。

中国文化中的心理治疗资源

西方心理治疗的基调是科学，大体可称为科学心理学。中国文化注重经验与智慧，可以发展一种基于经验与智谋的文化心理学。

首先，中国文化的基本哲学观念可以为现代心理咨询提供资源。如《易经》中的阴阳五行观念，讲事物的产生与变化之道，也可以用于理解人生与心理。其中还有一种核心的精神品质，如"天行健，君子以自强不息"，反映了大自然生生不息的孕育与创造精神，也可以用于心理咨询，对人的心理发展提供帮助。

其次，中国文化主流是由儒释道三大源流形成的，其中充满了心理学的洞察与疗愈因素，下面，我对它们与心理咨询的关系分别做一些简略的描述。

儒家的基本追求是，通过人格造就达成对社会的充分参与，获得自我价值的满足。儒家起源于教育，其最重要的观念与方法是"教"。"教"的内涵十分丰富，如教育、教化、文明、塑造、教导、关怀、培育、养育等，与心理咨询的本质很相符。儒家思想也与人本主义心理学有相通之处，表现在其对人性的看法和积极向上的生活态度上，如其中"知其不可而为之"的精神。这种奋发有为的精神并非无视和回避环境中的负面因素，而是直面它们，并尝试超越它们的限制和阻碍。我们不能决定事情的结果，但我们可以尽力而为。基于儒家思想，我们可以发展出一套人生实现取向的心理学。

在儒家思想里，我们也可以看到一种中国版的发展心理学，这在孔子的话语里被言简意赅地概括出来了。孔子是这样表达的："吾十有五而志于学，三十而立，四十而不惑，五十而知天命，六十而耳顺，七十而从心所欲，不逾矩。"我们可以去充分阐发其中的中国文化意蕴和自我发展的意向。

道家思想强调自然与觉知，基于"道"的思想，我们可以创立出一种境界疗法，在自然无为的态度中逐渐达成个人的觉知。

"无为"思想与西方人本主义治疗颇有相通。有西方心理学者发现了道家思想与人本主义心理治疗的关联，如帕特森（Paterson）和沃特金斯（Warkins）曾引用《道德经》里的话，并把它与罗杰斯"非指导性"人本主义治疗进行比较，发现了二者在本质上的相通，这些话语简直可以作为人本主义心理学的注解：

"太上，不知有之；其次，亲而誉之；其次，畏之；其次，侮之。"

"信不足焉，有不信焉。悠兮，其贵言，功成事遂，百姓皆谓'我自然'。"

"其政闷闷，其民淳淳；其政察察，其民缺缺。"

"我无为，而民自化；我好静，而民自正；我无事，而民自富；我无欲，而民自朴。"

在中国，有一批教育者从认知角度来理解和吸收道家思想，发展出一种道家领悟疗法。在韩国，也有一位精神病学教授——李东植，基于中国道家思想发展出他的"道疗"方法。在日本发展出来的森田疗法，显然是受到道家思想的影响，强调以自然之道来克服强迫性神经症。

《庄子·秋水篇》里讲了一个故事，说秋天来了，河水上涨，河流变宽，河伯（河神）站在岸边朝对岸观望，不辨牛马，于是洋洋得意，说河流宽广啊！但是，河伯顺流而东下，到了东海，才知道自己之狭小，再到大洋，更感叹自己原来是井底之蛙。在我的治疗经验里，我发现了症状是一种见小不见大、因小而失大的执着，心理治疗可以整合道的智慧，不断进入更高的境界，获得觉知，从而消解症状性的偏狭与执着。在庄子那里，我们可以看到一种"相对"的视角，也可用于心理治疗，化解症状中的主观"绝对"。

道家思想里有"贵生"的观念，即对生命的珍惜。心理症状的根源是对生命的忽略与损害，表现为对人的过度操作与利用。在我们的教养方式中，有时会不惜违背孩子的天性，给生命造成压抑，导致"甚爱必大废"的后果。"贵生"也是现代心理治疗的基本态度。

佛家思想崇智慧，重觉知，可以说是基于智慧的宗教，由此可以发展出一种智慧取向的心理治疗模式。比如，禅悟及其修炼方式是中国本土化的佛家思想，可以整合到心理治疗中，通过练习，可以开智。在我的心理治疗实践中，也会常常从佛家思想中吸取智慧的资源。

再次，中医思想在本质与方法上与现代心理治疗有很多相通之处，可以成为心理咨询师的借鉴之源。简略来说，中医对生命的考察是一种全人观，强调身心交互影响，治疗上的七情相胜法对现代意义的心理治疗也颇有启发（《儒门事亲》）。阴阳五行思想为中医奠定了一个哲学基础。在《黄帝内经》里已经包含了许多现代心理治疗的观念，包括对医者品质的描述、生命的整体观、探索对身体产生影响的生态观和生活史，还有非常以人为本的"疏导""治未病"等治疗观。据相关研究，《黄帝内经》不是单一谈身体的病，其90%的论述会涉及心理，甚至有20%的部分直接谈的就是心理。大概是考察了中国古代思想中有丰富的心理学资源，美国学者墨菲（Murphy）赞赏中国是"心理学的故乡"。

在几千年来中医治疗的实践中，很早就有医生对心理治疗进行了探索。中医的"望、闻、问、切"治疗模式，本身就有心理治疗的性质，其中既有话语的问询，也有非语言的关照。在探索症状根源的时候，中医有意识地去考察病人的情绪因素、人际关系因素，以及生活环境中多重因素的影响，也会有意识地调动病人的心理动力来达到治疗目标。举例来说，《续名医类案》中就有典型的心理治疗案例，采用的治疗方法与现代心理治疗相同，如心理脱敏、环境重置、情志相克等。

最后，中国文化里有丰富的文学艺术资源，其诗歌、小诗、戏剧，以及绘画、书法中都含有丰富的心理治疗因素，一直伴随着中国人几千年来的生活，具有心理安慰和疗愈的意义。

作为一个传统的农业国，中国文化与语言里充满取自自然的象征与比喻，如对大自然生生不息力量的惊叹："天何言哉，四时兴焉，万物生焉，天何言哉"；如植物生长对生命养育的启发：不可"揠苗助长"，"十年树木，百年树人"。还有许多从生活经验中产生的深刻见解与智慧，并创作出许多生动形象、意义深刻的寓言，如刻舟求剑、掩耳盗铃等。

源远流长的民间文化中也含有丰富的心理治疗资源，包括许多民俗仪式都有娱情和疗愈的功效，帮助人们摆脱人生愁苦和心理困扰。虽然民俗常常笼罩一层神秘的甚至迷信的色彩，但我们可以透过心理学看到其中具有疗愈功能的内核，而不是把盆中的婴儿和洗澡水一起泼掉。

所有这一切，都是建立和发展现代心理治疗的可贵的文化资源。

总　　结

在当今中国，心理咨询与治疗正在发展的过程中，有一些方面是需要我们注意的，我在这里做了一些反思：

第一，建立专业而系统的心理学教育与训练系统，以期产生更具品质的专业人才，而不仅依靠国家劳动部的一套认证系统。

第二，建立规范的专业评估与督导系统，保证专业心理咨询师或心理治疗师提供合乎规范和有效的服务，也保证这个行业不被扰乱。

第三，开展心理咨询的普及教育，让更多人了解心理健康的重要性，并有意识地接受心理咨询。时至今日，人们对心理咨询的了解还很有限，出现心理问题时，人们有许多的误解，也有不适当的处理，造成了进一步的损害。例如道德评价，指责有心理问题的人是头脑坏了、不负责任、自私、脆弱、懒惰、心胸狭窄等，并用大量的道理或道德说教给他们造成更多的压抑。还有一种很普遍的情况，就是把心理问题看作一件丢脸的事，因而有许多家庭会把问题掩藏起来，讳疾忌医，导致许多人错失了得到帮助的最佳时机。

总之，中国的心理咨询还任重而道远。

直面之道，成长之道

在心理咨询国际研讨会上所做的学术报告（南京，2004）

开 头 的 话

我今天向大家介绍一套新的助人观念和方法，叫直面分析。你们以前可能没有听说过有这样一种心理学治疗方法。但是，就像许多不曾存在的东西后来涌现出来一样，现在，在南京直面心理中心这个地方，这样一种助人的心理咨询与治疗模式正在涌现，后面有一群人在推动着它。在我们的实践中，直面分析正在被证明是一套有效的助人理念与策略，我们也称之为直面之道。"道"是观念，是态度，是方法，也是一条道路。我们的工作就是"铺平这条路，修直这条道"。

直面分析关注文化的影响对生命成长的意义，它是文化–心理分析取向的心理学，简称直面分析。按鲁迅的说法，也可以叫剖析。"剖析"比"分析"显得更加深入、更加锐利，态度也更加坚决，甚至更加无情地揭露事物背后的本质。因此鲁迅说："我的确时时解剖别人，然而更多的是无情地解剖自己。"① 因此，直面分析的方法是一种对文化与心理进行剖析的方法。它不仅仅是一种方法，也是一种态度。它不仅施于个人心理分析，也对给个体造成影响的文

---

① 鲁迅.鲁迅全集（1）.北京：人民文学出版社，1998：284.

化、社会进行分析。直面分析需要一种洞察与勇气，因为它要揭示、剖析文化和心理背后隐藏的甚至是有意掩盖的本质。人对本质的盲目和忽略，使人在不自觉的状态下受到影响。直面分析就是这样一个过程：通过探索，使现象背后的本质被揭示出来，对之进行剖析，从中获得觉察。基于我们过去在经验中获得的一些洞察和思考，我们愿意沿着这条路探索下去，并且相信，直面取向的心理学方法是中国文化背景中一套行之有效的工作方法。如果可能，它也将被人类其他文化所理解、认同和接受，对推动人类过一种觉察与幸福的生活产生作用。

成 长 理 念

直面分析方法有一个非常重要的理念，就是成长。因此我说，直面之道即成长之道。

首先，我们把人作为关注的中心。人不是完美的，却是弥足珍贵的。人值得我们关注、关心，不是因为他在道德上洁白无瑕，也不是因为他对人类做了贡献，而是因为他是人。我们关注的是人本身，而不是条件化的人，即人是有价值的，是值得尊重的，不是因为他有道德与功绩，而是因为，他即使没有这些条件，他本身也是值得关注的。

其次，人是成长的。虽然人是有限的，但人是可以成长的。人内部有各种各样的潜能和需求，人渴望通过成长来实现自己的潜潜。直面心理学的根本，是助人成长，让人充分实现自己的潜能。就像马斯洛和卡伦·霍妮所做的一个比喻———一颗橡树的种子内部有一个话语：我要长成一棵高大的橡树！同样在人性的深处，也天然地镶嵌着一个神圣的使命：我要成长，长成自己！

其三，成长是通过与文化进行互动发生的。当我们生下来，我们作为一个有形的、生物的存在，内部包含各种各样的潜能和需求。所谓的潜能，就是一种潜在的资源和动力，它要求发挥出来、发展起来，它要表达自己，实现自己。那么，它怎么表达和实现呢？根本说来，就是通过成长。成长的第一个条件是，生命有潜能，要求得到实现。成长的第二个条件是，生命有基本的需求，需要得到适当的满足。成长的第三条件是，生命周围有各种因素，称为文化，而成长是通过跟文化发生互动来落实的。成长的第四个条件是，成长的目标是长成自己。这里的自己，是一个充分长成自己的人，就是把自己的生命潜能充分实现出来的人，这样的人被罗杰斯称为"功能充分发挥的人"（fully functioning person），被马斯洛称为"自我实现者"，也是直面心理学所说的有充分的文化辨识力并且能够做文化选择的人。他不是一个有效的工具，而是一个活得好的人。这里的活得好，包括活得明白、活得幸福。

其四，直面取向的心理咨询是促进来访者成长，让他长大。概而言之，就是我过去常常说的一句话：在接受心理咨询（或称分析、治疗）之前，来访者常常觉得他的问题很大，而他自己却很小；在接受了心理咨询之后，来访者渐渐长大了，而他的症状开始变小了。这样看来，心理咨询就是一个促进长大的过程，具体而言，就是让当事人长大，他的问题就自然变小了。我们把直面分析称为成长取向的心理治疗。

文 化 意 味

我特别需要讲一讲关于文化。文化的定义非常多，我对文化的定义却很简单：在一个人的成长过程中，他生活环境中给他造成直接影响和间接影响的所有因素，都可以被称为文化。一个人自出生之日起，就进入了一个由文化因素构成的环境，其中所有的文化因

素都会对这个新生的个体产生影响，而且这个影响会一直持续，直
到生命在形式上结束，即死亡。在生命之初，个体几乎完全不具备
文化辨识力。因为没有能力对文化做出辨识，他就没有能力选择文化。
因此，生命越早期，对文化的依赖越重，因此文化的影响也越重要。
几乎所有的心理学都不会否认文化在生命早期的重要性。直面心理
学更是如此。但直面心理学也同时相信，文化影响并不是注定的。
伴随个体的成长，他一边接受文化对自己的影响，一边对文化有所
理解、有所辨识，并且基于理解和辨识有意识地做文化选择。因此，
在一个人的成长过程中，文化对他有双重意味。第一，文化对人产
生很重要的影响，生命越早期，辨识力越弱，文化影响越是重要。
这给人的提醒是，养育与教育相应就更加重要，我们需要更新文化，
让文化对人的成长产生好的影响。第二，文化影响不是注定的，这
意味着人可以对文化做出选择。因为人不只是文化的被动接受者，
也可以成为文化的主动选择者。这对我们也有一个重要的提醒：即
使过去的文化影响给人造成了心理的症状，治疗依然是可能的。因
为人可以重新选择文化，疗愈就会发生。治疗的核心有时候集中在
一个焦点上：帮助人改变文化影响的注定感，让他相信文化更新的
可能性。

　　心理困难的根源是生命成长受到了阻碍和损伤，这阻碍是文化
造成的阻碍，这损伤是文化造成的损伤。具体情况会有所不同。其
一是，当文化对我们实施阻碍和损伤的时候，我们不知道，因此无
法做出反应。这种情况往往发生在我们幼小之时。当时，我们对文
化尚不具备辨识能力和反应能力。我们成了文化影响的被动接受者，
完全受制于文化。其二是，我们知道，但无力或不敢做出反应。这
发生在我们成长的过程中，我们开始具备了一定的文化辨识力，但
我们对文化的反应能力还不够，也缺乏勇气。于是，文化对我们依

然显示出相当强大的影响力。其三是，阻碍与损伤对我们造成了如此深的影响，以至于我们变得无奈，甚至习惯于让自己处于受阻与受伤的状态里。这时，即使我们发展出对文化的理解力或辨识力，也有了对文化的反应能力，包括我们有能力做出新的文化选择，但是，文化的阻碍和损伤在早年已经造成，甚至形成一种创伤模式，就会对生命成长产生持续的影响，阻碍我们接受新的文化。这一种情况，便是症状。

直 面 能 力

虽然文化对人的成长会产生负面的影响，但也有好的文化因素会促进人的成长，或者，人在成长中会发展出抵抗文化负面因素的反应能力。

丁光训讲过一个寓言：

从前，有一位母亲怀孕，怀的是一对双胞胎。随着时间的过去，母腹里的胎儿渐渐长大，有了小小的脑袋，有了感觉，后来又有了知觉，发现了他们的环境，发现了他们是一对，发现了自我。他们高兴地生活在母腹这环境里，他们说："我们多么幸福，有这样好的一个世界。""我们的妈妈多好，爱我们，把她自己给我们分享。"

几个月之后，他们意识到，他们不能在此久留，他们得离开这个环境。他们害怕，害怕一切都完了，害怕等待他们的是毁灭。一个说："但愿此后生命还能继续。"另一个哭着说："我们完蛋了，你别想入非非。"他觉得人生毫无指望，他说："我们的成胎和成长最后带来的是一死，人生是全然荒唐的，有什么意义可言！"他甚至推论，那看不见的母亲也是没有的，是为了某种需要而想出来的。他们两个害怕——一个是完全悲观失望的，等待毁灭；另一个保持着对母亲的信赖，但也不知道出生究竟是怎一回事。

时间到了，他们两个一边哭，一边来到光亮的世界里。当他们发现自己已经出生，第一次睁开眼睛的时候，他们发现自己在母亲慈爱和温暖的怀抱里。此中的美好决不是他们原先所能领会的。①

这个寓言反映，人性中有两种根本的东西：一是焦虑，二是爱的渴望。人出生到这个充满不确定性的世界，开始了自我的成长。出生意味着与母体分离，因此陷入焦虑。人带着这种焦虑，想找回母腹般的爱。母腹像一个温暖而舒适的伊甸园，世界却充满恐惧与艰难。出生便是一个严酷的事实：人必须离开自己的伊甸园，在这个陌生的世界经历成长。人有焦虑，又需要相信爱。成长就意味着，人在爱的支持之下，经历艰难，克服焦虑，发展出应对人生的能力。具体而言，人需要发展以下几种能力，它们被统称为"直面能力"：

第一，辨识能力。我们出生之后，便来到这样一个世界，它是一种文化环境，主要由两方面的文化因素组成：一方面是促进成长的，另一方面是阻碍成长的。问题在于，所有的文化因素并不是都贴着标签，让人一目了然。世界不是那么简单。在这样一个没有明确标识甚至标签与实体并不相符的世界里，人需要学习辨别不同的文化因素，从而做出选择，即选择好的文化，避开和抵抗不好的文化。

第二，联结能力。生命成长需要好的文化资源的支持。不管从生物学还是从心理学的角度来看，任何一个人都不可能独立存活和成长，因此，人需要发展一种联结的能力，通过建立关系，让自己获得好的文化资源。没有联结的能力，人就会陷入孤立的状态，导致成长资源匮乏，最终形成一个封闭的自我。关系是一种需求，联结是一种能力。如果一个人缺乏联结能力，他会在人际关系中受挫，心里会累积恐惧，会对他人和世界充满抱怨，甚至会不喜欢自己，自轻自贱。我曾接待一位来访者，她称自己是"一只臭虫"，这表

————
① 丁光训.丁光训文集.南京：译林出版社，1998：55-56.

明她跟自己的关系很差，也很难跟人建立满意的、有品质的关系。

　　第三，拒抗能力。直面心理学看重关系。我有一个根本的理解：心理症状源于关系的伤害，疗愈的根本是疗伤，帮助一个人建立健康的关系。关系包括两个方面：一个是联结能力，一个是拒抗能力。我们前面说到，人通过与文化发生互动而成长。这互动包括，我们因为有辨识能力而知道什么是好的文化、什么是不好的文化。我们因为有联结能力，选择与好的文化建立连接。我们又因为有拒抗能力，敢于摆脱不好的文化对我们的影响乃至控制。人需要有联结能力获得成长的资源，人又需要有拒抗能力摆脱不好的影响，发展出独立的自我。

　　直面分析心理学认为，心理障碍的根源是过度的恐惧，心理障碍的形式往往是过度的逃避，恐惧与逃避构成了心理障碍的本质。直面分析的治疗取向是直面与成长。直面能力包括以上三种成长的能力。它的实现是鲁迅所追求的直面人格，具体体现在鲁迅的一句诗里："横眉冷对千夫指，俯首甘为孺子牛。"[①] "横眉冷对千夫指"讲的是敢于拒绝与抵抗的能力，其中显露一种英雄的气概；"俯首甘为孺子牛"讲的是能够服务他人的联结能力，其中包含一种爱与谦卑的精神。而在这两种能力的背后，又有一种智慧，即辨识能力，这是直面能力的一个根基。

直 面 分 析

　　直面分析的过程，很重要的是考察一个人的成长环境，也可以说是他的文化史，其中包括：在这个人的成长过程中，他的生活环境中有怎样的文化因素或文化条件？这样的文化因素对他产生了怎

---

① 鲁迅．鲁迅全集（7）．北京：人民文学出版社，1998：147

样的影响？这个人在接受文化影响的同时，发展出怎样的对文化的理解和辨识？他对文化做出怎样的反应（情绪的、认知的、行为的，包括潜意识层面的反应）？直面分析的心理学有一个核心追问：我的文化是怎样把我变成了现在这个样子的？这是一种互动的结果，它包括两个方面的因素：一个是文化对我产生的影响，一个是我对文化做出的反应。直面取向的心理咨询师会帮助来访者对自己进行文化追问与文化探索。

在直面分析的过程中，直面取向的心理咨询师会帮助来访者疏通文化给他造成的阻碍或遮蔽，疗愈文化给他造成的创伤，从而获得觉察。大体说来，直面分析首先探索文化给人造成阻碍和损害的根源和方式，对之加以辨析，从中获得新的理解，促使觉察发生，然后对旧的文化进行更新，同时创造新的文化。在这个过程中，人渐渐摆脱了旧文化的影响和控制，向新的文化经验敞开自己。这便是疗愈与成长。

关于直面分析，我具体谈到以下几个要点或步骤：

一、人对自己、对世界并不真正了解，在成长的过程中，总存在许多认识上的盲区，包括我们对自己的行为及其动机往往都是盲目的。许多自我伤害和伤害他人的事情之所以发生，往往是因为我们没有真正意识到自己在做什么、为什么那样做。从这个角度来看，直面分析是一条路，引导人走向自我觉知。直面分析促成来访者对自我与生活的觉察，发现自己未曾意识到的阻碍，同时也发现自己未曾发现的力量。直面分析帮助来访者经历这样一个过程：发现阻碍，清除之；发现力量，统合之。

二、直面分析并不总是一个享受的过程，有时候反而会相当难受。我们需要提醒当事人有所准备，特别是遇到我们习惯于逃避的东西，开始学习直面，包括面对它、承受它、了解它，直到克服它，或者能够与之相处。直面的过程，即成长的过程。直面分析，就是帮助一个人在艰难困苦中坚持成长。

三、直面分析是态度的疗愈。每一个人要获得成长，必须面对真实的自己，并进入真实的生活。我先谈真实的生活。真实的生活里有许多使人不快的东西，是由各种艰难与挑战形成的"不堪"，至少不那么好看，它是慢慢使人成长的部分，荣格把这种情况称为"合理受苦"。但问题在于，人不喜欢这个部分，总想逃避这个部分。逃避多了，就会形成症状。在直面心理学看来，症状常常是由具体的生活困难而起，为了回避真实的东西，人们给自己臆造出虚幻的东西。幻境很美丽，让人得安慰，但这正是人逃避成长的温床。心理症状之所以形成，是人在寻求心理安慰的过程中一步步逃离了真实的生活，进入了各种各样的幻境中。这里又涉及第二个方面，即真实的自己。真实的自己总是有限的，有时候也不大好看。人有时候会逃避到内部，在那里臆造出一个虚幻的自我，形成一种自我迷恋，不肯去面对真实的生活，也放弃了自我的成长。这种态度也反映，人不接受自己的有限性，也不接受世界的不确定性。我们若给这种态度起一个名字，可以叫完美主义。一个完美主义者会害怕犯错误，不敢尝试，因而失掉人生中成长的机会。人的本质是不完美的，苛求完美会导致人的自我强求与自我伤害，最后形成症状。症状的本质之一便是完美主义。我们需要建立一种新的态度，即直面的态度，它的操作性定义是：虽然恐惧，依然面对。

四、直面分析相信改变的可能性。我们从事直面的治疗，不主张给人贴标签。我们认为，贴标签是一种不恰当的诊断行为，是用固定的方式看人，是一种"只见病，不见人"的态度。标签会给人造成一种被判定甚至被注定的感觉。一个人发展出心理困难，其中本来就带有一种宿命的感觉，治疗师的诊断标签会加重当事人的宿命感和依赖性。直面分析有一个信念：不管在怎样的情况下，人都可能改变和成长。人不被过去、生活变故、童年经历、文化环境、遗传因素所注定，他本有学习和选择的能力，他能够接纳自己、发展自己、实现自己。虽然他遇到了困难或阻碍，但他有成长的渴望与潜能。

五，直面分析促成人的自我解放。生活中有各种各样的势力会掳掠人、控制人，把生命囚禁在一个个牢笼里。心理治疗的本质是"释放"，让人重新获得自由。在这个世界上，有许多人在等待着我们去向他们宣告"被掳的得释放"的消息。据说，在犹太人的思想中，治疗即释放，"使人能够自由自在地成为他希望成为的人"。卢梭在《社会契约论》开篇第一句话也反映了心理问题的实质："人是生而自由的，但却无往而不在枷锁之中。"直面心理学有一个发现，人也会把自己套进各式各样的枷锁中，这枷锁或是过去某个创伤事件，或是自身的某种缺陷，或是头脑里的某个观念。从这个意义上讲，直面分析是让当事人意识到，如果他们愿意，他们可以砸碎枷锁，解放自己。当然，他们需要治疗师的支持与帮助。例如，在直面心理学看来，人是依赖解释的存在，不当的解释就会给人造成枷锁。当我们重新解释一个事件且当它是好的解释时，这就是帮助一个人获得自我解放的时刻。当事件被重新解释的时候，人自身的力量也会释放出来。在直面分析里，有一种具有解放意义的解释：人要的不是完美，而是直面。例如，不是以假设的条件为理由来逃避做事，而是问自己：在现有的条件下，我可以做点什么？

结 束 的 话

直面分析并不设置一套固定的方法，而是相信方法是因人、因事、因处境创造出来的。同时，直面分析在方法论上也是兼容并包的。我相信，迄今为止，人类探索出来的许多疗愈方法，在本质上与直面相通，即帮助人摆脱一种习惯性的逃避，尝试选择直面之道——虽然它是艰难的，却是助人成长的。

新生事物不大好看，我们需要培育它。扼杀它是容易的，但这不是我们对待新生事物的态度。我们可以一起来看护和培育这个新生儿，它的名字叫"直面分析"。

逃避机制与直面疗法

江苏省心理学会大学生专业心理咨询委员会年会（南京，2002）

直面疗法的宣称

我刚从美国回来，在那边修读心理咨询。现在，我回到南京，跟孙闻一起在创办一个心理咨询机构，叫直面心理咨询中心。与此同时，我也正在探索一种本土化的心理治疗取向。当然，作为一个刚刚产生的疗法，它像一个新生儿，是稚弱的，甚至是丑陋的，但它有潜力，会在扶持和养护之下，长成一个强健的生命。它之长成，将发生在我可以预想的一些年之后。

感谢桑志芹老师的邀请，我来江苏省心理学会大学生专业心理咨询委员会年会上做一个报告，我想向大家介绍一下我正在探索与思考的一种心理学方法。

在西方，许多心理学方法早已建立起来了，其中还有一些影响较大的心理学派。每一种方法和学派都是独特的，它们有自己的视角，有自己的理论，有自己的工作方法，当然也有自己的局限。比如精神分析是最具独创性的，它影响了许多后来的心理学家或治疗师。许多人一边学习精神分析，一边也发现了它的局限，有所不满，或对之加以修正，不断壮大这个体系，或另辟蹊径，创立新的方法与学派。时至今日，纵观整个西方心理治疗体系，它是由各家各派组成的一道色彩纷呈的风景，既具独特性，又有丰富性或多样性。

231

在中国，心理咨询开始得较晚，但我们也需要探索和建立自己的理论方法。有时候，我们缺乏一种建构理论方法的勇气。这种勇气的缺乏，可能与我们的思维方式相关。具体而言，我们的思维方式中往往有一个基本的阻碍：求全责备。仿佛是，只要一说到建构一套疗法，我们就要求它面面俱到、人见人爱，生怕有什么不足或偏颇引起人的质疑，也仿佛一有人质疑，我们就失败了。因为有求全心理，结果是求全之毁，因此，我们在心理学理论方法上一直难有创新。

想到这里，我今天鼓起勇气说出一个独特的名字：直面疗法。

人生的经验

我未曾料想，我的人生会走上心理学的路。

如果从教育的经历来看，我最初读师范学校，只有一门课与心理学相关，即教育心理学。后来，我又修读神学、文学，不算是直接关涉心理学。再后来，我到厦门大学教书，教的是文学、文化等课，也与心理学无关。之所以走上心理学之路，说起来偶然，我在厦门大学教书期间，接触了一个心理咨询机构，一下子被心理咨询吸引了。接受了一点心理咨询训练之后，我开始做心理咨询，从热线辅导到个体面谈，再到带自我发展团体。我惊叹：世界上竟然有这样一种工作，可以通过谈话对人产生影响，而它竟然很符合我！它符合我什么呢？我当时并不知道，后来才明白一点。

首先，我对人感兴趣，喜欢交朋友，特别是喜欢跟人交谈，走到个人化关系的深处。

其次，我个人也暗自经历成长的惶惑和心理的挣扎，这使我对人的心理活动有兴趣与体察，甚至可以体会到细微之处。

再次，我自幼喜欢听故事，读小说，讲故事。回想起来，我最初尝试从事心理咨询，颇有一种叙事的意味。

特别是初尝心理咨询，竟然有一些案例产生了显著的效果，这把我带到一种惊愕与欣喜之中，以致我决定辞掉厦门大学教职，前往美国修读心理咨询。

在最初的心理咨询经验里，我曾问过自己几个问题：第一，心理问题的根源是什么？第二，心理问题的本质是什么？第三，疗愈之道何在？我大概有自己的回答：心理问题根源于人内心的恐惧或不安全感，并非只是由外界的事件引发。心理问题的本质与表现是过度的逃避。从根本上说，心理咨询就是帮助人去面对，虽然害怕，依然尝试面对，一点点做到。在这个过程中，恐惧消退了，逃避停止了，成长发生了。

1999年年底，我前往美国修读心理咨询，这时我已经决意要把心理咨询当成终身的追求。到了2002年，我结束了硕士阶段的学习，完成了我的硕士论文《超越"恐惧–逃避"机制》。论文的研究主题是恐惧，它为我后来从事心理咨询定下了一个观念与方法的基调：我的工作是帮助人突破和超越"恐惧–逃避"这样一种心理防御机制，而我的基本态度和工作方法可以概括为"直面"。亦即，当一个人陷入"恐惧–逃避"的持续反应模式，在其中越陷越深、不能自拔，直面的心理咨询可以帮助他经历一场直面的过程，一点一点实现从逃避到面对的转移，让成长在现实中发生。这就是直面疗法启程的地方。

思想的启发

"直面"是我从鲁迅的文化心理学思想里总结出来的核心，而我在心理学实践里总结出一种心理治疗的取向，可以用"直面"来概括。我对直面疗法有一个最简略的描述：症状的根源与本质是恐惧与逃避，心理疗愈的根本是直面。可以这样说，直面疗法是鲁迅的文化心理学思想和文学叙事风格在临床心理学实践里的应用和拓展。在直面疗法的机构，我置放的是鲁迅的一句话："真的猛士，敢于直面惨淡的人生，敢于正视淋漓的鲜血。"因此，直面疗法首先是从中国文化思想与中国心理咨询实践里产生出来的本土心理学方法。

在西方文化里也有丰富的直面思想资源，我也与之发生深度共鸣，在思想上对我影响较深的是存在主义哲学、神学和文学，如尼采、克尔凯郭尔、蒂利希、卡夫卡、加缪等的思想。还有一批存在-人本主义心理学家，如弗兰克尔、罗洛·梅等的理论，荣格的分析心理学也是我之所爱，还有精神分析学家，如弗洛伊德、弗洛姆等，也对我产生了影响。我考察西方思想，特别是在西方思想背景下产生出来的心理疗法，常常看到其中蕴含的疗愈性的直面因子。在人类思想的本质方面，不同文化是殊途同归的。直面是中国的，也是人类的。直面疗法里两个核心概念，即直面与逃避，不只反映了中国人的心理特征，也反映了人性的根本倾向。只是它们在文化表现上有所差异，在程度上或强或弱，在意识上或清晰明确或浑然不清。

直面心理学主张，心理治疗不仅要帮助个体处理自身的心理问题，还要关注和改善我们生存于其中的社会文化环境。病的是一个个单独的人，病因却在社会文化系统之中。例如，考察强迫症的根源，我们总会看到当事人在家庭环境和社会环境中不断被强迫的经验。如果没有强迫的文化，哪里会有强迫性质的症状？人类社会文化反映了许多这样的事实，人试图用各种方式强迫他人就范，包括亲人之间的强迫，这使得人与人的关系不是"我与你"（马丁·布伯的语词）的平等、尊重、互助、互爱的关系，而是"我与它"的剥夺与被剥夺、强制与被强制的关系。特别需要关注的是，各种形式的"强迫"常常以"爱"的名义大行其道，但这些是盲目的爱，不是真正的爱。盲目的爱甚至比明目张胆的恨有更大的损害性。在一种强迫性质的文化环境里形成的人格可能是弗洛姆所说的"受虐狂与施虐狂的共生体"，行为和人格上则如鲁迅所说"凶兽样的羊，羊样的凶兽"。这不是直面的人格，而是逃避的人格。因此，从系统的角度来看，心理咨询需要对来访者进行全面的文化更新，而更新的文化是生命成长的培育资源，也是心理咨询的支持资源。

恐惧的根源

这里有几个相关概念需要界定一下：恐惧、焦虑、担忧。恐惧是对某种具体而明确的威胁产生的情绪反应，会伴随身体的紧张反应。焦虑是在没有具体而明确的威胁的情况下产生的惊恐反应，即人们所说的莫名其妙的恐惧——害怕着，却不知道害怕什么，也不知道为什么害怕，几乎可以说是平白无故地有一种惶惶不可终日的感觉。担忧是对某种还没有发生的事情的预测性或恐惧性预测。在这里，我把它们统称为恐惧。

恐惧有三个来源：一是先天的或本能的，二是"与生俱来"的，三是文化影响造成的。我特别提出并且强调的是一种源自文化的恐惧，或者是文化强加的恐惧。

先天的或本能的恐惧：这个恐惧的根源说起来相当神秘，先天是一个模糊表达，意思等于说本来就是如此。有时候，人们说这是一种生物的根源。人类对恐惧进行了生物层面的分析研究和现象层面的观察研究，在动物与人类身上都发现了这种先天的或本能的恐惧，并且推测是进化造成的，而进化又是偶然发生的。还有创造一说，即认为一切源自一个巨大的宇宙意志的创造，万事万物皆有目的。

英国心理学家格雷（Jeffrey A. Gray）对生物的恐惧与应激反应

的研究成果做了全面的阐述。一种动物对另一种动物有本能的恐惧，而这种恐惧成了一种内在的警觉，提醒它提早逃避，求得生存。有一个这样的实验：实验者将纸制作成鹰的形状，从水面上的空中掠过，用以测试水鸟的反应。实验表明，鹰的形状越逼真，水鸟的恐惧与应激反应越强烈，越会纷纷逃避逼近它们的"鹰"。可见，这种本能的恐惧具有避险求生的作用。

"与生俱来"的恐惧：这种恐惧与生命在母腹里被孕育和出生的原初体验有关。生命孕育于母腹，当条件成熟了，就有力量推动它从母腹出去，即为出生。一个人的生命历程是从一串哇哇大哭开始的，不管他多么不情愿，再也无法回到母腹。"母腹"是人类原初经验的舒适区，而出生过程中所体验的恐惧也成了人的原型恐惧。从母腹进入这个世界，就是告别一个舒适的环境，进入一个陌生可怖、充满各种不适因素的环境。兰克（Otto Rank）把这个经验称为"出生创伤"（the trauma of birth）。人性有一个很深的倾向，就是喜欢待在舒适区，不愿意走出去面对陌生而艰难的情况，这就是逃避的倾向。从象征的意义来说，人生中有各种各样的逃避，它们形成一条退行的路，意向是回到母腹。但生命的本质是成长，人内心里又有强烈的成长渴望，它会推动着人走出一个个"舒适区"，去面对和处理环境中的各种艰难。人生充满了这样的情形：我们时而因为害怕而逃避，时而鼓足勇气去直面。

文化附加的恐惧：这种恐惧来自社会文化，是文化额外加给我们的。关于我们本能的恐惧，它是为了我们求生而设置的。我们还有与生俱来的恐惧，这也是任何人都避免不了的，因为每个人都会享受母腹的舒适，并经历出生的恐惧与艰难。当我们来到世界之后，生活环境中有许多因素也会导致我们的恐惧，这便是文化的恐惧。这些文化的恐惧，包括我们从小到大受到的各种威胁、剥夺、压制等。当这些恐惧的经验在暗中累积，变得越来越难以承受，它们就会造成过度的防御与逃避，就会导致各种类型的神经症和精神病。

生命有一个生物的基础，有形有体，却是一个包含各种潜能的存在，这些潜能不只是体能，还有智能，以及心理和精神的潜能。生命成长，就是把潜能发挥出来，而成长的方式，就是与生活环境中的各种因素发生互动。生活中对人产生直接与间接影响的所有因素，我都称之为文化。在每个人经历的文化里，有促进成长的部分，也有阻碍成长的部分。一个人成长过程中遭受的各种形式的伤害，都会给他造成恐惧，而这些恐惧我称之为文化附加的恐惧。在这些文化附加的恐惧中，有些恐惧是可以被意识到的，有些恐惧已经沉淀到潜意识里，在我们不觉察的情况下对我们造成破坏，一直控制我们的行为，让我们生活在它安排的模式里，这便是个人遭受文化损害的生活。直面心理学可以被称为一种文化分析的心理学，其疗愈的重心就是探索和辨识文化中那些好的资源，充分使用它们来帮助人成长；同时也探索与辨识文化中那些不好的因素，不让它们继续影响人，给人造成进一步的损伤。

逃 避 机 制

我在心理咨询中发现，人们带着各种各样的问题前来求助，但问题的根源往往并非他们所描述的生活事件，而是他们内心里那极深的不安全感。这种不安全感或表现为当事人对某个具体对象的恐惧，或表现为对某种可能会发生的事情的担忧；或者干脆就是一种不知道来由却感到惶惶不安的焦虑状态。恐惧（包括担忧与焦虑）是人类生存状态中的一个部分，是不可免除的，甚至有其存在的意义。但是，当恐惧成为一种过度的、虚幻的，或者说与世界失掉了真实联系的情绪状态，它会导致非理性的逃避，而这会给生命带来严重的危害。

正如在寓言"智者救了动物王国"里，我们看到一件发生的事情：芒果落地发出声响。然后看到这件事情引发的行为：兔子的奔逃，以及由此引发的整个动物界的奔逃。奔逃的原因是，它们都以为世界末日来了，因此感到无限的恐惧。据心理学研究，当人面临危险或预测到威胁时，人就会陷入恐惧，而受到这种情绪的激发，人会有两种基本反应：逃避或战斗。不管是逃避还是战斗，其基本动机在于求生。但是，当威胁过大和恐惧过度的时候，人会陷入惊慌失措的状态，他的逃避可能是慌不择路的，甚至是南辕北辙的，这时，他意识不到自己在逃避什么，也不清楚在逃往何处，这会导致生命受到损害乃至毁灭。

我在从事心理咨询的经验里常常看到，每个人的生活里都有"芒果"，它可能是任何一件小事，如考试失败、上司批评、父母责怪，等等，但是，当我们被巨大的恐惧所控制的时候，会不自觉把一件小事想象得非常可怕，就像在动物王国里，一颗小小的"芒果"被动物们臆想成"世界末日"，结果为了逃避所谓的世界末日而狂奔不已。这便是背道而驰的奔逃，看是求生，实为求死。

在许多类型的心理症状里，我看到一个本质，便是把"芒果"变成"世界末日"，然后经历了一系列非理性的狂奔。而直面的医治，也是像智者所做的那样，让来访者从狂奔途中停卜来，跟治疗师一同经历一个回溯的过程，回到芒果树下，让他们亲眼看到，那臆想的"世界末日"不过是普通的"芒果"。因此，直面的治疗，是回归真相的治疗。

人和动物都会逃避，但人与动物的逃避有一个不同之处，动物要逃避，就一逃而去，不在乎别人的看法，没有道德的顾虑，也不管自己逃得好不好看。但人的逃避会有许多精心的装扮，用各种理由装扮，使自己的逃避行为显得合理、正当，甚至逃避的样子也要好看。这在心理学上叫"合理化"。这个"合理化"不仅表现在外部行为层面，也源自人内部的一个防御性的阐释机制，我把它叫作心理逃避机制。逃避机制的作用是为人的逃避行为做解释、做辩护，让人逃得合理、逃得心安理得。这种逃避机制会不断制造理由强化人的逃避，形成逃避的观念、逃避的信念，让逃避的行为成为习惯，成为模式，成为人的生活风格。直面心理学的理解是，在本质上，症状是一种逃避。心理和精神障碍就是过度逃避的结果或状态，直面的疗愈是促使人面对真相，终止逃避，形成直面，获得成长。2000 多年前，古希腊名医希波克拉底说："病人的本能就是病人的医生。"这话的意思是说，人性本来有自我疗救的本能，这本能既是一种寻求医治的意愿，也是一种获得疗愈的资源。但在人们心里同时有一种很深的"讳疾忌医"的倾向，它也是心理逃避机制的反映。

直面的疗愈

说到直面，人们会有误解，以为直面就是不顾一切去面对任何情况。其实直面里有智慧，不然的话，直面就成了一种鲁莽的行为。有一种极化思维，以为凡事如果不是正面的，就一定是反面的。如果不是好的，就一定是坏的。如果不是朋友，就一定是敌人。但直面心理学看到的是多面，看到的是好与坏的混合，即光影交错，看到的是人，而人不能被简单地划分为朋友与敌人。还有人认为，直面一定是勇往直前的，没有丝毫退缩。但真正的直面不是这样的。在具体行动上，直面常常是循序渐进的。在直面的过程中可以容纳合理的逃避，并且体谅人在面对恐惧时选择暂时地逃避困境，支持他按照自己的能力、处境、节奏去直面困境。

中国有一个人人皆知的寓言，叫"黔驴技穷"，其中含有丰富的医治恐惧的思想，可以帮助我们理解人类的恐惧心理，启示我们克服恐惧与逃避，并最终选择直面。

这个寓言说明了直面疗愈的本质，即实现一个突破恐惧的过程。在我的面谈中，我也常常使用这个故事，帮助来访者了解恐惧、逃避与直面。我让来访者把自己的人生处境套入这个故事，设想自己是一只老虎，遇到一头驴，然后他可以怎样一步一步完成克服恐惧的过程。这个过程包括以下一些方面：

第一，恐惧是人生不可避免的事。每个人都会在不同的时间和场景里遇到"驴"——你害怕的对象。这个"驴"是一个陌生事物，它可能是一种新环境、一份新工作、一段新关系，这些也许都会让你感到害怕。现在请你告诉我，你在生活中遇到的"驴"是什么？

第二，当人遇到陌生的事物，你会感到害怕。害怕的时候，你会把对象想象得异常巨大而可怖，仿佛它是不可战胜的，就像老虎遇到驴的时候，它经历了一个把陌生对象"巨大化"或"灾难化"的心理过程。相比之下，你又会把自己看得十分渺小、无能为力。现在请你检验一下，当你遇到陌生的事物，你有没有像老虎一样在心理上过分夸大了对象，而把自己看得太过渺小和弱小？

第三，你害怕，你会逃避，就像老虎遇到驴时忍不住逃避，因为不熟悉所害怕的对象，也不知道它到底有多么可怕。虽然如此，你依然可以提醒自己，不可一逃了之。如果老虎躲起来从此不再露面，驴就成了它永远无法克服的恐惧对象。你可以从老虎的反应中得到怎样的启示？（1）你可以害怕，可以逃避，也可以回头看一看你在逃避什么；（2）即使你像老虎一样躲进"树林"，也可以尝试一次次走出树林，去接近一下你害怕的对象，以便你有更多的机会去了解它、熟悉它，直到最后战胜它。现在看看，你在生活中是不是在躲避什么？你要不要从你的"树林"里走出来，尝试面对一下，再面对一下，这样你就可以多熟悉一下你害怕的对象，看它是不是真的那么可怕？然后，你的恐惧就会慢慢消退。这是一个学习直面的过程。

第四，直面常常不是一次完成的，不管是在思想上还是行动上，直面都应该是一个循序渐进的过程。要完成这样一个过程，不仅需要你有勇气，还需要你有智慧、耐心、信心、意志和精神力量。保罗·霍克（Paul A. Hauck）曾提出这样一个建议："当你试图克服恐惧的时候，不要一下子冲上去，让自己面对一切，这往往是最糟糕的事。这样做破坏性很大，会与你所预想的效果适得其反，让你的恐惧增加10倍。最好的办法是与恐惧的对象保持一点距离，一步一步、循序渐进地去面对它。这样，你会对自己所害怕的处境越来越适应。"[1] 这不正是老虎采取的方式吗？你也可以这样做。

第五，请你相信，驴只是"显得"可怕。当你面对人生恐惧的时候，你也可以提醒自己：你是一只老虎，而它只是一头驴。你的力量大于恐惧对象的力量，就像老虎最终发现，它的本领大于驴的本领。你现在可以开始，像那只老虎那样去尝试着接近你的驴，一次，再一次。然后，你来告诉我，你发现的结果是怎样的。

通过直面，一个人把陌生的变成了熟悉的，这就是人生的过程，这就是直面的疗愈。

---

[1] Paul A. Hauck. *Overcoming Worry and Fear*, Philadelphia: The Westminster Press, 1975:66.